紛爭縱橫

中國歷代黨爭

王桐齡 著

從學術的戰國時代到只有掙扎沒有抗爭的清末黨爭

透過細緻分析和全面研究，揭示政治競爭的複雜和多樣性

著名歷史學家王桐齡深入探討中國政治史上各時期競爭與爭議

目錄

學術的戰國時代……005
漢末鉤黨之獄……023
兩晉南北朝時代的另類黨爭……093
唐朝廟堂裡的暗戰……117
以激情始以黨爭終的北宋改革……147
北宋末年的戰爭與和平……179
南宋政府的抉擇……189
南宋的禁忌……203
博弈在明末……209
只有掙扎沒有抗爭的清末黨爭……233

目錄

學術的戰國時代

世界上人類古代文明的發祥地大多位於河海之濱或河流交匯之地。埃及的尼羅河，印度的恆河，美索不達米亞原野上的幼發拉底河和底格里斯河都是人類古老文明的血脈。古老的河流，培育灌溉農業，也讓文學與數學之樹開始發芽生長。輪子的發明，將交流和貿易成為現實，文字的出現讓人類成為真正的文明人。但是西方的古代文明建立在單一的灌溉農業基礎上，一旦灌溉條件失去，古代文明也隨之衰敗，於是，古老的巴比倫文明就掩埋在亙古的沙塵之中。

中國的古代文化則不然，那時候東亞季風吹拂著華夏大地，複雜多樣的自然環境雖然不如西方河流那樣便於利用，卻為我們的先民創造下多種生態因子，為先民發明創造更高更複雜的利用自然條件的技術鋪下了客觀基礎。

中國有黃河、揚子江兩大河流。黃河與長江都發源自崇山峻嶺，而不是兩河流域那平坦的原野。從山岩噴洩而出的江流必須有較高的技術才能利用，而廣大地域的多中心文化，又使得中華文化的發展不致因為某個中心的衰落而全體消亡，因此，中華古老文化的不曾中斷並持續發展就是客觀的必然。

回顧兩河文明的發展，中國的黃河流域的文明，是在以小米的種植為主的旱地農業的基礎上誕生出來的。這個小米包括粟和黍。最早的幾個文明都是在穀物農業這個基礎上產生的，因為農業的產生本身就是一個複雜的文化系統，它需要對賴以種植的穀物做長期的觀察，對這些穀物有一些了解：一個是可食性的了解，一個是耐儲藏的特性的了解。而種植穀物，對土壤要有了解，對土壤的肥沃、貧瘠要有了解，對水的溫度有所了解，對季節有所了解。既然要栽培農作物，還要製造相應的農具：種植的農具，收穫的農具，加工穀物的農具，然後，穀類食物做飯吃時，還得有炊具。這套東西整個構成一個文化系統，這在黃河和長江就形成了兩種文化體系。

就這樣幾千年形成了傳統，而這種傳統最初的形成取決於水土。程序是這樣的，首先在一定的水土基礎上產生相應的經濟，然後在這個經濟的基礎上產生相應的文化，這種文化就形成了相應的傳統。

這符合了古人所謂的一方水土養一方人，歸根結底就是不同的氣候、食物、土壤、地形等自然因素影響著人類的生活和命運，除此之外，長期性的文化基因傳承和沉澱也逐漸形成了中國南北文化的差異，這表現在人類的物質、精神和社會結構方面所達到的進步狀態上。就文明起源的實質而言，是原始氏族制度衰落解體，在物質生產和精神生產達到一定水準的基礎上進入對抗性階級社會、建立起國家組織這一歷史程序。文明起源以生產力提高、社會財富增長為前提，是原始公有制向私有制生產方式和奴隸制社會形態的整體轉變。文明起源的時限，應包括構成文明諸因素的孕育、發展，直到文明時代最終誕生。

為了更好的發展自己，這兩支文明曾有過多次融合，但是他們的差別還是顯而易見的。無論什麼都是這樣，學術和主張也概莫能外。

北方氣候乾燥、寒冷，土地貧瘠，植被貧乏，要生存下來很不容易，北方民族的精力和時間都消耗在為生存的籌謀上。整天在溫飽線上掙扎，辛苦的工作還怕不能維持生計。所以沒有時間去想那些玄妙的哲理。因而北方的學術思想比較務實，注重人力所及的事，並且努力實踐，注重經驗，「修身，齊家，治國，平天下」的學說最為興盛。他們家族觀念很重，把族長作為絕對的領袖和權威，有崇古的觀念，尊重老人，敬畏祖先，對族人關愛有加，對外則輕視排斥。所以在古時候北方人把「稱先王，內其國，外夷狄，重禮文，繫親愛，守法律，畏天命」作為北學的精神要義。

南方氣候溫暖，物產豐富，人民生活安逸，這裡的民族不必擔憂溫飽問題，所以有更多的時間和精力去考慮個人世界之外的哲理。他們從看輕世界，到玩世不恭，進而發展到厭世，不屑於現實的事物，所以也不注重禮法，不拘泥於經驗，也不崇尚先王。

南方文明發展的比較晚，北方人常常看不起這些南方人，說他們是野蠻人。也因為這樣南方人也看不上北方的學派，總想去反對北方的學說，於是把「探玄理，出世界，齊物我，平階級，輕私愛，厭繁文，明自然，順本性」作為南方學說的精神要義。

《中庸》一書說：南方人具有水性的美，他們用寬容柔和的精神去教育影響人，人家對我蠻橫無禮也不報復；北方人具有火性的美，他們很勇猛，不怕死，用兵器當枕頭，用甲盾當床蓆，用獸皮做的衣服當被子。

孟子說過：陳良本來是楚國的人，因為喜愛周公、孔子的學說，由南而北來到中原學習，北方的學者還沒有人能夠超過他，他是最能說清楚南北學術差異的人。北方學術的代表人物是孔子，南方學術的代表人物是老子。孔家學術受南方學者反對的情況跟南方學術受北方學者反對的情形是相似的。

當初孔子在魯國的時候，三十歲就開始授徒講學，收了幾千個學生。想想在那個公共教育還沒有普及的時代，做到這點需要怎樣的號召力啊。連魯大夫孟僖子和其子孟懿子都來學禮，可見孔子學說已聲名遐邇，甚至影響到朝廷了。

孔子到齊國做官的時候才三十五歲，作為一個外國人不但在權臣高昭子家被委為家臣，還經常跟齊國的君王齊景公聊天。

到了衛國的時候，孔子已經五十五歲了。衛國的國母南子為了包裝自己賢良知禮的形象，特別策劃化開發孔聖人的名人效應，在出遊的時候都要帶著孔子。有一次出遊的時候，南子甚至自己跟國君衛靈公同坐一輛車，而讓孔子單獨坐一輛車跟在後面。

等孔子到了宋國，情況就不那麼好了。宋國的權臣桓魋竟然要謀殺他，特別說明一下，這個桓魋還是孔子的一個愛徒的親哥哥，相當於家長跟老師的關係。但就是這樣，桓魋也沒給孔大聖人留面子，最終孔子只好灰溜溜的逃出了宋國。

如果說在宋國的遭遇只是個別人的態度的話。孔子在陳國和蔡國受到的非人待遇則說明儒學在那裡引起公憤了。據史料記載：孔子到宋蔡兩國的時候，被老百姓圍困了十幾天沒飯吃。這是怎樣的局面啊，得發動多少人力，消耗多少物力啊。難得的是這樣的行動完全是陳蔡兩國人民自發的，並沒人動員他們。不可思議，不得不找找原因。

這是為什麼呢？答案是：宋國，陳國，蔡國都是偏南的國家，信奉的是老子那一套，對他們而言，孔子簡直是異教徒了。可惜孔子當時還沒意識到這點，還繼續往楚國跑。到了楚國就更熱鬧了，不但全體公民不搭理他，連象徵著楚國文政權力的楚王也躲著他，使他在楚國多次碰壁。

孔子第一次碰壁是遇到了葉公，有個成語叫「葉公好龍」說的就是他。葉公本姓沈，名諸梁，是楚國的大夫，因為封在葉城，所以被稱為葉公。當時葉公在負函當官，把負函治理得不錯，深受百姓擁戴。當聽到孔子將要來到葉地的訊息，葉公急忙向子路打聽孔子是怎樣一個人，子路是個武人，思維不是很敏捷，竟然一時答不上來。後來孔子知道了這件事，便對子路說：「你怎麼不對他說：孔丘這個人呀，發憤地學習，都忘了吃飯；快樂地學習，都忘了憂愁；只顧了學習，都忘了自己已經快老啦！這樣的話，你怎麼不說呀？」。一席話足見孔子毛遂自薦的迫切心情。後來，孔子率弟子來到葉地等待楚昭王召見，才第一次跟葉公對話。葉公跟孔子講了一個故事：「有一個人偷了羊，並把羊拿到集市上賣了。他兒子告發了他，因此他兒子受到讚譽，但法與理卻產生了矛盾。對這件事，您有什麼見解呢？」孔子答道：「所謂正直不阿，也應該順乎天理，合乎人情，父親包庇孩子，孩子包庇父親，雖然於法不容，但是卻合乎人情啊。兒子指證老父偷羊，這是違反天理人情的，雖然合法但是不可取」。葉公信奉的是法家，對孔子儒家的說法頗有些不以為然，所謂「話不投機半句多」，這位喜歡假龍的葉公，聽了孔子這一席話後，對他逐漸冷淡起來。

孔子第二次碰壁是拜訪道家領袖老萊子，二十四孝中有個故事叫「戲綵娛親」說的就是他。這位世外高人，家裡很窮，但是卻很賢能。楚王聽說他賢能，就想啟用他，帶著厚禮去他家接他。老萊子正猶豫，恰好他老婆砍柴回來，見門前車馬，問老萊子怎麼回事，老萊子說：「楚王想納我為相。」他老婆很生氣說：「拿人錢財，與人消災。你受了人家的東西，就會被人家左右。」

這番話說的老萊子五體投地，因此選擇了隱居生活。孔子拜見老萊子，受到了老萊子的一番訓導：「違反自然規律是不好的，應該順應自然，無為而治，不要逞能」，他怕孔子不明白，老萊子用了個比喻，他說：「你看我的牙齒還在嗎？」孔子答：「沒有了。」老萊子又問：「我的舌頭呢？」「還在。」老萊子說：「牙齒堅硬，上下磨擦，故容易脫落；而舌頭柔軟，所以能長久，明白這個道理，才能去做官啊！」老萊子的意思，是想勸說孔子放棄儒家學說，改奉道家無為。而此時孔子正熱衷於推廣他的政治學說，豈能聽得進去？

孔子的第三次碰壁是拜訪楚狂接輿。這位楚狂姓陸名通，唐朝李白有首詩中言道「我本楚狂人，鳳歌笑孔丘」說的就是他。據說這位陸接輿上通天文，下精地理，日月星辰，五行八卦，無所不曉。特別是思想博大精深，諳通事理，明察秋毫。為人耿直豪放，笑傲王權，不與小人為伍，不隨時俗所流，因對當時社會不滿，剃了個禿子，裝瘋賣傻不出來做官。楚昭王派人帶著黃金百鎰請他去治理淮南，他堅決不答應，待使者走了，他就到小溪邊洗耳，一邊洗一邊說：「官吏的話，太髒，連我耳朵也聽髒了」。就是這樣一個人，聽到大名鼎鼎的孔子前來拜訪自己，陸通對這位信奉「學而優則仕」的所謂君子頗不以為然，佯裝瘋狂在孔子車前高歌一首：「鳳鳥啊鳳鳥啊！你的德行為什麼衰退了呢？過去的事情已經不能挽回了，未來的事情還來得及呀。算了吧，算了吧！如今那些從政的人都危險啊？」孔子下車，想和他交談，陸通趕快走開了。

而孔子「傻呵呵」地一直待到楚昭王嚥氣也沒受到重用，沒有官場潛規則經驗的他萬萬也沒有想到是自己的學說對自己的仕途動了刀子。痴心未改的他還盼著接班的楚惠王是個伯樂，而楚惠王卻是個講究實用的國君，歷史上記載他倒是聘用了一位人才，但不是孔子，而是大名鼎鼎的公輸般，也就是歷史上最著名的巧匠魯班，魯班倒也不負重望，為他造出了最先進的攻城用具雲梯，要不是墨子反對，楚惠王在滅亡了蔡國、杞國之後，一定還會發動對宋國的戰爭。孔子的仁義道德那一套，楚惠王根本就一點也聽不進去。孔子見楚惠王對自己一點也不感興趣，只好灰溜溜地走了。至此，孔子終於徹底死了心，六十多歲的他再也不想做官了，回家專心做起了學問，修《詩》、《書》，定《禮》、《樂》，序《周易》，作《春秋》。

在儒學與道學爭雄於南北的時候，法學家也在齊國興起了。

齊國是依靠大海興起的國家，從世界歷史看，齊國的興起與古希臘興起大致處於同一階段，是古代世界東西方文明的璀璨明珠。齊國之所以成為「春秋五霸」之首和「戰國七雄」之魁，除了君明臣賢、重民務實等原因外，很重要的原因就是因地制宜，因時變革，依據沿海地理優勢，重視海洋資源開發，傳承、弘揚海洋文化。齊國是世界上最早開發利用海洋的民族之一。約五千年前，山東沿海居民就已經「煮海為鹽」，在數千年經略海洋的過程中，處於山東半島的齊國，繼承了利用海洋的歷史傳統，從而創造了鮮明的海洋文化，在中國海洋文化發展史上具有重要地位。

基於這樣的歷史背景，齊國產生過兩種觀念：一是國家觀，二是世界觀。國家觀發展成了法家學說，世界觀發展成了陰陽學說。

法家的創始人是管仲，他輔佐齊桓公創立霸業，是春秋時期的大政治家。他所處的時代正是列國並峙、互相征戰不休的時代。他的祖先是姬姓的後代，與周王室同宗。父親管莊是齊國的大夫，後來家道中衰，到管仲時已經很貧困。為了謀生，管仲做過當時認為是十分微賤的商人。他到過許多地方，接觸過各式各樣的人，見過許多世面，從而累積了豐富的社會經驗。管仲注重經濟，反對空談主義，主張改革以富國強兵，他說：「國多財則遠者來，地闢舉則民留處，倉廩實而知禮節，衣食足而知榮辱」。齊桓公尊管仲為「仲父」，授權讓他主持一系列政治和經濟改革：在全國劃分政區，組織軍事編制，設官吏管理；建立選拔人才制度；按土地分等徵稅，禁止貴族掠奪私產；發展鹽鐵業，鑄造貨幣，調劑物價。管仲改革的實質，是廢除奴隸制，向封建制過渡。管仲改革成效顯著，齊國由此國力大振。對外，管仲提出「尊王攘夷」，聯合北方鄰國，抵抗山戎族南侵，這一外交策略也獲得成功。後來孔子感嘆說：「假如沒有管仲，我也要穿異族服裝了」，就這樣，齊國成了「依法治國」的典範。《管子》這本書是治理策略的最好闡述。

到了戰國時代，群雄紛爭，一統天下勢在必然。最終統一天下的，不是強大的楚國，也不是殷實的齊國，而是起初並不起眼的秦國。秦國的興起關鍵人物是商鞅。他就是遵循《管子》的治國理念來治理秦國的。

商鞅是衛國人，原來不叫商鞅，因為是衛國國君的後裔，所以叫衛鞅。他年輕的時候見衛國勢弱，就到當時最發達的魏國，給魏國的宰相公叔痤當門客。這個公叔痤是個知人善用的人，發現他是個人才後，推舉他為中庶子，一有大事，還總要與商鞅一起謀劃，並總是成功，公叔痤很器重他，打算引薦他做更大的官。

秦建國之前，乃至在春秋三百多年的時間內，和諸夏各國幾乎沒有往來，完全處於隔絕狀態。這種局面直到春秋末年的秦穆公，甚至是秦孝公時代才被打破。

只可惜公叔痤不久得了重病。就在只剩一口氣的時候，他還想為祖國和人民做點好事，於是向魏惠王推薦了衛鞅，怕魏惠王看不起衛鞅，公叔痤還特別囑咐魏惠王說「衛鞅雖然年輕，但他是當世奇才，他若做了相國，比我強十倍。你如果不用他，就把他殺了，以免後患」。

可就是這麼著，魏惠王還是沒聽進去，沒有啟用商鞅。可公叔痤卻因此留下心病了。按照他的邏輯，不用就得殺，可那樣又太對不起衛鞅了。於是公叔痤對商鞅說：「我先公後私，如果魏王不用你，你趕快逃走，我已建議他殺你了」。

衛鞅則一笑了之，也不急著走。這可把公叔痤急的夠嗆，心想：小子，老爺子我是為你好，這可不是耍個性的時候，再不走，小命就沒了。

衛鞅見公叔痤真急眼了就解釋說：「既然魏王不聽您的話用我，那他也不會聽您的話殺我的。」

果然，魏惠王認為商鞅沒什麼作為，這是公叔痤病重，在說糊塗話，因而，沒有用他，也沒有殺他。

此事過了不久，二十一歲的秦孝公登基了。根據《史記》記載，秦孝公當秦王的時候，崤山以東有六個強國，齊、楚、魏、燕、韓、趙不相上下，而淮河泗水之間還有十餘個小國。周王朝衰微，諸侯都靠武力征伐，爭相兼併。秦國地處偏僻的雍州，不能參加中原各國諸侯的結盟，不為各國重視，大家都用夷狄的態度對待秦國，還不時派兵侵奪其土地。秦孝公看到秦國外受強鄰欺壓，內有貴族專橫。於是決心奮發圖強，改變國家落後的面貌。為了尋求政改賢才，秦孝公頒布了「求賢令」。一時間，各國的遊學士子都密集的出現在秦國，而秦國也很重視他們。這時候秦國各種學術思想都很發達，有凌駕於其它地方學術的趨勢。

衛鞅聽說秦孝公四下招賢，於是來到秦國，求見秦孝公，並以一番變法圖強的宏論打動秦孝公，官拜左庶長，受命主持秦國的變法，改名商鞅。

變法從來就不是件容易的事兒，然而商鞅卻鑽了文明發展中的空子。

據史料記載，秦久在西陲，儘管一直在抵抗犬戎等異族，但其生活狀態卻是和西戎一直處於雜居的狀態。秦以遊牧為生，與這些所謂的「夷狄」雜居，或者說，它本身就是夷狄。所不同的是，它積極地向中原靠攏，而其他各族卻是一味地侵略和掠奪。所以《春秋．穀梁傳》把秦稱之為「狄秦」，一口斷定「秦人，夷也」。秦與周邊戎狄這種既共處又鬥爭的複雜關係，決定了秦的文化風俗打上了濃厚的戎狄的烙印。這是秦的歷史，是褪不去的。

不僅如此，秦宣太后在各種外交場合還公然拿男女之間的苟且之事當例子。西元前二百二十九年，楚國攻打韓國的雍氏，韓國派使者向秦國求救兵。秦宣太后要挾韓國使者給秦國一定的好處作為出兵救韓的條件，她說：「我服侍惠王時，惠王把大腿壓在我身上，我感到疲倦不能支撐。他把整個身子都壓在我身上時，而我卻不感覺沉重，這是為什麼呢？因為這樣對我來說比較舒服。秦國幫助韓國，如果兵力不足，糧食不多，就無法解救韓國。

秦建國之前，乃至在春秋三百多年的時間內，和諸夏各國幾乎沒有往來，完全處於隔絕狀態。這種局面直到春秋末年的秦穆公，甚至是秦孝公時代才被打破。也許是因為秦世代忙於與戎狄爭鬥和廝殺，沒有時間更沒有精力東顧，也許是因為黃河橫亙中間，淆山南北綿延，阻礙了交通，隔絕了訊息。不管怎樣，秦在文化方面幾乎沒有受到諸夏所謂的宗法文化的影響，卻是一個鐵定的事實。

由於受戎狄習俗的影響，秦人的文化和風俗一直是原始的，素樸的，或者說是野蠻的，保留著大量的母系社會的痕跡。《商君書》中說：秦人的野蠻在於其還沒有經過人文教化，父親不像父親，兒子不像兒子，兩個人在一個床上睡覺。這在中原各國看來，簡直就是不可思議。《商君書》中還說：兒媳婦給孩子餵奶的時候，竟然不避開自己的老公公，撩起衣服來就餵，乳房袒露在外面。商鞅變法中有一條禁令是：「令民父子、兄弟同室內息者為禁。」可見，至少在商鞅變法之前，秦國還沒有孝悌之道和所謂的男女有別的觀念，公公、婆婆、兒子、兒媳婦、小叔子，大家都睡在一張床上。直到變法以後，才男女有別。

男女無別，角色混亂，導致了秦人民風的開放，從王室貴族到普通百姓莫不如此。比如，秦宣太后，是秦惠文王的妻子，秦昭王的母親，曾一度權傾朝野，統治秦國將近三十多年。但她又是一個私生活放蕩的女人，簡直到了人盡可夫的地步。他的丈夫秦惠文王死後，身為太后，寡婦之身，卻和義渠戎王偷情淫亂，還生了兩個私生子。這種事情在當時的秦國好像並沒有引起軒然大波和街頭巷議，史書中也沒有任何掩人耳目之辭。可見當時秦國的民風本就如此。《戰國策》上記載，宣太后包養了一個情夫叫魏醜夫，每天上朝的時候都把他帶在身邊，還大言不慚地向庭堂上的大臣宣布：「我死了，一定要讓魏醜夫給我陪葬。」宣太后以一國太后之尊，公然宣稱要以情夫為之陪葬，這在史書的記載上僅此一例。

西方的政治，常隨著學術思想的轉移而轉移，而中國的學術思想則是隨著政治的轉移而轉移。所以政界各國並立就導致學術界各派並立，政界主張統一了則導致學術界的主張統一，在戰國末年的時候，雖然還有標新立異的學術派別出現，但是還不到十年就泯滅了。始終興盛不倒的只有儒學。而學術界進步的跡象，也就自然的停滯了。現在把這些學術流派的發展始末整理如下：

一、儒學的教育試驗

儒學的推行在孔子去世之前就開始進行了。孔子的七十多個徒弟，遊歷於各諸侯國間。西元前四百七十九年孔子逝世，子夏與眾同學在孔墓守孝三年。西元前四百七十六年，三十二歲的子夏來到龍門西河，普及儒學教育長達五十五年。子夏在西河設教，堅持以「讀書育人，安國保民」為教學宗旨，用「學以致用」的教學方法教育學生，教學內容基本為：講「六經」（詩、書、樂、易、禮、春秋），進行文化知識教育；講儒家經典，進行倫理道德教育；講《春秋》，進行形勢教育。子夏住在西河的時候，魏文侯請他講授儒家學說。後來段干木和田子方都相繼成為魏文侯的老師，從此以後儒教開始在西河興盛起來。魏文侯時，開始設定博士一官，這是第一次以國家的名義推行儒學。秦始皇征服天下後，焚書坑儒，民間的書，都被付之一炬，並且頒令民間有想學法令和知識的，都要跟博士官學習。秦國傳承了魏國的制度，也設定博士一官，漢代的大儒孫通、張蒼、伏生，他們都是秦朝的博士。

漢高祖劉邦出身市井小吏，並不喜歡儒學，曾經在儒冠中撒尿。當年「以幕僚賓客的身分跟隨高祖平定天下」的陸賈在他面前「稱說《詩》、《書》」時，他甚至破口大罵：「你老子的天下是靠騎在馬上南征北戰打下來的，哪裡用得著《詩》、《書》？」

雖然酈食其，叔孫通，陸賈他們都經常受到漢高祖的貶低和壓制，但也不得不隱忍著。可就是這樣一個出身市井的皇帝，卻在他的有生之年做了一件儒學史上重大意義的事情。這就是：漢高祖十二年（西元前一九五年），當他平定英布之亂，自淮過魯時，「以太牢祀孔子」，並封孔子第九代孫孔騰為「奉祀君」，專司祀事。說這件事情意義重大，是因為這是歷代封建帝王拜祭孔的開始，也是歷代封建帝王優禮孔子後裔的開始。司馬遷在《史記．孔子世家》中寫道：至此以後，「諸侯、卿大夫、國相一到任，常是先去拜謁孔子，然後才去就職處理政務」，而孔子家族的歷史也從此翻開新的一頁，開始受到歷代政府的恩寵，直至成為「安富尊榮」的封建大貴族之家。

促使劉邦思想轉變的，是漢初大臣陸賈和叔孫通。

叔孫通曾經在秦朝當博士。秦末項梁起事，投奔項梁。後背楚降漢，追隨劉邦。司馬遷稱之為「漢家儒宗」（《史記．劉敬叔孫通列傳》）。他對漢初儒學的貢獻是為漢王朝制定禮儀法度，從實用的層面上讓劉邦認識到了儒生、儒術在治理國家中的作用。

漢初，漢高祖把秦朝的那些嚴苛的儀禮法規全部取消，但新朝禮法未立，劉邦身為皇帝，卻責罵諸侯群臣如同責罵奴僕一樣，一點也沒有上下的禮節，而群臣也沒有禮數。他們常常在朝廷飲酒作樂爭論功勞，醉了有的狂呼亂叫，甚至拔出劍來砍擊庭中立柱。天子無威儀，群臣無禮儀，令劉邦非常頭痛。叔孫通趁機建議為漢家制定朝儀，儀出，「自諸侯王以下的所以官員，沒有一個不因這威嚴的儀式而驚懼肅敬的」，朝廷之上一改往昔亂哄哄的場面，井然有序，群臣「出乎禮則入乎刑」，再也「無敢歡嘩失禮者」。這大大地樹立了皇帝的威儀，令劉邦欣喜若狂。高興之餘，劉邦拜叔孫通為太常，賜金五百斤以示獎賞。不久，又聽從叔孫通的建議，進用了大批儒生。劉邦對待儒生態度的轉變，對後代皇帝復興儒學起了積極的導向作用。

陸賈一生主要活動於漢高祖元年和漢文帝即位初期這一段時間內。他少習《詩》、《書》、《春秋三傳》等儒家經典，具有很高的儒學修養。劉邦稱帝前，陸賈曾追隨劉邦打天下，屢屢建功，深受劉邦器重。劉邦定鼎天下後，陸賈又奉命為劉邦「總結秦朝所以失去天下，我們所以得到天下的原因，以及古代各王朝成敗的原因」，也就是以書面形式談論天下得失興衰之原因。為此，陸賈撰文十二篇，總結分析秦二世而亡的教訓，高祖將他的這部書稱為《新語》。這十二篇文章就是後來的《新語》。陸賈以理論的形式勸說、啟發劉邦要高度重視和認識儒學在治理國家中的作用，放棄對儒學的鄙視態度。陸賈也因之被後世學者稱為秦後第一儒。

二、三教對立

儒學家與墨學家，老學家，法學家之間的勢力是消長的。當時在墨學這個流派中，游俠一派特別興盛。朱家，郭解等人。當時的士大夫都很崇拜他們。司馬遷說過：「儒以文亂法。而俠以武犯禁。」儒說的就是孔家學說。俠說的就是墨家學說。因為這個原因，孔墨兩派在當時社會勢力相等。而道家等其它學派。在當時的政界中也有很強的勢力。漢高帝時，曹參到齊國出任悼惠王的宰相。召集了上百的儒學學者，問安定和輯睦百姓的辦法。儒生們每個人都持自己的一套說法，曹參不知道聽誰的，聽說膠西有一個叫蓋公的人。精通老子的學說。就派人請來相見。蓋公為他進言說「治道貴清靜則民自定」。意思是說：治理國家最重要的是為政清簡，不煩擾百姓。曹參就讓出自己的府邸請蓋公居住。並且聽從了他的建議，以此治理國家。把齊國治理的很好，百姓安居樂業，人民和睦團結。人們都稱曹參為賢相。

景帝時，太后竇氏喜歡老子的學說。從皇帝到所有的竇家子弟。都必須要讀老子的言論，尊崇他的學術主張。道家學者黃生，和儒家學者轅固生，曾經在皇帝面前相互譏諷對方的學說。太后知道後非常憤怒，把轅固生放到圈養野豬的地方讓他去殺野豬，想用這個辦法殺掉他。正是因為道家有當權者的提倡和保護，所以儒教不能與他們抗衡。

景帝時，法學家晁錯當上了御史大夫，權力駕馭在九卿之上，國家的法令大多由他來更改和修訂。漢武帝即位後，重用桑弘羊等，想學習李悝和商鞅的變法政策來治理天下，所以儒家學說和法家學說都得到了朝廷的重視，並與道家學說形成水火之勢。正是因為這樣在西漢初期，墨學家，道學家，法學家，在政治上及社會上各具有相當勢力，儒學還不能統一學術界。

三、漢武帝獨尊儒術背後的手腕

儒教得到明確的肯定是在漢武帝剛即位的時候。西元前一四一年，孝景帝駕崩。景帝是繼文帝之後，又一個奉行黃老清靜無為、與民休息之治，從而實現「文景之治」的君王。史稱景帝時期，倉稟豐實，府庫饒財，移風易俗，黎民淳厚，西漢社會從經濟到治安都達到了農業社會美好的極點。但是，另一方面，由於朝廷的無為放任，諸侯驕恣，豪強坐大，商業地主侵漁細民，割據勢力業已形成；再加之四夷侵臨，匈奴寇邊……班固在討論當時的天下形勢時說：「漢興六十餘載，海內義安，府庫充實，而四夷未賓，制度多闕。」在昇平的表面景象下，西漢社會實已潛藏著嚴重的危機，急需有為之君起而進行大刀闊斧改革，制禍患於未發，防斯民於土崩；更進而結束無為之治，乘倉實財饒之運，大興文教，再建武功，在足食足兵基礎上，去迎接儒家理想中禮樂教化的盛世太平！

可是，景帝只是一個繼體守文之君，他實現文景之治的最大奧祕只是「無為之治」，在民力凋弊之時讓其自創財富，自食其力。文景之治的到來與其說是文景君臣統治得好，不如說是放鬆統治的好。怎樣在物質豐富的基礎上實現大治，文景君臣就無能為力了。這個歷史使命就落到了漢武帝的身上，漢武帝的繼位，給西漢社會帶來了新氣象。武帝即位後，從政治上和經濟上進一步強化專制主義中央集權制度已成為封建統治者的迫切需要。

主張清靜無為的黃老思想已不能滿足上述政治需要，更與漢武帝的好大喜功相牴觸；而儒家的春秋大一統思想，仁義思想和君臣倫理觀念顯然與武帝時所面臨的形勢和任務相適應。於是，在思想領域，給儒學帶來了復興的希望。十年磨一劍，三載不窺園的董仲舒，正好趕上了這個機會，真是千載一時，三生之幸！

漢武帝即位次年改元建元。這位雄心勃勃、精力旺盛的少年天子，一改文景時代一切因任自然、因循守舊、無所作為的施政方針，建元元年新年伊始，武帝就親自在殿廷考試錄用德才兼備能盡力規勸的人。

廣川的董仲舒對武帝提出的國家問題給予答覆，提出用禮、樂、射、御、書、數六藝來考察人才。罷黜百家，獨尊儒術。沒有經過六藝考察的人不得錄用。武帝聽從了他的對策，任魏其侯竇嬰為丞相，武安侯田蚡為太尉。竇、田傾向儒學，推薦儒生趙綰為御史大夫、王臧為郎中令。趙、王二人是詩學大師申培的弟子，建議立明堂以朝諸侯，用「束帛加璧，安車蒲輪」的特殊禮遇將申培從山東接來，商議明堂禮制。似乎一時之間儒教馬上就要興盛了。趙綰一時得意，竟要漢武帝不再奏事太皇太后，以便推行儒術。結果竇太后大怒，私下調查出趙綰、王臧貪汙事實，責問漢武帝。武帝將二人下獄，並迫令他們自殺謝罪，竇嬰田蚡也被免職讓他們反省。申公用年齡老邁為藉口，火速溜回了老家。治理明堂的事也就不了了之了。整個建元時期，儒學都受壓抑，在艱難中掙扎。

這樣的情況直到建元六年才有了變化，這一年竇太后亡故了，儒學才真正迎來了復甦的春天。朝廷的人事上再次出現變化。田蚡當上了宰相，而董仲舒也應時而出，適時地喊出了「罷黜百家，獨尊儒術」這一長期鬱積的心聲。武帝接納了這一言論，開始讓每個郡推舉一個孝廉，從此之後，興建儒教學校，設定博士一官，設立明經射的考試制度，公孫弘沾這個制度的了光，從平頭百姓做到封侯拜相，這個時候儒學的地位已經遠遠超過其它的學術了。而後兩千年來儒學做為國教的局面也在大致形成了。

四、儒學的進化規律

儒學內部的派別競爭，符合學術進化的規律，在外的學術競爭沒有了，就轉而形成了內部的競爭。這跟政治有關，跟學術特點也有關。

韓非子的《顯學篇》曾經說過：自從孔子死後，儒家內部形成了八個不同的派別。墨家分化為三個支系。

儒家八派中的第一家為子張之儒。子張不僅出身低微，而且還是進過監獄的，只是師從孔子之後，才改邪歸正，終成為儒林中的名士。《論語》中記載他向孔子學干祿，問從政，似乎心思也不在學術本身，故而身後也沒有什麼著作傳世。子游、曾參也批評他「未仁」，「難與辨為仁」，似乎其思想品質、精神境界並不高。以至荀子在《非十二子》中大罵子張是「賤儒」。可見在儒家系統中，子張的地位並不是很高。但是到了戰國時期，子張的後學顯然已成為一個很大的學派，他的崛起一方面是特別把民眾看得很重要，子張氏在儒家中是站在民眾立場的極左翼，其思想見解與行為方式與墨家極為相似。另一方面，從學術史的觀點來觀察，子張一派在孔門之中原本沒有思想貢獻和學術見解可言，但正是這一特徵使他們在孔子之後在對儒家精神的闡釋時便相對少有束縛，而作出一些更合乎現實需要的解釋。因此，在嚴謹如韓非者看來，子張氏的那些解釋雖然號稱真孔子，雖然贏得人們的喝采，但實在說來背離孔子不知有多遠。這既是子張一派在孔子之後不斷坐大的根本原因，也是荀子罵他們為不修邊幅不守規矩之賤儒的實際背景。

漢末鉤黨之獄

中國古代的政權是皇帝繼承制，這是皇帝定的規矩，目的就是萬世一系地將自己的寶座傳給自己的子孫。這個制度到了東漢時已日臻完善。這種皇位繼承制度，使儲君的範圍集中在當今皇帝的子嗣當中，選擇餘地較小，一旦皇帝早逝，出現幼帝即位的機率就極大，東漢就是最典型的代表。東漢除光武帝（劉秀）、明帝（劉莊）、獻帝（劉協）外，其餘都未滿三十六歲就去世了。其中，除去安帝、質帝、桓帝三帝以劉氏宗族身分即位外，其餘都遵從「父傳子，家天下」的繼承原則。皇帝們雖然嬪妃較多、結婚早，但由於身體發育尚未成熟，過度縱慾，無疑會影響自身的健康，使後代多體質孱弱，年紀不大就夭折了，如果涉及宮廷爭寵、廢立，再加上古時醫療技術的落後，其中能成人的皇子本來就不多，皇儲的選擇範圍就更小了。東漢先帝死時都早，所以能存活下來的皇子必然年齡偏幼，但只要先皇有子嗣卻是非立不可，東漢多幼帝，這是封建制度終其一生無法治癒的痼疾。

東漢如此多幼帝，也有其偶然的原因。與東漢皇帝大多短命相反，他們的母后或皇后卻都長命，且「主少母壯」。漢朝又確立了皇后的嫡正地位，在皇帝年幼、懦弱、昏庸或皇嗣中斷時，皇太后可以監護人的身分監督、選立嗣位人，以至臨朝稱制。太后臨朝稱制，其權力與皇帝相等，東漢「臨朝者六后」，這種情況下，有些太后為了滿足自身的權欲，還廢長立幼，如原和帝之後鄧太后，以長子劉勝有痼疾為由不立，而偏立少子劉隆，而劉隆才剛剛出生不足一百天，剛立不久就夭折。

後又立劉牿，也才十二歲，一太后竟兩立幼帝，把持朝政達十六年之久。東漢後宮干政的局面是漢朝時皇后制度乃至後宮制度不成熟的一個典型縮影，這也是封建地主階級對完善後宮制度不斷探索的結果，對以後不斷完善後宮制度起了深遠的影響。

當皇帝成年後，為了奪回政權，解除外戚的威脅，只有依靠自己身邊的宦官了。皇帝幼長深宮，勢單力薄，關係最密切的，莫過於宦官。皇帝自幼，一切就由宦官照管，宦官照管皇帝的日常起居，熟悉皇帝的性情習慣，是皇帝身邊唯一的親信。當皇帝長大成人，要求拿回本來就屬於自己的政治權力的時候，必然地同企圖繼續專權的外戚集團產生矛盾。在同外戚集團的鬥爭中，宦官也就天然地成為皇帝的盟友。於是，在宦官的協助下，皇帝奪回了政權。奪回政權之後，有功的宦官「遂享土地之封，超登公卿之位」，國家的權力便落到了這些有功的宦官手中。然而，當皇帝死去，新君繼位，宦官由於政治身分卑賤而不能輔政，於是又有新的外戚上臺。這種外戚宦官輪流專權的局面，就成為東漢中後期政治的一個顯著特點。

總結起來東漢時期，出現外戚宦官輪流專權局面的主要原因有三個：

第一個原因，是東漢加強中央集權的努力走向了反面。

貫穿於中國官僚制度發展史的一條主線，就是要解決君權與相權之間的矛盾問題。東漢建立後，劉秀採取了種種措施，來加強皇權。他把權力從王公大臣手中拿來，並設定尚書臺。尚書官不大，事兒可不少。朝廷之上，事無巨細，無所不管，權力極大，直接聽命於皇帝。東漢對尚書臺「官小權大」的這種安排，目的就是更便利於皇帝的控制。

劉秀加強皇權的這種措施，在東漢初年確實造成了明顯的作用。然而，到了東漢中期，卻發生了一種微妙的權力轉移。尚書臺職微權重，既擁有實際權力，又便於皇帝控制。而尚書臺既然便利於皇帝自己控制，自然也就便利於外戚的控制，自然也就便利於宦官的控制。不論是外戚，還是宦官，只要加有「平尚書事」、「錄尚書事」的頭銜，就能指揮、控制尚書臺，而一旦控制了尚書臺，就等於把國家政權掌握在了自己手中。所以說，中央職能部門職微權重的這種安排，給外戚與宦官輪流專權提供了制度方面的便利。

東漢王朝正處於中國封建社會的發展時期，出現眾多幼帝即位的現象是地主階級在構建政權過程中所必須經歷的陣痛，幼帝即位、外戚專權、宦官干政是這場陣痛中的三個焦點，也是歷代封建王朝著手解決的重點，但終其一生，也沒有很好地解決這三大痼疾，這三大痼疾最終伴隨著封建君主專制制度的結束而消亡。

第二，東漢時期豪強地主勢力的發展，是外戚宦官專權的階級基礎。

豪強地主的勢力到東漢中期更為發展。他們在經濟上搶占土地，爭奪人口，就必然在政治上爭奪權利。東漢的外戚，一般都是功臣宿將，名門大族，他們是豪強地主上層的代表。東漢的外戚，主要有「馬、竇、鄧、梁」四大家族。東漢明帝的馬皇后，是大功臣馬援的女兒；章帝的竇皇后，是大功臣竇融的曾孫女；和帝的鄧皇后，是功臣鄧禹的孫女；順帝的梁皇后，是功臣梁統的後代。這四大家族，集功臣與外戚於一身，勢力非常強大。除了馬皇后一門，能夠自我謙抑之外，其餘的幾家，都是專橫跋扈，顯赫一時。

宦官一般出身低微，目不識丁，為一般人所不齒。然而一旦掌權之後，宦官也開始兼併土地，上升為地主階級。當然了，宦官並不一定都是壞人，宦官中也時有出類拔萃者，修《史記》的司馬遷，發明造紙術的蔡侯，下西洋的三保太監，都在青史上留有好名。但是，宦官政治卻一定是黑暗的。這是因為：第一，宦官身受腐刑，性情上變態，對社會、對正常人存在著仇視心理；第二，宦官沒有後代，因此也就不受道德觀念的絲毫約束；第三，宦官出身低微，目不識丁，沒有文化素養；第四，宦官只懂得送往迎來，阿諛奉承，而沒有任何政治經驗。

到東漢後期，靈帝與宦官更是公開賣官，由於所得金錢貯存於西園，史稱「西園賣官」，上至公卿，下到地方守令，都是明碼標價，一手交錢，一手給官。

宦官上升為豪強地主，但不為上層豪門及清流所看重，乃是豪強地主下層的政治代表。

第三個原因是，東漢從中期的和帝開始，皇帝多數夭折，往往是幼主繼位，母后臨朝。東漢中後期的十一個皇帝，其中皇帝大多夭亡，太子年幼繼位，於是，就出現了母后臨朝，垂廉聽政的情況。

這些垂廉聽政的太后們，年齡都不大，一般不過二十幾歲。她們死了丈夫，精神空虛頹廢，無以寄託，把思想感情的關注點，從夫妻生活轉移到朝廷大事的處理上來。然而，這些年輕的太后們沒有起碼的社會經驗和統治經驗，也基本上沒有文化知識。她們根本沒有能力來駕馭國家機器，只好依靠自己娘家的的父兄，幫助自己來處理國家大事。這樣一來，國家政權便落到了外戚的手中。

前面分析過，當皇帝成年後，為了奪回政權，解除外戚的威脅，只有依靠自己身邊的宦官了。當皇帝死去，新君繼位，宦官由於政治身分卑賤而不能輔政，於是又有新的外戚上臺。這種外戚宦官輪流專權的局面，就成為東漢中後期政治的一個顯著特點。這種情況到了專制社會就不存在了，專制社會時候權利是在君主的手中的；到了共和社會，情況就更好了，權利就落在人民手中了。

可在封建時代，君主和宰相的權利在他們出生以前就已經定下了，大臣的利益與國家的利益牢牢相扣。在君主年少和國家政治不穩定的時候，就會將國家的大權委任於有權勢的大臣，讓他們來輔弼少主，一則這樣權臣就不會趁著動亂覬覦君主之位而發生內亂，二則平民百姓也不會鬧出大的亂子來。在專制時代，平民百姓已經可以做到大臣甚至宰相了，這時候的朝廷管制已並非只是貴族的專利，輔佐皇帝處理國家機要大事的也並非一定要與皇帝有血緣關係了。皇帝年少，國家尚處於動盪或不穩定期間，這時候的國家政務的決斷只好聽命於皇太后，但是由於中國古代對男女關係的禁錮，皇太后臨朝卻不能直接與朝廷大臣接觸，所有的政令只好藉助於皇太后的親戚或在其左右侍奉的宦官來轉達處理，因為這個原因，導致了外戚和宦官的勢力一天比一天強大。

中國一直以來是一個貴族當權的國家，從唐堯、虞舜開始，到商太宗太甲子至，已經出現了這種情況，但是尚未出現皇帝的母親臨朝聽政的先例。

舜的故事想必大家都知道，他就是作為一個臣子出位的。在那個「大同」社會，即堯舜「禪讓」時代，這是一個美好和天真的時代，傳說中那時侯皇帝輪流做，誰有賢德誰當國家的首領，大家幸福地生活在一起。可惜大同時代也不過是後期儒家夫子們崇古思想的一種反映，是對現實不滿的一種發洩罷了。而實際的情況是舜奪了堯的政權。

其實堯舜時代以前已形成子傳父業的傳統了，創造這個傳統的人就是我們中國人的老祖宗黃帝。黃帝是公認的中華民族千古第一帝，一輩子娶了二十四個老婆，生了二十五子，在位一百年，享壽一百二十歲。黃帝去世後，他的兒子少昊金天氏繼立為帝，當政年八十四年後也駕鶴西遊了，就這樣父子相乘若干年後。這第一把交椅就輪到堯坐了。所以，按那個時候的規矩，皇帝也不是賢惠就能當的，還得看血統。

堯繼位後，天下安寧，政治清明，世風祥和。但使他頭疼的是，他生了九個兒子，卻一個比一個不成器，長子丹朱不賢，養成了一種公子王孫吃喝玩樂的作風，頗有些玩世不恭的性格，他最喜歡乾的事是召集一大幫狐朋狗友，在皇宮中成群打仗地胡鬧，另外八個兒子雖然沒有大的缺點，可也沒有大的優點，反正扔人堆裡就被淹沒了的那路貨色。好在堯很長壽，在女婿舜的幫襯之下，當了一百年第一領導人還沒有要退位的意思。

可是舜這位賢臣等不及了呀，就把堯囚禁起來，還不讓其子丹朱與他見面，類似於後代的宮廷政變，但舜並沒有馬上稱帝。按照《史記》所載傳說，舜攝政二十八年間是以臣下的身分行使國家主權，等到堯死了以後才坐上皇帝寶座。

舜倒也是個賢德之君，不過他稱帝後趕上的天時不好，洪水泛濫成災，於是他派鯀去治水。按舜的用人之能，鯀一定是個水利專家，面對肆虐的洪水，鯀冥思苦想，最後他想起了一句俗語：「兵來將擋、水來土屯」。只要在村子周圍建上高堤，不就可以擋住洪水了嗎？鯀的想法與現在人們治理黃河水修建黃河大堤不謀而合，但他費了九牛二虎之力，用了九年的時間也沒把水治好。舜這時犯了一個致命的錯誤，因鯀治水不利判了鯀的死刑，把他殺死在羽山之野。

可憐的鯀，做了九年抗洪工作，就是沒有功勞也有苦勞，沒有苦勞也有點兒疲勞，就這麼冤屈地死了。然而，普天之下只有鯀氏家族是水利專家，殺了鯀以後，大水仍然泛濫，舜沒有辦法，只好派鯀的兒子禹繼續去治水。禹這時一定是滿懷悲憤前往治水前線的，他治水十三年，三過家門而不入，因為他知道，前有車，後有轍。治水不成，就得走鯀的老路。

俗話說失敗乃成功之母，禹不再用父親堵的辦法治水，反其道而行之用「疏」，終於疏通了九河，治水成功。禹治水成功的同時，也在民間樹立起了強大的威望，有了做賢臣的政治資本。

所謂殺父之仇，不共戴天，報仇應該是人之常情的。但舜作為千古一帝威望也是不小的，明知殺之有違民意，於是禹逼舜帝退位暗中折磨他也算報了殺父之仇，據記載，舜在年老的時候，認為自己的兒子商均不肖才「禪讓」給禹王的，實際上從這句話可以看出商均肯定是個紈褲子弟，其英明神武根本與禹王不在一個檔次上，諸侯不服是真的，禪讓是假，逼舜帝退位是真。禹逼舜退位後，舜經受不住這麼大的打擊，藉口去南方巡視，離開了京城，因為氣性太大，在九嶷山氣死了。禹開始明證言順的行使國家主權了，不過在舜噎氣之前禹也是以臣子身分代行國家權力的。

可笑的是，堯舜如此充滿血腥的「禪讓」，後世之人紛紛效仿，王莽利用禪讓之論，代漢而興；三國時期曹魏逼漢獻帝「禪讓」；司馬家族逼曹魏「禪讓」；唐高祖李淵逼隋恭帝楊侑「禪讓」；宋太祖趙匡胤逼柴家孤兒寡母「禪讓」，等等鬧劇說明：後世英雄早已看透了堯舜禪讓「作秀」的真相，不過沒有人說破，暗自效仿不也是聖人之舉嗎！當然這個是題外話。

下面我們來說個更厲害的人，這人從奴隸做到宰相，可謂國家的股肱之臣，這樣已經夠厲害了，更厲害的是他居然還流放了自己的頂頭上司。

商太宗太甲是商朝第四位國王。太甲在位初年，任用伊尹為相，在伊尹的督促下，商朝國力比較強盛。可是太甲三年時，太甲任意地發號施令，一味享樂，暴虐百姓，朝政昏亂，又帶頭破壞湯制定的法規。伊尹雖百般規勸，他都聽不進去，伊尹只好將他送到商湯墓地附近的桐宮居住，讓他自己反省，史稱「伊尹放太甲」。

太甲住在桐宮，見祖父身為開國君王，墳墓卻十分簡陋，又從守墓老人那裡了解到祖父的許多艱苦創業，仁厚省儉的舊事，對照自己的所作所為，感到確實不像話，便暗暗內疚，決心痛改前非，開始在桐宮關心孤老，遵守法制，與人為善。

三年後，伊尹見太甲真心悔過，十分高興，便帶領文武大臣，攜帶王服，冠冕，迎接他回到亳都，還政於他。從此，太甲以自己過去的失足為鑒，早朝晏罷，勤政愛民。遵守湯制定的法律，將天下治理得井井有條，商朝也逐漸繁榮起來，伊尹見太甲成為明君，非常高興，特地寫了一篇《太甲訓》的文章來讚揚他，稱他為太宗。這個故事後來成了賢臣替國君行使國家主權的超級典型，臣子代行君權業績做的最好的要屬周公。說到周公，民間有不少關於他的傳說，具體可以參見《封神榜》。是個非常有才的人。

周公原名叫周公旦，是周文王的第四子，周武王的同母的弟弟。

在商朝的時候，周相當於一個諸侯國。他們的王跟部落的酋長差不多。這時候周公就幫助父親周文王成了西方的共主，奠定了滅掉商朝的基礎。

文王死後，武王即位，周公更是成了最主要的得力助手，在他的幫助下武王順利滅商，建立大周。

滅商歸來，武王得了重病，不久就死了。武王在臨終前願意把王位傳給有德有才的周公，周公哭著拒絕了。武王死後，太子誦繼位，就是成王。

成王不過是個十多歲的孩子。面對國家初立，尚未穩固，內憂外患接踵而來的複雜形勢，成王是絕對應付不了的。武王之死使整個國家失去了重心，形勢迫切需要一位既有才幹又有威望的能及時處理問題的人來收拾這種局面，這個責任便落到了周公肩上。周公執政稱王，發揮了王的作用。這在當時是自然的事情。古書中有不少周公稱王的記載，只是到了漢代，大一統和君權至上局面形成之後，周公稱王變成不可思議，於是才有周公是「攝政」、「假王」等等說法。而這也是臣子代行國政的頂峰了。

周公雖然順利的做到了人臣之最，但是還是要面臨很多麻煩。也就是說賢臣代行君主的權利是存在很多漏洞的。為此周公做了很多工作。

看著周公行使國君的權利，很多比周公輩分高的王室成員不高興了。特別是管叔，有意爭權，並且聯合地方武裝勢力起來造反。這對剛剛建立三年多的周朝來說，是個異常沉重的打擊。如果叛亂不加以克服，周王朝就會面臨極大困難，周文王慘淡經營幾十年建立起來的功業就會毀掉。

周王室處在風雨飄搖之中。在王室內部也有人對周公稱王持懷疑態度。這種內外夾攻的局面，使周公處境十分困難。他首先穩定內部，保持團結，說服太公望和召公奭，統一了內部意見之後，第二年（前一〇二三年）舉行東征，討伐叛軍，鞏固了周朝的統治。並乘勝滅掉了很多反周的小國家。

攘外必先安內就是這個時候周公發明的策略。

武王克商只是打擊了商王朝的核心部分，直到周公東征才掃清了它的外圍勢力。三年的東征滅國儘管有五十個左右，而占領地的鞏固和擴大還是在分封同姓之後。東征以後，周人再也不是西方的「小邦周」，而成為東至海，南至淮河流域，北至遼東的泱泱大國了。周公東征攪動了原有民族部落的格局。徐國一部分逃到江西；一部分東夷被趕到淮河流域；嬴姓西遷；楚國逃到丹水流域。這造成了民族大遷徙大融合。

建都洛邑後，周公旦開始實行封邦建國的方針。他先後建置七十一個封國，把武王十五個兄弟和十六個功臣，封到封國去做諸侯，以作為捍衛王室的屏藩。另外在封國內普遍推行井田制，將土地統一規劃，鞏固和加強了周王朝的經濟基礎。正式冊封天下諸侯，並且宣布各種典章制度。也就是所謂「制禮作樂」。為了鞏固周的統治，周公先後發布了各種文告，從這裡可以窺見周公總結夏殷的統治經驗，制定下來的各種政策。這些都成了以後王朝成立後用於鞏固參考的數據。

周公的文功武治的業績比歷史上任何的君王做的都好。成了後世王朝倣法的物件。就是這樣他也一直以人臣自居直到最後。是人臣代君主行職權的典範。

以上這些人都曾經以宰相的身分總理朝廷政務，大臣們都習以為常，並不感到奇怪。秦漢以後，君主專制政體開始進化，貴族的權利漸漸減小，皇太后臨朝聽政才開始成為歷代常用的做法，而外戚和宦官的勢力也在暗地裡慢慢增長，他們的權勢甚至可以決定國家政策和法令，外戚宦官之禍也隨著君主專制體制的終結而開始了。

中國文化裡向來就有重視宗族的傳統。父族、母族、妻族，這叫三族，但是這三族性質不同，份量也不同。父族是什麼關係呢？是血統關係，同姓的，父系的，這個叫血統關係；母族是血緣關係；妻族是姻緣關係。就是妻族和自己一點血的關係都沒有了，就是他們份量是不一樣的。

對於皇族來說，父族就是皇族，也叫宗室。母族和妻族不同姓，他是外姓人，這個叫外戚也叫做皇親國戚。宗室就是同姓的鳳子龍孫是可以封王的，外戚，也就是異姓的母族和妻族只能封侯，這個是政治待遇不同，但是待遇不同不等於關係，待遇高的不一定關係好，為什麼呢？同姓的這些宗室有威脅，他也有皇位的繼承權，一旦在位的皇帝死了，沒有兒子，那就要到同姓的宗室裡面去找一個人，漢文帝就是這樣，漢高祖死了以後，他的兒子漢惠帝繼位，漢惠帝死了以後，惠帝沒有兒子，只好把他的兄弟漢文帝從藩王的位置上請進京城來，請他做皇帝，所以這些藩王們都有一點點當皇帝的意思，至少是，總覺得自己是有資格當皇帝的，你姓劉我也姓劉，你是高祖的子孫，我難道不是高祖的子孫嗎？憑什麼你當我不能當，所以劉濞想造反，劉安想造反，就因為他姓劉。

那麼不姓劉的，姓竇的，姓田的，姓衛的，你本來就是沒有資格做皇帝，你要做皇帝的話，那就是謀反，大逆不道，對皇帝來說，外戚反而相對安全。所以在這個時候，皇帝在政治上會傾向於外戚而不是宗室。所以漢代外戚在政治舞臺上造成的作用是非常大的。歷代王朝外戚多憑藉皇后、太后勢力而把持朝政，權重勢大，往往威脅皇權。西漢初年，外戚干政就已然開始，呂后專政及諸呂擅權便是其例。景帝時之竇嬰；武帝時之田蚡、衛青、霍去病；昭帝時的霍光等，都是以外戚身分而位高權重。

所謂前有車，後有轍。漢王朝一開始就是夫妻店，漢高祖劉邦的正妻呂雉，她是和漢高祖劉邦一起打江山的，打天下的，還做過項羽的俘虜。呂后她是出生入死，同甘苦、共患難，這麼當的一個皇后和太后。剛好劉邦去世以後，呂后的兒子惠帝很懦弱，就是說得不好聽就是懦夫，說得好聽就是仁慈。對於很多事情是下不了手的，呂后卻下的去手，所以一直是呂后專政。這樣就形成了一個太后干政的傳統。

漢代號稱孝治天下，就是他們治國的理念就是一個字「孝」。皇帝要帶頭孝，皇帝帶頭孝以後，下面的子民也都孝。你孝治天下你當然要尊敬太后嘛。太后就可以干政，所以外戚的這個力量在兩漢一直是很強的。

其實從高祖劉邦開始，誰做了皇后，都要提拔自己孃家人，呂后是第一個這麼做的，原因很簡單，皇帝的兒子有很多個，雖然本著立嫡的原則，皇后的兒子是儲君的第一人選，但皇帝的心思誰也猜不著，一旦愛屋及烏，選了別的妃嬪的兒子做太子也是一點不出奇，所以不到最後一刻，絕不能有絲毫的懈怠，孃家人就算水平再低，能力再差，畢竟是一條船上的螞蚱，一榮俱榮一損俱損，是一批真正的死忠之士，所以一定要提拔上來，位居高位，關鍵時刻做皇后利益的傳聲筒、發言人，影響皇帝，打擊敵對勢力。

但呂后在漢惠帝死後，乾脆自己臨朝稱制了，所以無論名義上，還是實際上她都成了西漢王朝的真正統治者，雖然她大封諸呂，但在她活著的時候權力還是集中在自己手上的，外戚仍然只是她倚重的一股政治勢力而已。

嚴格的說漢朝外戚之禍始於呂后。下面我們來回放一下呂后的履歷。

呂后原名叫呂雉。呂后的父親史書沒有記載，我們就姑且叫他呂公吧。呂公有四個孩子，兩男兩女，呂后是他的大女兒。呂公為了躲避仇人，逃難時曾暫住在好哥們沛縣縣令家裡。後來，由於呂公對沛縣感覺很好，就乾脆把家安頓在了沛縣。

關於呂雉姑娘怎麼跟劉邦結為伴侶的，這裡有一個故事。

呂公剛剛把家搬到沛縣的時候，縣裡邊當官的，土財主聽說縣令家來了貴客，就都來湊錢喝酒。負責接收賀禮的人，就是後來劉邦手下「三傑」之一的蕭何。這個時候，蕭何是沛縣縣令手下一名官員。這次酒宴，蕭何主管收禮。按照規定，獻錢不滿一千的人只能在堂下喝酒；湊錢超過一千的人才能到堂上喝酒。劉邦來到以後，高喊一聲泗水亭長劉季，就直接來到堂上，實際上，劉邦一個子沒拿。呂公一聽「賀錢萬」，大為驚訝，趕快起身相迎。因為「賀錢萬」在當時是個非常了不得的數字。從酒宴的規定看，出一千錢的都算是貴客，都要請到堂上喝酒，拿一萬錢，當然令人大吃一驚。從來人的身分看，比亭長官高的人不少，但都沒有「賀錢萬」。拿一萬錢，當然令人大吃一驚。從實際收入上看，秦代一位縣令的年俸也只是數千錢，至於亭長，一年的俸錢不足數千。一個亭長一次酒宴敢於「賀錢萬」，絕對是天文數字，也是不可能的事。呂公當然知道劉邦不可能「賀錢萬」，但是，呂公是一個有政治頭腦的人：他看中的是劉邦的膽量和潛在的政治家素質。所以，呂公聽到這麼一個天文數字，立即對劉邦產生了十分強烈的興趣。

呂公這個人非常迷信相面。因此，他對口出大言的劉邦的面相也非常吃驚。客人都走了之後，呂公對劉邦說：我平生為人相面多極了，但從來沒有見到你這樣的面相。我有一個女兒，想許給你為妻，希望你不要嫌棄。

這個時候，四十多歲的劉邦還沒有老婆，一聽說有這種好事，喜出望外，馬上答應下來。但是，呂公嫁女一事呂公的老婆不答應：你平時總說咱女兒是個富貴相，要許個富貴人家，沛縣縣令對你這麼好，他來求婚你都不答應，為什麼非要嫁給這個劉季？呂公回答：這並不是你一個婦道人家能知道的。

呂公的家是呂公一人說了算，儘管他的妻子反對，但是，他的妻子並不當家；這樣，呂雉就成了劉邦的妻子。值得重視的是呂雉的態度。作為這場婚事當事人的呂雉，沒有絲毫怨言地接受了父親對自己終身大事的安排，可見此時的呂雉非常溫順。

如果說呂公相信了劉邦並把女兒嫁給他是交友不慎的話，呂姑娘本人經歷的婚姻則可以說是遇人不淑。

不到二十歲的少女呂雉嫁給了四十歲中年亭長劉邦，而且，這位亭長雖然沒有正式結婚，卻有了一位未婚生育的兒子劉肥。在劉邦發跡之前，呂雉對劉肥沒有任何苛刻之舉，這對一位丈夫長自己二十多歲的少婦來說，實屬不易。後來，呂雉有了兒子、女兒之後，還要在田中幹活。呂雉婚後還得親自下田種地，顯示了呂雉勤勞持家的一面。

可是勤勞持家的呂姑娘並不能因她的賢惠過上美滿幸福的生活，反而被他的丈夫連累的有了牢獄之災。

劉邦做了泗水亭長之後，要負責往酈山押送服勞役的人。一次押送酈山勞役，一路上不斷有人逃亡。無奈之下，他乾脆在豐縣西邊的大澤中將剩餘還沒有逃的人全放了，劉邦這一放，反倒感動了十幾個不願逃的人，願意跟隨劉邦。劉邦就帶著這夥人跑到芒碭山（今河南永城）落草為寇了。

劉邦身為亭長，押送驪山勞工，竟然放走勞工，自己逃亡，這當然為秦法難容。常言道：跑了和尚跑不了廟。劉邦可以一走了之，呂雉卻為此下了獄。

監獄裡的生活歷來不好過，呂雉進了秦代沛縣的監獄也好不到哪兒。監獄之中大問題之一是獄卒對呂雉不禮貌，呂雉在獄中為劉邦究竟受了什麼罪史書沒有記載；但是，沛縣監獄中有一個叫任敖的獄卒，平日和泗水亭長劉邦的關係很好。任敖看見獄卒虐待呂雉，一怒之下打傷了那個虐待呂雉的獄卒。這一下子，沛縣監獄的獄卒再也沒有人敢於欺侮呂雉了。任敖打傷虐待呂雉的獄卒，說明呂雉在沛縣監獄之中受過虐待。很難說經歷了生活艱辛的呂雉此時心理有了怎樣的變化。

好在歷史證明劉邦確實不是盞省油的燈。漢二年四月，他劉邦又打回來了。此時的項羽正在齊地忙於平叛，劉邦趁虛而入打進了西楚國都彭城。可是呂姑娘的春天還是沒來，劉邦此行的目的有兩個：一是消滅項羽集團；二是要接走他的父親、妻子、兒子、女兒。但是，劉邦到了彭城之後，並沒有急著接親人，反而在彭城忙於接收項羽從秦朝都城帶走的美女、財寶。

等到項羽殺回彭城，劉邦才想起來派人去接家屬，但是，此時劉邦的家人已經被項羽接走了，並且在項羽的軍營中做了二十八個月的人質。

漢四年，劉邦、項羽滎陽對峙之時，無奈的項羽忽發奇想：以烹太公相威脅。項羽的目的是想借此機會要挾劉邦，逼迫劉邦投降。劉邦不吃這一套，竟然嬉皮笑臉地對項羽說：我和項羽都受懷王的命令伐秦，又結拜過兄弟；所以，我爹就是你爹，你要烹你爹，我也跟著一塊兒喝湯。項羽大怒，要烹太公，幸虧項伯從中斡旋，項羽才未殺太公。

這件事雖然史書記載的是「殺太公」，但如果真的烹了太公，呂后能躲得過去嗎？絕對不可能躲過去！項羽一旦感到絕望，人質不能造成威懾劉邦的作用，他幹嘛白白為劉邦養著劉邦的老婆？這場危機由於項伯相救，說了一番殺太公沒有任何作用，只能使兩家的仇結得更深之類的話，項羽才平息了怒氣。太公得以躲過一劫，呂后也因此得以躲過一劫。

在滎陽對峙了兩年多之後，由於項羽軍糧短缺，不得不同意劉邦漢五年十月提出的鴻溝議和。劉邦利用鴻溝議和的騙局，誘騙項羽放回做了兩年〇四個月人質的劉邦的父親劉公和呂雉，然後撤兵。

劉邦在得到被扣兩年多的父親和老婆後，立即撕毀協議，追殺項羽。但是，不管劉邦如何欺騙項羽，鴻溝議和終於使呂雉回到了漢營。

呂雉對楚漢戰爭的貢獻是他為劉邦做了兩年〇四個月的人質。這是呂雉為劉邦做出的重大犧牲，也是呂后在劉邦死後執掌朝政的政治資本。歷經磨難，回到丈夫身邊的呂雉卻發現劉邦身邊早已有了寵幸的戚夫人。此時的呂后因為年齡長於戚夫人，常常作為留守，伴在劉邦身邊的是那位年輕貌美的戚夫人。

劉邦實在不是個好男人，他結婚之前就跟一個曹姓女人鬼混，前面說的劉肥就是劉邦跟這個女人生的。劉邦婚後也沒閒著，在與項羽爭奪江山期間，前期老吃敗仗，但卻收穫到了一個年輕美貌、後來影響後宮的戚夫人。得到戚夫人的故事很浪漫，說是有一次敗給項羽後，連飯也沒得吃，逃到一村子裡遇見一個老人。老人姓戚，帶著十八歲的閨女在此躲避戰亂。一見帶兵的劉邦，老人嚇得連忙下拜，並帶他回家裡弄菜弄酒給他吃。劉邦見到老人的閨女，頓時動了心思，得知女孩尚未嫁人後，心中竊喜。老人看出意思，就說相面先生講他閨女有貴人之相，難道遇到大王，就是她的前世姻緣？於是要把閨女許給劉邦為妻。雖然說劉邦心裡暗喜，考慮家有妻室，已有呂雉，也客氣了一番才應下。據說，劉邦是解下自己的玉帶作為定情之物，老人當晚便讓閨女陪劉邦睡覺了，劉邦這個老岳父看來比今天的父母們還想得開呢。戚夫人是中國歷史上有名的美女之一，而年老色衰的呂雉敵不過戚夫人青春美貌，不到三十歲的呂后此時只能默默地當一個「留守太太」。

就算呂姑娘已經這麼慘了，命運還是一直追著她做遊戲。因為劉邦寵愛戚夫人的緣故，老想把呂后生的太子劉盈給廢了。於是劉邦找藉口說太子劉盈太軟弱，不像自己，還是劉如意比較隨我。

中國傳統，實行嫡長子繼承制，這是宗法制度最基本的一項原則，即王位和財產必須由嫡長子繼承，嫡長子是嫡妻（正妻）所生的長子。劉邦廢太子之事引發了兩個方面的強烈反應：

第一個做出強烈反應的是朝中大臣。張良、周昌、叔孫通等朝中大臣都堅決反對廢長立幼。其中，叔孫通於漢十二年勸阻劉邦廢立太子時的一番話最具代表性：「太子天下本，本一搖天下振動。奈何以天下為戲！」以叔孫通為代表的朝臣們看重的正是制度治國，他們認為：一旦制度遭到破壞，後果不堪設想。張良、周昌等大臣們的反對也都是因為這個原因。

周昌是劉邦任泗水亭長時的老部下，跟隨劉邦一塊兒起兵。他的哥哥周苛還是一位烈士，為守衛滎陽被項羽所殺。周昌堅決反對劉邦廢長立幼。劉邦問周昌廢立太子一事，周昌口吃，說話結結巴巴，但是，他一聽劉邦要廢長立幼，非常惱火，他說：我的嘴不會說，但是，我覺得這件事絕對不可能做，陛下即使想廢太子，我也絕對不接受這個詔書。由於周昌口吃加上盛怒，一段話說的很有喜劇效果。劉邦聽了哈哈大笑，廢太子的話題在那個情景下就變成鬧劇一場了。劉邦就沒在說別的，可是心裡還在找合適的場合繼續討論這個事兒。

另一個作出強烈反應的是此事的最大受害者呂后。有人為呂后設謀，讓他找張良。呂后就讓他的哥哥呂澤劫持張良，逼著張良獻計。張良對呂澤說：皇上在戰爭困難的時候確實能夠聽我的意見，但是，現在是因為愛而要廢長立幼，這已經不是靠說能了結的事。但是，皇上非常看重的「商山四皓」卻始終請不來，因為他們認為皇上對臣下態度一貫傲慢。如果你們想個辦法把「商山四皓」請出來輔佐太子，讓他們天天陪著太子，特別上朝之時陪伴太子，皇上一定會看見。皇上知道「商山四皓」輔佐太子，也許會有一用。呂后立即付諸實施。呂后派呂澤讓人帶了太子的親筆信，還帶了一份厚禮，請「商山四皓」出山，這四位高士竟然全來了。

漢十二年，劉邦平定黥布叛亂結束，但是，劉邦也在這次平叛中第二次受到致命箭傷。而且，由箭傷引發的疾病更加嚴重。此時的劉邦已經預感到人的生命是有盡頭的，因此，劉邦廢立太子的願望也更加強烈了。張良勸阻無效，託病不再上朝。作為太子太傅的叔孫通以死相諫，劉邦假裝聽從，實際上廢立太子的想法毫無改變。

一次朝宴，高祖劉邦發現太子身邊有四位八十多歲的老人，鬍鬚、眉毛都白了，服裝、帽子非常講究。高祖很奇怪，就問他們：你們是誰？四位老人上前回答，並各自報了姓名：東園公、甪里先生、綺里季、夏黃公。劉邦聽說後大為吃驚：我請你們多年，你們逃避我。現在為什麼要隨從我的兒子呢？四位老人回答：陛下輕視讀書，又愛罵人。我們堅決不願受辱，所以才因為恐懼而逃亡。如今聽說太子仁孝恭敬，愛護天下讀書人，天下人都願意為太子效死力，所以我們就來了。劉邦說：煩請諸位好好替我照顧好太子。四位老人敬完酒，離去。劉邦看著離去的四位老人，指著他們對戚夫人說：我想更換太子，但是，他們四位高士都來輔佐太子，太子的羽翼已經豐滿，難以撼動了啊！呂后真是一位好主子啊！戚夫人聽說後，立即失聲痛哭。事以至此，戚夫人母子倆只好斷了廢太子的念想。

呂姑娘雖然情場失意，但是官場卻很得意。長期的艱難處境也練就了她非凡的政治素養。

漢高祖十一年春，淮陰侯韓信謀反，呂后與蕭何用計，誅殺韓信。同年三月，梁王彭越謀反，劉邦將其廢為庶人，削職流放蜀地。途中遇呂后，彭越訴說無罪，呂后答應為他說情，將他帶回咸陽。她抱怨劉邦：「你把彭越放走，等於放虎歸山。」劉邦遂將其處死，並夷其三族。劉邦稱帝八年間，呂后協助劉邦鎮壓叛逆、打擊割據勢力，對鞏固漢朝統一政權發揮了重要作用，並為她日後掌權作了充分準備。

呂后當政內，創自劉邦的休養生息的黃老政治進一步得到推行。劉邦臨終前，呂后問劉邦身後的安排。她問蕭何相國後誰可繼任，劉邦囑曹參可繼任，曹參後有王陵、陳平，但不能獨任，周勃忠誠老實，文化不高，劉家天下如有危機，安劉氏天下的必是周勃，可任太尉。

呂后雖實際掌握大權，但她是遵守劉邦臨終前所作的重要人士安排遺囑的，相繼重用蕭何、曹參、王陵、陳平、周勃等開國功臣，而這些大臣們都以無為而治，從民之慾，從不勞民。在經濟上，實行輕賦稅，對工商實行自由政策。在政治、法制、經濟和思想文化各個領域，均全面為「文景之治」奠定了堅實的基礎。

西元前一八八年，惠帝劉盈憂鬱病逝，立少帝劉恭，呂太后臨朝稱制，行使皇帝職權，為中國皇后專政的第一人。少帝因其生母為呂后所殺，心有怨言。

西元前一八四年，呂后遂殺少帝劉恭，立劉弘為少帝，呂太后照舊臨朝天下，所以劉弘不稱元年。

在治理國家上，呂太后為了強化自己的統治，在採取「無為而治」，鞏固西漢政權的同時，首先打擊諸侯王和政治上的反對派，重用其寵臣審食其。然後布置黨羽，大封諸呂及所愛後宮美人之子為王侯。隨後殺掉趙王劉友和梁王劉恢。右丞相王陵堅決反對封諸呂為王的政策，堅持高祖與大臣的盟約，「非劉氏而王，天下共擊之。」呂太后不高興，就讓他擔任皇帝的太傅，奪了他的丞相職權。王陵只得告病回家。然後又讓審食其為左丞相，居中用事。陳平、周勃雖然不服，也只好順從。審食其不處理左丞相職權範圍內的事情，專門監督管理宮中的事務，像個郎中令，呂太后常與他決斷大事，公卿大臣處理事務都要透過審食其才能決定。呂后這些做法遭到劉氏宗室和大臣的激烈反對。

呂太后追封他已故的兩個哥哥，大哥周呂侯呂澤為悼武王，呂釋之為趙昭王，以此作封立諸呂為王的開端。呂后元年，封侄呂臺為呂王，呂產為梁王，呂祿為趙王，侄孫呂通為燕王，追尊父呂文為呂宣王，封女兒魯元公主的兒子張偃為魯王，將呂祿的女兒嫁給劉章，封劉章為朱虛侯，封呂釋之的兒子呂種為沛侯，封外甥呂平扶柳侯。呂后二年，呂臺去世，謚號肅王，封其子呂嘉代呂臺為呂王。呂后四年，又封其妹呂嬃為臨光侯，侄子呂他為俞侯，呂更始為贅其侯，呂忿為呂城侯。呂后先後分封呂氏家族十幾人為王為侯。

高后八年，呂后病重，她臨終前仍沒有忘記鞏固呂氏天下。在她病危之時，下令任命侄子趙王呂祿為上將軍，統領北軍；呂王產統領南軍。並且告誡他們：「高帝平定天下以後，與大臣訂立盟約：『不是劉氏宗族稱王的，天下共誅之。』現在呂氏稱王，劉氏和大臣憤憤不平，我很快就死了，皇帝年輕，大臣們可能發生兵變。所以你們要牢牢掌握軍隊，守衛宮殿，千萬不要離開皇宮為我送葬，不要被人扼制。」

西元前一八〇年八月一日，呂太后病死，終年六十二歲，與漢高祖合葬長陵。

呂后死後留下詔書賜給各諸侯黃金千斤，將、相、列侯、郎、吏都按官階賜給黃金，大赦天下。讓呂王呂產擔任相國。讓呂祿的女兒做皇后。由於呂后在政時期培植起一個呂氏外戚集團，從而加劇了漢統治階級內部的矛盾，因此在她死後，馬上就釀成了劉氏皇族集團與呂氏外戚集團的流血鬥爭。呂太后沒有完成她的政治計畫就去世了，漢統治階級內部矛盾驟然激化，祖劉之軍蜂起。齊王劉襄發難於外，陳平、周勃響應於內，劉氏諸王，遂群起而殺諸呂，劉氏皇族集團與呂氏外戚集團的一場流血鬥爭，以皇族集團的勝利而告終。

呂太后當政十五年，推行約法省禁、與民生息的政策，做了幾件大事：叫各郡縣推舉優秀農民，予以勉勵，減輕賦稅，改秦稅什收其伍為什伍稅一；允許以往逃避山林、湖泊和遷徙他鄉的農民回到家鄉，並歸還田宅，官吏不得因其過去有不法行為打罵或歧視；釋放奴婢，回鄉從事農耕，官吏不得干涉；裁減大批軍官士卒，轉業還鄉，優先給以土地，妥善安置；大赦天下；廢秦時因株連而夷三族罪和「妖言令」等苛法；對匈奴採取和親政策，使邊境安定。這些政策的實施，緩和了內外矛盾，刺激了生產發展，增強了漢王朝的國力。

呂后不遺餘力地迫害劉邦的子孫，除了女性任性的行事風格使然之外，目的之一就是奪取他們的封地，用以分封她的孃家人，以壯大呂家勢力。事實上，呂后也確實幾乎奪得了劉家天下，但結果卻是，在接下的政變中，呂姓一族被大臣們盡數誅殺，連呂后的親生子劉盈一支也被捎帶著趕盡殺絕。

漢武帝夠神武的吧，一輩子也沒擺脫外戚。算一算武帝時候外戚是換了好幾撥人的，先是武帝的母親王夫人，王夫人在民間時曾經結過婚，所以她跟景帝算是二婚，這點我很佩服當時的社會風氣，好像並不是什麼了不得的大事情，相當開明。有意思的是，王夫人的母親也是二婚，所以她有個同母異父的弟弟田蚡，王夫人得寵後就把弟弟弄進朝裡當官，田蚡呢，也確實為武帝登上皇位出過不少力，武帝十九歲當上皇帝，田蚡做上三公之一的太尉，權傾一時，迫害過不少耿直的功臣老將。同一時期的外戚能旗鼓相當的得數漢武帝奶奶家的親戚竇嬰。兩股外戚勢力不久就起了爭鬥。

竇嬰人還不錯。他做為外戚，曾經權傾朝野，最後卻落得滿門抄斬的結局，成為武帝時期的一大疑案。竇嬰之死起因於灌夫在丞相田蚡婚宴上的一次鬧酒，之後以偽造先帝遺詔定罪。而製造這個冤案的背後操縱者就是丞相田蚡。作為外戚集團勢力的新興代表，丞相田蚡早把沒落外戚竇嬰看做是眼中釘。

竇嬰是漢武帝親自任命的第二位丞相。漢武帝在位五十四年，共任命十三位丞相。漢武帝為什麼要選擇竇嬰為丞相呢？原因挺複雜，總結起來有下面四個原因：

第一，田蚡運作的結果。竇嬰和田蚡是兩大外戚，竇嬰是竇太后的侄子，田蚡是王太后的弟弟，漢武帝的舅舅。這一次是同時被任命，竇嬰做丞相，田蚡做太尉。丞相跟太尉，在西漢初年，都屬於三公之一的重要官職。

田蚡的姐姐王夫人做了皇太后以後，他非常想獨攬朝政做丞相，但他手下的門客說，竇嬰的資歷比你長，做官時的聲望很高，假如皇上讓你做丞相，你要把這個位置讓給竇嬰，你肯定是做太尉，丞相和太尉的級別是一樣的，而且你還能得到一個讓賢的美名。田蚡聽了大家的意見，透過他姐姐轉告給漢武帝。這樣竇嬰就獲得了一次做丞相的機會。

第二，竇嬰尊儒。竇嬰是一個崇尚儒家學說的人，漢武帝為了有所作為而採納了董仲舒尊儒的建議，漢武帝重用竇嬰，他們在政治觀念上是一致的。

第三，相才匱乏。武帝繼位時，武帝眼中能進入丞相人選的人非常少。西漢開國的丞相，用的全是劉邦手下的功臣，蕭何，曹參，王陵，陳平，還有周勃，灌嬰等。從高祖劉邦，到惠帝，到呂后，到文帝，這個時期都是由開國功臣擔任丞相的。到灌嬰這一任，功臣當丞相到此為止。灌嬰在文帝四年去世，之後，開國的大功臣沒有了。到了景帝朝，他任命了四個丞相，第一任陶青，第四任衛綰這兩位既沒參加反秦，又沒參加滅項，跟功臣沒有一點關係。與功臣沾點邊的丞相是周亞夫和劉舍。他們是功臣之子，分別是周勃和劉襄的兒子。西漢政府丞相成員的構成，從大功臣，到小功臣，到功臣之子，再到跟功臣毫無關係的。從當時來看，相才非常匱乏。

第四，人才匱乏。選丞相，要選一個有才華的人，但是從漢高祖劉邦開始，就沒有一套培養人才，選拔人才的制度。漢高祖五十五歲當皇帝，六十二歲去世，八年中他忙於兩件事，一個是不停地平叛，再一個是他家庭內部矛盾一大堆。呂后和戚夫人之間皇子之爭的事，哪裡顧得上培養人才，選拔人才？惠帝繼位，當年就搞了個人彘事件，之後，他就成了半瘋半傻的人，基本上不理朝政，他也不可能去培養人才。呂后時，忙的事更多了，怎麼殺劉姓的諸侯王，怎麼封呂姓的王，光這些事就忙不過來。再說呂后是一個沒有很高文化修養的人，你叫呂后去培養人才，選拔人才，簡直是開玩笑。文帝頂多能做些減輕賦稅，減輕一些刑罰的事情，人才培養談不上。景帝想做點事，可又趕上七國之亂。歷史給武帝留下的遺產，沒有一個選拔和培養人才的機制，你叫漢武帝上哪兒去選人？他只能從他熟悉的人群中間去選，選來選去，一個是他祖母竇太后的侄子竇嬰，一個是他母親王太后的弟弟，他的舅舅田蚡。這樣一個現實狀況，也是造成竇嬰能夠擔任丞相的重要原因。

竇嬰，究竟是一個什麼樣的人呢？

第一件事情就是太后家宴。景帝朝時，竇太后舉行過一次家宴，那次宴會規模雖然小，但規格高，參加的人有竇太后，漢景帝，梁王和竇嬰。在飯桌上，漢景帝講了一句話：千秋之後傳梁王。竇太后很高興，但竇嬰馬上出來糾正，竇太后從「歡」到「憎」，家宴不歡而散。

從這件事可以看出，第一，竇嬰非常耿直，有什麼說什麼，他是屬於謀國不謀身那一號大臣。

第二，竇嬰是個有信仰的人，他有一個判斷是非的價值觀念。他認為漢景帝的話說得不對，漢朝的天下，歷來是父子相傳，皇上怎麼能擅自傳位給自己的弟弟呢？他判斷是非的標準是祖制。

但是，竇嬰是個不懂權術的人。其實，景帝說傳位於梁王，這話是戲言，而竇嬰誤以為是失言。漢景帝在老孃面前專講好聽的，是為哄他老孃高興，但做事他有自己的一套標準。說一套，做一套，該怎麼辦的還怎麼辦，景帝就是這麼一種人。而竇嬰是個不懂權術的人，把景帝的戲言當真了。

第二件事情是七國之亂。七國之亂初期，景帝驚恐失措，結果誤信袁盎的話，錯殺了晁錯。殺了晁錯，七國不退兵，景帝才決定用武力平叛。平叛用了兩個人，一個是周亞夫，一個是竇嬰，但開始竇嬰不幹。竇嬰不幹，反映了他性格中一個很大的弱點：任性。

太后家宴以後，竇太后對竇嬰不理不睬，竇嬰覺得自己官太小，乾脆把官辭了，竇太后就解除了他進出皇宮的門籍。過了幾個月，吳楚七國之亂爆發，漢景帝要他出任大將軍，他藉口有病不幹。從這一點來看，竇嬰個人意氣太重。最後經景帝再三勸說才出山，結果立了功，還被封了侯。

竇嬰在平叛七國之亂中立了大功，這是他一生中最值得大書特書的一件事，說明竇嬰是景帝朝劉姓宗室和竇氏外戚中的一代人才。竇嬰是一個很特別的人才，他正直廉潔，漢景帝賞賜給他的千金，他都全部用於國事。七國之亂以後，景帝任命竇嬰做了太子的老師——太子太傅。五個女人之間的相互攪和，把太子的位置給攪和沒了。太子被廢的時候，竇嬰堅決反對，但反對無效。竇嬰又一次任性，不幹了。他請了病假，回到長安附近，找了一個南山，一住好幾個月，就是不上朝。

後來有一個門客勸他說，能夠讓你升官發財的人是皇上，能夠親近、親信你的人是你的姑姑竇太后，太子被廢你去爭，爭不成，就不上朝。這樣做，你和景帝的關係不就搞僵了嗎？如果太后和皇上真的都恨你的話，那麻煩就大了。竇嬰恍然大悟，又去上朝了。對此，漢景帝什麼也沒說，但是，竇嬰失勢也從這時候開始了。

竇嬰的死是西漢初年的一個大案，案子雖然很大，起因卻非常之小，起因是什麼呢？就是灌夫在丞相田蚡的婚宴上鬧酒，那麼灌夫為什麼要在田蚡的婚宴上要鬧酒呢？是因為他發現來參加婚禮的人對竇嬰不尊敬。

當時的情況就是田蚡給大家敬酒的時候，所有的賓客都避席了，而竇嬰來給大家敬酒的時候，大多數人都沒有避席。

我們知道古人是席地而坐，主人坐在正中，主要的地方叫主席，其他的人分成兩列排在旁邊叫列席。如果是主人來或者重要的貴賓來給我們敬酒，要避席，避席，要離開這個席位，然後退下來說，不敢當。這個叫做避席。

在田蚡的婚宴上，田蚡來敬酒的時候，所有的客人都避席了，而竇嬰來敬酒的時候，大多數的客人都半避。半起，避開，不敢當。這說明什麼呢？說明這些客人對竇嬰不夠尊重。而竇嬰他的資格是比田蚡老，當年竇嬰炙手可熱、紅極一時的時候田蚡是什麼？是個郎官，想拍竇嬰馬屁都拍不上，現在田蚡當了丞相，竇嬰下臺了，你們就這樣，太勢利眼了吧，所以灌夫就發脾氣了。

灌夫發脾氣他也不好找別的人發啊，他瞄準一個是灌家的人，是他的晚輩，我家裡人可以教訓吧，這個傢伙在幹什麼呢？和程不識將軍在說悄悄話。灌夫就跑過去說，幹什麼幹什麼？老夫來跟你敬酒，你像個女人一樣的說悄悄話，幹什麼呢？你平時說程不識將軍一錢不值，你現在跟他說什麼悄悄話。田蚡就不高興了，打狗要看主人嘛，這個是我的客人嘛，田蚡就說灌夫了，你這話什麼意思？程不識將軍和李廣將軍都是衛尉，你這樣說程不識將軍，把李廣將軍的面子往哪兒放，灌夫說，老子今天豁出去了，管他們什麼姓程的姓李的，就鬧起來了，鬧起來就把灌夫抓起來了，因為田蚡的婚姻是太后懿旨要田蚡辦的，那麼你不給田蚡面子便是不給太后面子，這叫做大不敬，是可以論罪的，把灌夫抓起來了。

灌夫抓起來以後，竇嬰想灌夫鬧酒是為了給我面子，我不能不救灌夫啊，竇嬰就出來救灌夫，就把竇嬰也抓起來了，竇嬰被抓一下子就急了，馬上託人給皇帝說，我有先帝遺詔。先帝遺詔上已經說了，我竇嬰可以怎樣怎樣。可是後來檔案庫沒找到備份的核查，竇嬰也就這麼稀里糊塗的給滿門抄斬了。

其實往根上說，這個事兒可惜就可惜竇太后過世上，她也是要死的，她死了以後就是王太后了，就是漢武帝的母親。竇太后那個時候已經是太皇太后，王太后也想學竇太后，繼續管她這個兒子。誰知道漢武帝不是一個像漢景帝那樣好控制的人。漢武帝這個時候實際上已經起了心思，就是必須要把母族的外戚剪除掉，不能夠讓她們再在自己的頭上指手畫腳。而這個時候呢，由於竇太后的去世，竇家這個外戚集團它就失勢了。王家田家，就是王太后的這個集團，這個家族勢力開始上升，所以田蚡就一路青雲直上。

武帝的第一個皇后是有名的金屋藏嬌陳皇后，陳皇后的母親是景帝的親姐姐，武帝的親姑媽，他倆是典型的近親結婚，所謂外戚算是他倆共同的親戚，外得不徹底，武帝也不怎麼喜歡她，很快就廢了她的皇后位，這批外戚根本沒機會上位。武帝的第二任妻子，也是個有名的主兒，衛子夫和趙飛燕很相似，都是出身卑微，做歌舞妓釣到了皇帝這只大金龜，但衛子夫比趙飛燕好點，有一個做騎奴的弟弟衛青，衛青依靠裙帶關係，迅速的被擢升為統兵的大將，並且在第一次西征匈奴的時候就立下大功，此後更受武帝器重，平步青雲，一直做到大司馬大將軍，位極人臣。漢武帝以開疆拓土，赫赫武功贏得了大帝的稱號，在他統治時期，衛青、霍去病是不得不提的名將，但人們卻很少注意這兩個人的外戚身分，我想一個很重要的原因可能是他倆在外面打仗的時候比較多，較少參與內廷的傾軋，加上武帝這個人太強勢，旁人很難插嘴，更別說插手了。

不過人一老就容易犯糊塗，一糊塗就容易鑄成大錯，武帝年老後開始大搞迷信活動，整出個巫蠱之禍，結果連自己的親生兒子，太子劉據都被殺了，武帝回過神來又開始後悔，但人死不能復生，七十一歲高齡的武帝在臨死前立了一個七歲的兒子劉弗陵做太子，就是後來的漢昭帝。

昭帝是個短命的皇帝，二十多歲就死了，死的時候他的上官皇后才十多歲，上官皇后的父親，跟當時的首席輔政大臣霍光一樣是武帝臨終前安排的顧命大臣，不過他似乎跟霍光很不對付，幾次三番的想要搞倒霍光，不幸的是霍光沒搞倒，自己反被搞倒，所以這一門外戚也沒什麼作為。

請大家注意，真正外戚掌權的時代，自昭帝死掉後，即將慢慢拉起帷幕。這裡的關鍵人物就是霍光。

說起霍光，就要說幾個熟悉的人。霍光的父親霍仲孺早些年有一段風流債，就是與衛青的姐姐衛少兒私通生下霍去病，後來霍仲孺回家又娶了媳婦生了霍光。因此，霍去病與霍光是同父異母的兄弟，都是衛青的外甥。雖然霍父和衛少兒沒有事實上的婚姻，但後來霍去病知道自己生父是霍仲孺後，主動認了祖歸了宗並對其父好生贍養，以盡自己的孝心。這樣劉、衛、霍三家的親戚關係就此形成。衛青是漢武帝的小舅子，去病與霍光是衛青的外甥，也就是這種裙帶關係，再次為漢朝繼呂氏專權以後外戚再次專權埋下伏筆。漢武帝劉徹因寵愛衛子夫（衛青的另一個姐姐）而重用其弟衛青。當年衛青的大外甥霍去病年十八，長相俊美又善騎射，在對匈奴的戰爭中屢立戰功，因而深得漢武帝的喜愛，對其又是加官又是賞賜，重點培養。漢武帝這樣做的原因，一是自己十分寵愛衛子夫，遵循愛屋及烏的道理，凡是衛家的人他都重用；二是打算自己死後可以把自家的江山託付給自己信賴的人進行管理，可惜的是還未等漢武帝對其加封大將軍一職時，短命的霍去病就一命嗚呼了，漢武帝為此傷心了很長時間。好在衛家還有一個外甥，於是武帝在臨終時把大將軍這個最高稱號授給了霍光。要知道霍光沒有上過戰場，半點功勞也沒有，為什麼還要給予霍光這麼大的稱號呢？其實還是出於漢武帝對霍去病的懷念，對衛青的信任，對衛子夫的愛。另外武帝有個毛病全憑喜好用事，對自己喜愛的人就加官進爵，不喜歡的人只有讓他靠邊站。由此可見武帝對衛家，霍家可是不一般的好啊。

所以說霍光也是個拐彎抹角的外戚。

西元前八十七年，漢武帝託付霍光、上官桀、金日磾三人共同輔佐幼帝漢昭帝劉弗陵。霍光為了協同一心，為了開創良好的政治局面，將自己的兩個女兒分別嫁給上官桀、金日磾的兒子，與其結為親家，同時也便於今後自己工作的開展。霍光輔政時，由於武帝生前好大喜功，窮奢極欲，重斂繁刑峻法，信神怪巫術，加之又常年與匈奴及周邊少數民族進行戰爭，使百姓疲敝，經濟下滑，國庫日漸空虛。於是霍光在政治上、軍事上改變了武帝時的一些做法，恢復了文帝景帝時的節儉之風，農業上輕徭薄賦，與民休養生息；軍事上採取與匈奴和談結親的政治方法。

霍光秉政二十幾年來，國家大事小事基本都由霍光決斷，因此霍光成了名副其實的攝政王。霍光利用自己的權利把持朝政，把自己的子女、女婿、兄弟都安排在漢政府的各個部門，並且都掌握實權。凡是與其政見不和者皆被處死，一時間廣結黨羽，權傾朝野。西元前八十年，另一個託孤大臣，左丞相上官桀不滿霍光，因為其舉薦的一些人，結果都被霍光否決。上官桀的岳父是名太醫，一次因誤入了不該進的地方，被霍光問成死罪，後來上官桀使了錢才免了死罪，種種事情使上官桀與霍光的嫌隙日久見深，後來到了箭在弩上不得不發。於是上官桀夥同自己的兒子上官安及當時財政部長桑弘羊和燕王密謀設計襲殺霍光，然後廢掉漢昭帝，迎立燕王為天子。不幸事敗，後來，參與謀反之事的所有人全部被誅殺。此事發生後，霍光為了穩住自己的地位，重新恢復了武帝時的嚴酷刑法，藉以整肅朝廷內部所有對自己不安全因素。早年，武帝託孤的三個大臣，金日磾託孤沒多久就死了。而今，上官桀又被霍光誅殺，到了今日，霍光成了朝中唯一的首輔了。

漢昭帝繼位時僅八歲，不幸做了十三年的皇帝就死了。國不可一日無君，霍光很快選定了昌邑王劉賀，將其立為天子，並將玉璽綬於劉賀。劉賀做昌邑王時不好讀書嬉戲無度，為人散漫無羈，不到一個月，霍光認為其不和法度隨即廢掉，並且誅戮劉賀的下屬官員二百餘人。霍光認為劉賀這些官員不對劉賀的不當行為進行勸諫，也不能很好的向朝廷舉報劉賀的過失，造成朝廷審查失度。史書記載，對這二百餘人行刑時，他們高呼「當斷不斷，反受其亂」。霍光的行為實在夠狠，廢掉就算了，何必株連劉賀的下屬呢？明代張燧認為，霍光懷疑這二百人中有要謀害自己的人存在，為避免不必要的禍患斬盡殺絕為上策。

國不可一日無主，於是一個在民間長大的小夥子劉詢（又名劉病已），中了一張很大很大很大的雙色球，劉詢是戾太子劉據的次子，劉據被殺後，當時還是個嬰兒的劉詢，先是坐了一段時間大牢，後來他父親被部分平反，他就恢復了自由身，被寄養在民間（也可能是某個小官僚的家裡），長到十七八歲，娶了另一個小官僚許廣漢的女兒許平君小姐。再後來，昭帝駕崩了，皇位後繼無人，霍光他們一班顧命大臣想來想去，就想到了劉詢這小子，於是劉詢以不亞於衛子夫、趙飛燕的傳奇方式，從一個平頭小百姓一躍成為了天子，也正因為如此，漢宣帝劉詢即位之初，沒有一般天子的驕狂之氣，反而是對霍光一班顧命大臣尊敬得不得了，言聽計從，從不對他們大聲說話，更別說忤逆他們的意思了。但實際上，宣帝心裡七上八下，首先他來自民間，跟皇親是一點不熟，不可能借助他們，自己又沒有一點力量一個幫手，明明是個皇帝，卻要處處扮孫子。

「芒刺在背」這個成語就來自宣帝。宣帝即位之初，帶領文武百官去太廟行祭祀之禮，去的時候，大司馬大將軍霍光金戈鐵馬，一身披掛，為宣帝驂乘，宣帝以前哪見過這陣勢，只覺得霍光那氣場，壓得自己簡直抬不起頭來，背上就好像有芒刺，扎得冒冷汗，還不敢動彈。其實宣帝的怕不是沒有道理的，在宣帝和昭帝交接班之前其實還有個昌邑王劉賀，據說他荒淫無道，只做了百來天皇帝就被以霍光為首的一幫大臣，以上官太后的名義給廢了，想想看，一個臣子，居然對萬乘之尊的皇帝行廢立之事，且不論他是好心還是歹意，這也太大膽了吧，難怪宣帝要害怕，萬一霍光哪天看宣帝一個不順眼，又把他給廢了呢？在宣帝看來，這是完全有可能的。

於是，宣帝即位後開始想要培養一些自己的死忠力量，想來想去，還是自己的妻子許平君小姐家的人可靠，他們是因為自己當上皇帝才有了錦衣玉食的生活，如果自己一旦被廢，受損失最大的自然是岳父家的人。於是宣帝即位後，就提出要封老丈人做侯。關於這點，前朝都是這麼辦的，有祖制可循，宣帝這個提法算是相當謹慎。偏偏霍光很沒眼色，提出反對意見，說許廣漢因為觸犯法律，曾經被處過閹割的刑法，封一個受過閹割刑法的人為侯，於禮不合。雖然後來宣帝和霍光各讓一步，封了他老丈人一個最低等的關內侯，但猜想宣帝從此更是恨霍光恨得牙癢癢。

正當霍光和宣帝暗中角力的時候，霍光的妻子突然跳出來，幹了件神不知鬼不覺，同時又驚天地泣鬼神的大事情，那就是把宣帝的妻子、大漢朝的皇后劉許氏給毒殺了。

前面說過，許平君小姐是宣帝貧賤時期的結髮妻子，宣帝當了皇帝后，想把女兒送到宣帝床上，繼而博取皇后寶座的王公顯貴不計其數，霍光的妻子霍顯也是其中之一，雖然說卻之不恭，宣帝也笑納了一部分，但顧念情分，他做到了糟糠之妻不下堂，堅持立許平君做皇后。

其他人雖然心裡不痛快，也只能在心裡嘮叨幾句，認慫算了，但霍光的妻子霍顯可不是普通人，仗著霍光的赫赫聲威，敢叫日月換新天，趁許平君小姐生孩子的時候，派人給她服了一劑一日喪命散，一日之內就真的喪了命，然後把自己的女兒打扮停當，急吼吼的送給宣帝，做了皇后。

霍顯何許人也？史書記載不詳，只曉得她是霍光的續弦，宣帝第二任皇后霍成君小姐的生母，她的出現也在一定程度上，印證了中國的基本歷史邏輯之一：女人是禍水。

據說她仗著丈夫霍光位高權重，就飛揚跋扈，無惡不作，出門逛街要乘跟王室規模對等的車輦，而且裝飾得更加豪華，別人都是用馬來拉車，她偏要用幾十個女婢用五彩的絲繩來拉，所經之處，百姓莫不為之氣憤。越是位高權重的人，越是小心謹慎、拉攏討好、禮賢下士，她倒好，唯恐別人不知道，非要幹出些喪德敗行，惹人非議，自己又得不到半點好處的事情來。

起初霍光不知道此事，後來知道了也就不了了之處理了，最終使霍成君成為皇后，這個事件也成為霍家以後滅門的直接導火線。

西元前六十八年首輔霍光平靜的死去，他這一生為輔漢室，匡國家，安社稷，先後擁昭帝，立宣帝，盡責盡忠，也算鞠躬盡瘁了。但霍光生前秉權太重害人過多，對其家族成員過於放縱，使其家族驕侈淫逸，隨後釀成禍患，殃及子孫。霍光死後二年，顯夫人鴆殺許皇后一案被揭發，宣帝開始對霍家在朝廷任職的人員做大幅度的調換，西元前六十六年，霍光兒子霍禹見事情敗露，密謀造反，事敗。於是霍家子孫及凡是和霍家有牽連的家族被全部誅殺，就這樣煌煌不可一世的霍家結束了。

縱觀西漢歷史，只有漢成帝的妻子還算是省心的，因為他的妻子乃是歷史有名的趙氏姐妹，此二人上基本上屬於淫娃的代表，穢亂後宮不說，還將個漢成帝活生生整死在了床上，簡直是人人得而誅之。不過話說回來，趙飛燕小姐也是個可憐人。雖然長得閉月羞花、沉魚落雁，而且還可以在人的手掌上跳舞，風姿綽約，才藝也很了得，燕瘦環肥，這樣的極品上下五千年也難得找出幾個來。但她卻出身卑微，無父無母，小時候風餐露宿、衣不蔽體，大點了就去做歌舞妓，換取三餐溫飽，也算是個可憐人兒，偏偏這樣的一個可憐人兒最後做到了大漢朝的皇后，不過她的悲劇，幾乎是生來注定的。第一，她因為用一種叫息肌丸的東西來保持身材和容貌，搞得不能懷孕生孩子，這在後宮基本上就屬於玩完了。因為沒有兒子，就無法保證容顏漸老，被皇帝遺棄後，在女人扎堆的後宮還能搞得一張飯票，就算皇帝有良心，有生之年不拋棄不放棄，但死後呢，她還是一定會淪落到被侮辱被踐踏的地步，基本上屬於不可避免的結局。但歷史上，皇帝的后妃中，沒有小孩的也不止她一個，也不見得個個都不得好死，問題歸根結底還在她的出身上，因為沒有父母，出身卑微，從小是個流浪兒，自然也沒有什麼兄弟姐妹、親戚朋友，就算成了皇后，也只能自個兒偷著樂，不可能像其他人一樣，一朝得志雞犬昇天，把孃家人全部提拔起來拱衛自己，形成一股強大的政治勢力，影響朝政，左右時局。所以她人生的極致就是做皇帝的影子，以別人的生為生，以別人的死為死，哪怕是做到皇后，也卑賤得一陣風就能把她吹散。

反觀她婆婆，漢成帝的母親王政君，那就大大的不同了。

男人統治世界，女人透過男人統治世界，一個直接一個間接，如此而已。

王政君正是從元帝時出現在政治舞臺上，先後以皇太后、太皇太后的身分把持朝政，並一度臨朝稱制、俯視四海。富有諷刺意味的是，這位歷經四朝、貴為天下國母、享年八十四歲的壽星皇太后，不僅目睹了西漢衰敗亡國的全過程，而且是她把漢傳國玉璽交給了王莽。王政君從出現在西漢政治舞臺開始，就是以輓歌手的姿態走向西漢政治權力核心的，她不像其他的「女強人」那麼「彪悍」。但是，她是漢宣帝的兒媳，漢元帝的皇后，漢成帝的皇太后，漢哀帝漢平帝的太皇太后，還是王莽的「新室文母太皇太后」。她敦厚堅毅，歷六朝而不倒，系西漢後期的安危於一身，作用並不下於一代帝王，可是她卻不為人所廣知，而是歷史的「遺姝」。

王政君的父親叫王禁。他年輕時在長安讀過書，也當過一陣子廷尉史的小官。王禁雖然官不大，但姨太太娶了好幾個，生有四女八男。王政君在女孩中是老二，八個兄弟，王鳳、王曼、王譚、王崇、王商、王立、王根、王逢，他們不少人後來都因為王政君的裙帶關係當了大官，對於西漢末年的政治風雲造成了推波助瀾的作用。其中王曼死得早，但他的兒子王莽，一直做到了皇帝。

王政君是正夫人李氏所生。據說李氏當初懷著王政君的時候，夢見一輪明月入懷，這可是生貴女的好兆頭。

王政君少女時期就命運多舛，死過兩任丈夫。頭一位是平民百姓，剛跟王政君訂婚，就嗚乎哀哉。第二位是漢室宗親，東平王。年輕的東平王下了聘禮，要收王政君為姬，可是也沒等到花燭之夜，就一命嗚呼了，倒讓王家得了不少聘禮，發了一筆小財。可是王禁卻嚇得渾身直起雞皮疙瘩，心想：我這個閨女命硬，剋夫呀！這是什麼怪物投的胎？可別剋完夫再剋父，那我就慘了！不敢耽擱，趕緊請了一位算命先生給王政君掐算。看完之後，算命的先生說了五個字：「大貴不可言！」

這讓王禁想入非非：「大貴不可言？還要怎麼貴？連王爺都鎮不住她，莫非還真要給皇上當媳婦不成？」抱著嫁皇上的想法，王家豁出去了，花銀子，請家教，望女成鳳，學習琴棋書畫，為未來進行智力投資。

王政君本來天資聰明，又勤奮好學，很快琴棋書畫、聲樂歌舞樣樣精通。王禁不免喜出望外，甚至斷定女兒再嫁的肯定是皇上，女兒將來肯定是皇后，因為東平王都「壓」不住。

到了王政君十八歲那年，機會來了。漢宣帝的皇后身邊缺少知書達理、精通諸般技藝的宮女，王禁就把王政君獻了上去。王禁可不管那麼多，他想，能問候皇后，必然有機會接近皇上，保不準受垂青就一步登天了。

然而，王政君入宮一年有餘，皇上也沒多看她一眼，更別提當寵妃生貴子了。正在意氣消沉的時候，命運卻將她推進了太子妃的候選人之中。

當時，皇太子非常寵愛的司馬良娣突然得了大病，不久便死去。太子對其十分愛憐，她死後，太子非常悲痛，終日裡鬱鬱寡歡，精神不振，漸漸就生了大病。

而且司馬良娣死時說是姬妾們詛咒她，才讓她到這個地步的。從此太子便對姬妾們都恨之入骨，連看都不願看她們一眼。宣帝又心疼又無奈，就命皇后從後宮中選擇太子喜歡的宮人，來伺候太子，好讓太子慢慢忘掉司馬良娣，重新歡樂起來。

而王政君就在備選的五名美女之列。一日，太子覲見宣帝，皇后就將挑選好的五名美女帶來，讓太子從中挑選。當時太子處在心灰意冷之中，對新的生活沒有信心，所以對皇后煞費苦心為他挑選的美人絲毫不感興趣，可是又不忍辜負皇后的一番苦心，就勉強地回答了一句：「其中一位還可以。」

「其中一位」，就是指的王政君。當時，王政君的位置離太子最近，並且穿著大紅色的鮮亮衣服，在五人之中非常顯眼，美壓群芳。於是，皇后命人將王政君送到太子東宮，後來太子「御幸」過一次，即有身孕。

奇怪的是，在王政君進東宮之前，太子後宮的姬妾數十餘人，包括死去的司馬良娣，有的甚至被「御幸」長達七八年之久，但都未懷孕，而王政君則是一幸而有身孕，從此開花結果。宣帝甘露三年，王政君生下龍種，即後來的漢成帝。這個男嬰是嫡長皇孫，漢宣帝異常憐愛，親自為他取名「鶩」，字太孫，並且常常把他帶在身邊，精心培養。自古母憑子貴，這為王政君成為皇后打下了重要基礎。

三年之後，漢宣帝駕崩，太子即位，是為漢元帝，立年僅三歲的劉鶩為太子，王政君先是被封為婕妤，接著被立為皇后。

王政君的丈夫漢元帝劉奭是東漢時期最叫人記不住的皇帝，這位劉奭先生在位十六年，不但沒幹過一件說得響亮的好事，連一件聽著耳熟的壞事也沒幹過，以至於現在我們來介紹他「漢元帝是誰」的時候，不得不用「就是那個嫁出王昭君的皇帝」。

王政君雖然升為皇后，但是劉奭由於從來沒喜歡過他，因此對於她所生的兒子劉驁也是左看右看看不順眼，時不時地想進行職位輪換。

劉奭在度過了對司馬良娣的懷念期之後，很快投入新一輪的愛情，這時候他的新歡是傅昭儀，這個美女又潑辣又有心計，還很有野心。這真是非常奇怪的一件事，劉奭本人性格軟弱，但是他喜歡的都是性格強悍的美女，前有司馬良娣後有傅昭儀，還有一個敢擋熊而立的馮昭儀，以及後來自請報名去了匈奴讓他追思不已的王昭君，他的這些性格跟武則天的第二任丈夫高宗很像。王政君既沒有美貌又沒有手段，連膽量都欠奉，懦弱無能，自然更加不得劉奭的歡心。她在後宮唯一所能做的就是忍氣吞聲，連普通妃嬪都不把她這個皇后放在眼裡。劉奭還時不時地想廢了太子，以傅昭儀之子取代。

任何一個時代都有重臣反對易儲，這次力保王政君母子的，是外戚史丹。史丹在漢宣帝時，力保劉奭的太子之位，因此對劉奭有重大影響力。史丹為了保住劉驁的太子之位，讓太子劉驁娶了劉奭生母許氏家族的女兒立為太子妃。

這樣一來，就把許氏家族和太子的命運連在了一起，而劉奭對於自己生母的早亡一直耿耿於懷，對許氏家族賜以高官厚祿，太子劉驁有了這樣一個妻子，終於保住了太子之位。而劉奭看到太子與許妃夫妻恩愛，又有史丹力保，也漸漸把改立太子之事一拖再拖，終於拖到去世也沒換掉。

漢元帝劉奭一死，漢成帝劉驁繼位為帝。如果說漢元帝劉奭的性格果然如他父親劉恆所預料的一樣沒用，那麼劉驁的性格也果然像他父親劉奭所預料的一樣糟糕。

多年來劉驁為了在父親面前好好表現，只對許妃一人深情款款，如今已經無須做戲，自然要廣開宮門，大納妃嬪。先是寵信才女班婕妤，後來更迷戀上陽阿公主府上的歌伎趙飛燕及其妹趙合德，開始了他亂七八糟胡作非為的酒色生涯。

而此時，他的母親王政君對劉驁那些亂七八糟的行為視而不見，推波助瀾。王政君這許多年來受了許多委屈，當十幾年媳婦熬成婆了，立刻開始了她吐氣揚眉的生活。

劉驁也很明白母親的心意，十幾年來母子相依為命，在父皇的嫌棄厭惡，寵妃的咄咄逼人之下，只有抱頭痛哭，苦盼將來。而如今終於一旦得意，自然是要為所欲為了。於是，當劉驁廣納美色的時候，王政君也開始她「姊妹兄弟皆列士」的揚眉吐氣。當初王家以為她能夠「出息」，只可惜她做了這麼多年的太子妃皇后，都始終不受皇帝丈夫的待見，如今自然要能囂張到多遠就囂張到多遠。於是封王鳳為大司馬大將軍領尚書事；王崇被封為安成侯，食邑萬戶；王譚等也加官晉爵，配享食邑。兄弟皆為列侯，作為政府百官之首的「大司馬大將軍領尚書事」一職，幾乎為王氏壟斷，先是王鳳，其後王音、王商、王根、王莽依次任該職，形成了王氏外戚把持朝政的局面。王氏門中「五將十候」，讓世人只知有王鳳而不知有皇帝。

新太后和新皇帝的得意之時，卻正是新皇后許氏的失意之時。先是失寵於皇帝，又有後宮諸妃對她的位置虎視眈眈，而太后王政君對於這個兒媳婦，也早就看不順眼了。

首先，劉奭在世時，太子妃許氏在皇帝面前比王政君更有體面，一個是亡母至親，一個是自己的棄婦，先帝劉奭的態度自有高下，這種高下讓王政君倍覺羞辱；其次，作為皇后孃家的許氏家族封候列爵掌朝之眾居然高於她這個皇太后孃家的王氏家族之上，更是令她不能容忍；其三，許後雖然生了一子一女均都夭折，此時劉驁無子，王政君則以為是許後作梗，不許劉驁多納妃子的緣故。

有此三樁恨事，所以當兒子劉驁在寵妃的煽動下打算廢后時，立刻得到太后王政君的支援，於是一場預設好戲拉開帷幕。

漢成帝鴻嘉三年，趙飛燕密告皇后許氏與其姐詛咒懷孕的王美人和大將軍王鳳，王政君親自過問，於是大獄興起，許氏家族被誅殺乾淨，為王氏家族的封候拜將騰出位置。

趙飛燕繼位為皇后，其妹趙合德也被封為昭儀。

劉驁對趙合德萬分迷戀，無所不從，但是趙氏姐妹多年來雖然寵擅專房，卻一直無法生下皇子，為了怕後宮其他女人生下皇子，趙合德一邊要劉驁立誓專一，一邊將後宮凡是懷孕生子的妃嬪及其皇子一一殺死，一時間「生子者輒殺，墮胎者無數」。

當然，曾經是劉驁寵妃的班婕妤，也是趙氏姐妹的攻擊物件之一，可是班婕妤卻逃過了這場大難。班婕妤也不是一個簡單的女子，皇宮裡哪有小白兔呢。她在趙飛燕入宮之前是最得寵的妃子，當時許后之子夭折，而班婕妤已經生下皇子，當劉驁邀請班婕妤同乘一車時，她委婉地表示了：「我只是一個妃子，怎麼可以跟天子同車呢？」意思說皇帝你忘記應該先封我為皇后啊！太后王政君對劉驁有影響力，於是班婕妤也把王政君哄得對她另眼相看，趙飛燕剛入宮，她看到劉驁有移情別戀的傾向，就把自己的侍女李氏送給劉驁為婕妤而籠絡皇帝。只不過含蓄自持的才女，競爭不過來自底層毫無底線的歌伎姐妹的聯手進攻。許後以巫蠱被廢，趙氏姐妹立刻將班婕妤也一網打盡，不料班婕妤辨才無敵：「若是詛咒有用，我早做了皇后；若是詛咒無用，我幹嘛要去詛咒？」弄得劉驁也無話可說。班婕妤見大勢已去，立刻做了明智的選擇，自請到長信宮去侍奉皇太后，退出這一戰場。託庇於王政君的保護之下，在後宮中人紛紛被趙氏姐妹殘害而死的時候，班婕妤卻仍可安然無恙。

後宮諸妃嬪皇子屢被趙氏姐妹所殘害，令得皇家絕嗣，這麼嚴重的情況，身為皇太后的王政君，卻對此不聞不問。

王政君的為人可以拿紅樓夢中的一個人物來比擬，便是邢夫人，王熙鳳說「邢夫人稟性愚弱，只知奉承賈赦以自保，次則婪取財貨為自得」，而這愚弱二字，也正好用在王政君的身上。對於王政君來說，一則是奉承兒子胡作非為自保，二則是讓她的王家一門飛黃騰達為自得。

兩母子江山在手，一個縱容兒子沉迷酒色，一個放任母族外戚專權囂張，互為交換，大家各得其所，倒也能做到母慈子孝，其樂融融。

當然，母子倆誰也不會知道，歡樂的日子，會結束得這麼快，這麼令人措手不及。

西元前7年，即漢成帝綏和二年，漢成帝因服用藥物過量，暴死於寵妃趙合德的床上。趙合德自知難逃一死，於是在被提審之前，自殺身亡。

而在此之前，劉驁因為一直無子，當時的候選人有弟弟中山王劉興和侄子定陶王劉欣，劉驁聽從趙飛燕姐妹的建議，冊立了侄子定陶王劉欣為太子。

這位劉欣，正是當年與王政君爭位的傅昭儀的孫子，也許王政君真是腦子進水了，把皇位送給情敵的孫子，把這位當年的勁敵重新請進門。不過中山王劉興，也是王政君的另一位情敵馮昭儀的兒子，也許王氏家族以為，兩害相權取其輕，隔了一輩也許更容易掌握吧。

然而，王政君錯了。

傅昭儀工於心計，更在馮昭儀之上，當年漢元帝劉奭喜歡音樂，她就讓自己的兒子劉康跟著學習音律以討劉奭歡心，劉奭晚年病重，只有傅昭儀和劉康在身邊侍奉，連王政君和太子劉驁也不能輕易見到皇帝。本來皇位離她母子只有一步之遙了，只可惜棋差一步，劉驁登基，她和兒子劉康立刻被逐出宮，大將軍王鳳立逼著前去定陶就國，硬生生被放逐出京。但在離開京城二十多年以後，她又回來了。王政君唯我獨尊的太后生涯，要告一段落了。

這次回來的傅昭儀，是以定陶太后的身分回來，作為照顧新皇帝的一個老祖母，傅太后大撒金錢，表現出一副人畜無害的樣子。王政君見到昔日高傲的情敵放低聲段竭力奉迎自己，立刻感到自尊心無比的滿足，而答應讓她留下。

駱駝入帳篷的遊戲開始了，王政君那容易滿足的自尊心讓這只駱駝探入了一個頭進來。只有一個人對此表現出了高度警惕，那就是王莽。

在王家一群囂張的蠢才中，王莽的確可以算是優秀的了，他有能力有心計有人緣有理想，在第一輪與王家諸子的爭鬥中脫穎而出，成為如今王家外戚的領頭羊之一。

在王莽的操作下，劉欣的生母丁姬和祖母傅太后，只能十天和新皇帝見一次面。皇宮的酒宴上，傅太后本準備讓人將自己的位置和王政君並列，也被王莽撤掉，說「傅氏不過是個封國太后，哪有資格和真正的皇帝生母並座！」

王莽的種種限制，並沒有阻止住駱駝入帳篷的速度。駱駝入帳篷，先是低下頭，很溫順地擠進一個頭，然後進入半個身子，然後整個身子進入帳篷，就將原主擠出去了。

新帝劉欣是傅太后一手調教出來的孫子，有皇帝這張至尊王牌在手，傅太后的態度日益反客為主，逐步以傅丁兩家外戚取代王家外戚，十日一見的命令已成廢紙，隔得不久，新帝先是追尊生父定陶恭王為恭皇，並加封祖母傅氏和生母丁氏為皇后。後來又藉口「漢家之制，推親親以顯尊尊」，把傅氏由帝太太后改封為皇太太后，稱永信宮，丁氏為帝太后，稱中安宮，與太皇太后王政君稱長信宮並駕齊驅。

王政君的為人是遇強則弱，經過傅太后藉機生事大鬧小鬧幾場下來，新帝劉欣又肯定是站在自己祖母一邊，於是徹底敗下陣來。王莽只是一個外臣，內宮已經豎起白旗，他在宮外有通天之力也無力迴天。於是朝中上下，展開對王氏外戚的大清盤，王家子侄素來鬧禍的多有能耐的少，頭上的小辮子比新疆姑娘頭上的還多，一揪一大把，一抓一大串，很快就一個個被踢下馬來。唯有王莽雖然沒有任何把柄給人抓，但是一來成帝朝二十多年王氏家族根基畢竟深，二來新帝劉欣也不想鬧得兩敗俱傷，於是雙方談和，王氏外戚退出政治格局，保持富貴和封地。

於是王莽退回南陽新野的封地，蟄伏準備，以待時機。

而王政君元氣大傷，徒有正宮太皇太后的虛名，卻只能看著傅太后以最囂張的態度在原來她的地盤上發號施令。陪伴她的，只有原來的班婕妤。自己為什麼會落到這種地步呢，像王政君這樣的人，當然不會反思自己的責任，想來想去，只有恨趙家姐妹弄得兒子劉驁早死，弄得劉驁絕後，才害得她沒有孫子繼承皇位，才會讓情敵傅太后的孫子做了皇帝，令得她老來受欺負。只是如今她再恨趙飛燕，也沒有辦法報仇了。趙飛燕因為勸劉驁立劉欣為帝，對新帝立下大功，也已經受封為皇太后，在傅太后的庇護下逃過大難了。此時一宮四個皇太后，最有權力的莫過於傅太后，而最沒權力的，卻是如今的王政君。曾經在她面前低眉順目的傅太后，如今可以指著她的鼻子罵「死老太婆」，王政君卻也只好聽著。

但是，傅太后也好景不長。王政君的兒子劉驁固然毛病多多，縱容寵妃使自己絕了嗣。但傅太后的寶貝孫子劉欣的問題更大，直接是性取向問題。

傅太后是個野心和控制慾都極強的女人，她早就暗暗恥笑王政君居然放任趙飛燕做了皇后，而不是安插自己孃家的人，而劉欣的皇后，自然是出自傅家門中。劉欣除了傅皇后之外，別無妃嬪，從朝堂到後宮，都被傅太后控制得嚴嚴實實。

劉欣從出生以來，他的人生就是一絲不錯地按照傅太后的要求來過。但凡是人，總是會有自我意志的，劉欣自做了幾年皇帝之後，膽氣日足，已非原來祖母膝下的小孫子，對於傅太后的控制也開始有所不滿。無奈外朝內宮，都是傅太后的人，一時難以突破，鬱悶之下，和身邊的小親隨董賢發生了戀情。傅太后得知此事，驚得目瞪口呆，立刻就大發脾氣，要對董賢下手。而劉欣則一反常態，開始對抗祖母，並且不惜為董賢封候，把董家的七親八戚也比照傅丁兩家外戚而大肆封爵。

與其說是劉欣被愛情沖昏了頭，更不如說是劉欣藉著董賢之事，來發洩二十多年不由自主的人生，藉著大封董氏家族，來削弱威脅到皇權的傅丁兩大家族勢力。為此，他竟罷免親舅舅丁明的大司馬之職，送給男寵董賢，一時間，董賢成為僅次於皇帝的第一權勢人物，劉欣甚至揚言要倣法堯舜，將皇位禪讓給董賢。

傅老太萬沒想到搬起石頭砸了自己的腳，最後竟然失敗在親孫子的手裡，祖孫倆對峙了許久，各自鬥得病倒在床，傅老太畢竟年紀較大，很快就去世了。而劉欣多拖了一年，也因為體弱多病而早亡了。劉欣在位僅七年，死後被諡為哀帝。

王政君畢竟在後宮數十年，雖然一時失勢，潛勢力仍在，竟然是她最快得到了劉欣去世的訊息。經過這麼多年失勢的教訓，王政君再愚弱，此時也知道權力實在是個太好的東西，她趕在皇太后趙飛燕和傅皇后之前跑到了劉欣的屍體前，一把將玉璽抓到了手裡。

將玉璽抓到手中的王政君，立刻召令已經在傅老太死後回京的王莽入宮秉政諸事。兩姑侄聯手，先把中山王之子劉箕子召進宮來繼位，是為漢平帝。然後立刻展開大反攻，先是將身為大司馬的董賢處死，然後將傅太后丁太后已經葬在皇陵的屍體通通扔出去。當然趙飛燕也沒放過，先是被貶居冷宮，然後又被廢為庶人趕去守陵，最後被逼自殺。

愚蠢了一輩子的王政君忽然在關鍵時刻表現出政治的敏感性和迅速性，掌握了大權，在新舊皇帝交替的百忙之中仍有人抽空關注著對趙飛燕進行一系列的追殺？昔年以才幹聰明見長的班婕妤，在成帝朝腥風血雨的後宮唯一以智慧逃過了趙氏姐妹毒手，多年來一直在長信宮侍奉著王政君。當然，如果我們的想像力再稍許延伸一下，這一系列的行動中，是否能看到這位昔年成帝寵妃的身影呢？也許這時候的班婕妤和趙飛燕之間，是否印證了那一句名言：「誰笑到最後，誰笑得最好！」至少我們可以知道，從宣帝朝到西漢滅亡，諸外戚朝起暮亡，而唯有班氏家族，雖無大興大旺，卻也始終保持不受大劫，直至東漢仍在延續著家族的傳奇。

吃一塹長一智，王政君與王莽接受上一次的教訓，不許劉衎的生母衛姬入京，封其為中山太后，永留封地。為了控制小劉衎，又將王莽的女兒封為皇后，將平帝劉衎完全掌握在王氏姑侄的手中。

王政君這輩子說來很可憐，在孃家不受父母待見，出嫁不受丈夫待見，連個兒子也早被寵壞，僅僅在形勢上對她大封外戚表示了一下孝心，大部份時間還是隻管自己與后妃玩樂，哪裡關心過她的心情是好是壞。王政君這輩子，只有在王莽身上感受到了知冷知熱，關懷體貼。

據說人生有五種需求：第一層需求，生理需求；第二層需求，安全感需求；第三層需求，情感需求；第四層需求，尊重感需求；第五層需求，自我實現需求。

作為太子妃、皇后、皇太后至太皇太后，王政君不愁吃穿，第一層需求是不成問題的。多年來她在元帝時期、哀帝時期，是沒有安全感的，但是到目前為止，這一層需求也是可以解決的。唯有情感需求、尊重感需求，她這一輩子始終沒有得到過，而自我實現需求，她更是想都沒有想到過。

而如今，王莽一一滿足了她。王莽待她孝順萬分，不但滿足她的親情需要，還鼓動她常到元帝的太子舊宮，聽著她一次次敘述著虛構出來的當年夫妻恩愛之情，令她滿足這輩子從未有過的情感需求；王莽待這位姑母兼他的主子畢恭畢敬，又鼓動她「遵帝王之常服，復太官之法膳」，尊崇到高於帝王的份上，大大滿足了她的尊重感需求；更是安排她四季出遊，接見些窮苦孤老貞婦，讓老太太居高臨下地賞賜財物，看著那些感激涕零的弱勢群體，大大滿足了老太太的自我實現感。

王政君自將玉璽抓到手中之後，就牢牢不放，任何事情都要掌握在她的手中。王老太太的眼光見識，大約只能夠看到自己眼皮子底下的三寸地。對於她來說，只要她的位置至尊無上，只要她孃家王氏家族在朝中說一不二，她就心滿意足了。對於她那個能幹又孝順的侄子王莽，更是十二分地滿意，滿意到挑不出一點意見來。

生活多麼美妙，權力多麼美好，美好到王政君已經完全看不到周圍潛滋暗長的環境變化。投桃報李，感覺到前所未有快樂的王政君，在群臣一次次的上書中，將王莽權力一升再升，使得王莽「爵為新都侯，號為安漢公，官為宰衡、太傅、大司馬，爵貴號尊官重，一身蒙大寵者五」，達到至尊之位。

好侄兒王莽的話，怎麼聽怎麼有道理，在位僅四年的平帝劉衎被王莽毒死，她也完全相信那是久病不治，拋開一眾年長的劉氏宗室，挑中遠房僅兩歲的劉嬰為帝，她也相信那是為了王氏家族的利益。

身為王莽像皮圖章的王政君，痛快地在一次次的奉承中，將王莽遞上來的一份份詔書中「啪啪啪」地蓋上手中的玉璽，只要她手中還握著玉璽，只要朝中還是她王家的人當政，有什麼可擔心的呢。至於她手中的實際權力，什麼時候已經在王莽的一次次遞上的詔書中暗暗轉移給了王莽，她卻是毫無覺察。

直到王莽頭戴皇冠，自稱皇帝，廢幼主改國號，派人衝進宮來，直接要她交出玉璽時，王政君這才如夢初醒，然而對於她來說，「關鍵時刻無能為力」是她一生為人的寫照。此時此刻，面對一手養大而反噬的老虎，她也只有大罵一頓大哭一頓，將玉璽摔在地下而結束。

自此，西漢王朝結束了。

經過這事兒後，王政君一病不起，她固執地居住在昔日宮中，命令自己宮中所有的人都穿著漢朝舊服色，依然按漢家的規矩行事，在沉迷往日的追憶和無盡悔恨中死去，終年八十四歲。

新朝皇帝王莽宣布為她服喪三年，她葬於元帝渭陵相距一百一十四丈的陵塚之外再起新陵，又挖掘了一條溝壑，以示新室文母與漢家元帝的絕緣。

王政君沒有看到，在她死後十年，綠林赤眉起義，王莽被殺，新朝結束。光武帝劉秀建立了東漢王朝。當然，這是將是另外一個故事了。

西漢到王莽也就結束了。光武即位以後，鑒於前車之覆，劉秀是花了大力氣抑壓外戚的。明帝也很像劉秀。不過到了漢章帝的時候，外戚又抬起頭來了。

光武帝劉秀開啟了東漢二百多年江山以後，整體來說，前兩任皇帝還可以。到了漢章帝的時候情況就變了。當然，漢章帝總得來說還是個好皇帝，不但廢除了很多殘酷的刑罰，還實行了一些尊重人權的措施：重視選拔有才能的好官，保證了在他統治期間，社會比較安定，國家仍然能保持發展的勢頭。所以後人將其統治時期與他父親漢明帝劉莊統治階段並稱為「明章之治」。

但章帝與他父親相比也有很大不足，最明顯的就是漢明帝是東漢十二帝當中對外戚和功臣的限制和打擊最嚴厲的，正因為如此，才有力地加強了中央集權；劉炟則不同，他對外戚相當放縱。在他統治前期，馬太后能夠自覺地約束自己的親屬，外戚專權問題並不嚴重；但到了竇皇后執掌後宮之後，情況就大不一樣了，竇氏兄弟無法無天，儼然成了禍國殃民的罪魁。鄭弘曾經善意地提醒過章帝，說目前竇氏家族手中的權力過大，長此發展下去，恐怕將會成為國家的禍害，您應該想一些辦法加以抑制才行。章帝聽了這個建議之後，也表示應該想辦法解決，但雷聲大雨點小，聽完了就拉倒了，也沒見他採取什麼有效措施。

歷史上著名的權臣竇憲就跟這個漢章帝有莫大的關係。

章和二年，漢章帝劉炟忽然病了，病情很嚴重。過了不長時間，他就很不情願地離開了人世。劉炟剛嚥氣，竇皇后駕御全域性的能力就馬上得到了驗證：她一方面召集兄弟們緊急入宮研究對策，以便讓他們迅速接管政府各個重要部門；另一方面馬上對外宣布她的養子劉肇正式接班，東漢帝國的第四任皇帝漢和帝正式即位！

漢和帝劉肇這一年剛十歲，根本處理不了國家大事。竇氏兄弟以極大的熱情主動幫助小皇帝處理國政。並召開接大漢朝班會議，在這次重要的國務會議上，竇皇后被尊為皇太后，作為小皇帝的監護人掌管整個東漢帝國。東漢政府如此重要的會議彷彿成了竇家的家庭會議一般，發言表態的基本上都是竇家的親戚朋友，大臣們的任務只剩下舉手錶示同意了。

就這樣，東漢歷史上第一次外戚專權活動開始了。

竇太后這時很激動，能走到今天這一步簡直太不容易了。她要好好享受現在的幸福時光，不僅要自己幸福快樂，她還要讓自己的親人也享受這勝利的成果。竇憲作為竇太后的大哥開始總理東漢朝政。這是整個東漢時代的一個重大轉折，自劉秀登基以來，還從來沒有出現過如此把握重權的外戚人物。竇憲也很高興，對於他和東漢政府來講，一切都將變得不一樣了。

儘管竇憲很得意，但還是保持著一絲冷靜。他不能太明目張膽地一手遮天，大搞一言堂，他還要找一塊擋箭牌、遮羞布。為了表示謙虛，他一再表示擔當不了這樣的重任。為了表示自己的決心，他還特意從鄉下請回了已經退休了好幾年的原太尉鄧彪擔任太傅，作為百官的領袖，而他自己仍然只擔任侍中的職務。

鄧彪是個明白人，他很清楚他所處的形勢。自己不過是資深祕書和傳話筒，為政不過是用來表達竇氏兄弟的態度。就這樣，在一個年僅十歲的小皇帝周圍，形成了一個相當龐大的竇氏集團，國家的前途和命運就操縱在這幫人的手裡。從客觀上講，現在的天下姓竇，而不姓劉。

為了提高竇氏集團的受歡迎程度，竇皇后果斷地宣布廢除了她屍骨未寒的丈夫剛頒布不久的「在各個郡國禁止開發鹽礦和鐵礦」的命令，充分滿足了各地豪強地主貪汙腐敗、擴大勢力的願望。個人受益了，但是國家卻浪費了大量寶貴資源，自然環境也遭到嚴重破壞，國家稅收也為此大量減少，國民經濟遭到嚴重的破壞。竇皇后不是不明白自己的這一道命令所帶來的一系列不良後果，但只要自己的家族能夠得到支援，她也顧不了那麼多了。

寡婦的生活只有寂寞，單身的皇太后的生活除了政務也只有寂寞。但這些很快被一個男人所打破，這個人就是都鄉侯劉暢。

劉暢的來歷可不簡單，他是漢章帝的堂弟，從小受家庭環境薰染，能說會道，表達能力非常厲害。另外他長得也很帥，很討女人喜歡。他本人也知道自己有這方面特長，平時招風引蝶的事情沒少幹。

這一次，劉暢是專門為了給漢章帝劉炟奔喪，才特意從封地來到京城的。如果辦完公事之後，就立刻回家，恐怕就不會有什麼亂子了。可惜的是這個風流浪子偏偏還有一個心願未了，那就是他很早就聽說過寡嫂竇太后是一個十足的美人兒，閱人無數的劉暢一直想一堵芳容。為了實現這個不可告人的目標，劉暢奔喪之後，仍然逗留在京城不走，他到處託關係走後門，費盡了周折，終於和朝思暮想的竇太后見了面。美女嫂子遇到帥哥小叔子，二人的會見是在極為友好和曖昧的氣氛當中進行的。

劉暢降服女人的本事果然了得，只見了這一面，剛死了丈夫的竇太后就立刻從悲傷的情感中解脫出來，重新煥發了青春與活力。不但破例延長了這次會見的時間，而且沒過多久，居然再次召見劉暢；再到後來更是不斷主動約會，基本上一日不見，如隔三秋。

不久，竇憲知道了他們的好事。竇憲正在風頭浪尖上，他倒不在意自己妹妹是不是要再尋新歡，他最關心的是妹妹一旦陷入了情感的漩渦，萬一把權力交到這個小白臉兒的手裡，那麼自己的前進道路上肯定會出現一個巨大障礙。為了至高無上的權力，犧牲妹妹的「幸福」是理所應當的。

竇憲暗自找來心腹人，精心策劃了一次瘋狂的刺殺行動。

劉暢正在屯衛營暢想著美好未來的時候，被身後的刺客下了黑手，當場斃命。等到他的衛士們發現自己主人已經被殺時，刺客早已沒有了蹤影。

竇太后很快就知道了這個天大的噩耗，她悲痛欲絕。竇太后可不是善茬，她是一定要把這個兇手抓住，碎屍萬段才解恨。為了儘快破案，她特意委派了自己最信任的哥哥竇憲。

竇憲先生勉為其難地接受了這個「重任」，把自己獻出去是不可能的，最好的辦法當然是找一隻替罪羊。於是不久，一位冤大頭浮出了水面。

這天，竇憲興沖沖地跑進了後宮，向妹妹通報了查案結果：利侯劉剛對他哥哥劉暢很有成見，兄弟二人矛盾很深，如今劉暢慘死，劉剛的嫌疑很大，應該把他抓起來，問個清楚。

竇憲盤算著將屎盆子扣到劉剛身上，狠揍這小子一頓不怕他不屈服。這個倒楣蛋一認帳，自己就會逍遙法外，繼續享受權力帶來的快樂了。太后自然很信任自己的同胞哥哥，當即就要派人到劉剛的封邑所在地青州前去查詢。

就在這個節骨眼上，尚書韓稜人出來「搗亂」了。這個書呆子說：劉暢死在京城，兇手應該就在洛陽，為什麼還要千里迢迢地到青州去捉拿兇手呢？辦這樣的半調子事，傳出去肯定叫人家笑話。

這可把竇憲嚇壞了，他怕韓稜分析來分析去最後分析到自己頭上。為了自保，他急忙跑到宮中，向妹妹大講特講韓稜的壞話。到底是兄妹情深！於是，韓稜受到了竇太后的指責。如果是一般人，也就認了。可韓稜卻是個有原則的書呆子。在受到無端指責之後，他仍然頑固不化地堅持自己的觀點。

竇太后被韓稜堅持真理的精神感染了，這更加深了她對這件事情的重視程度。於是，她再度召集大臣們認真討論，並表達了一定要把兇手捉拿歸案，繩之以法的決心。

何敞大人經過充分的分析論證後，表示願意為太后分憂，負責調查偵破這件震動朝野的驚天大案。何敞辦案還是很有手段的。沒過多久，殺害劉暢的那位刺客最終落入了法網。在嚴刑拷打之下，刺客實在扛不住了。為了減輕肉體上的痛苦，他被迫招出了幕後元兇。於是，侍中竇憲又多了一種身分：殺人犯。

真相終於大白於天下，竇太后心情複雜。竇憲曉得這回簍子捅大了，只好趴在地上向自己的親妹妹苦苦求饒。而竇太后則本著「私事公辦、不徇私情」的職業精神，將竇憲關進了大牢，至於下一步如何處理哥哥，那恐怕就要看她的心情了。

竇憲同從來沒有見過妹妹這麼激動，就是漢章帝嚥氣的時候，也沒有這樣過。經過反覆思考，他終於明白了一個很樸實的道理：政治婚姻和愛情是風馬牛不相及的兩碼事。在女人心中，愛人就是整個天空，為了這個人，她可以放棄一切，更何況自己的這一條小命呢！

他越想越明白，也越來越害怕。為了爭取活下來，他冥思苦想。雖然這沒能讓他悟出什麼絕世武功，但他卻想到了戴罪立功的說法，如何立功呢？最好的地方正是戰場。為今之計，他覺得只能用赫赫戰功才能重新挽回自己在妹妹心中不可替代的位置。

打定了主意之後，竇憲立即託人向妹妹表達了自己要在北擊匈奴的戰場上拋灑熱血的決心，要用戰場上的成就來洗刷自己身上的罪孽。其實這個時候，竇憲也沒有十足的把握能最終戰勝匈奴人，但是為了活命，他也顧及不了那麼多了，能夠擺脫目前的困境才是最重要的。為了能讓自己多活一段時間，他必須冒這個險。

這時竇憲已經做了最壞的打算：就算運氣不好，最終被匈奴人殺死，那至少也能算是為國捐軀，殞命沙場，傳出去也是那麼一回事兒；而如果現在就因為這麼一個小白臉兒丟了性命，指定讓人笑話。更何況，憑藉自己的軍事能力，是不太可能在戰場上出現倒楣透頂的大規模潰敗的；而如果一切順利，最終戰勝了匈奴人，沒準兒還能成為一個名傳千古的絕佳機會！

誰也沒有預料到，竇憲的這個決定，將在一定程度上改變整個世界歷史的程式。

東漢初年，匈奴分裂為南匈奴和北匈奴兩部，南匈奴為了尋找靠山，比率領四萬多人歸附了東漢王朝，北匈奴仍然逗留在漠北。

分裂之後，南北匈奴的差距日益明顯起來。北匈奴地區連年饑荒，人民生活困頓，經濟上的窘迫也造成了統治階級內部矛盾重重，部族實力大打折扣。周圍的一些鄰國不但沒有絲毫同情之心，反而落井下石，乘機發動軍事進攻。結果在混戰之中，大單于憂留被鮮卑族人殺死，北匈奴地區陷入一片混亂之中。南匈奴自從歸順漢朝以來，似乎也交上了好運，政局比較穩定，老百姓基本上能夠安居樂業。

南單于屯屠何上任之後，害怕北邊的戰火燒到家裡來，破壞來之不易的安定團結大好局面。另外，他也覺得目前是一統南北匈奴的大好時機，他也很清楚自己的實力還很有限，沒有能力完成統一大業。於是，他上表朝廷，請求皇帝出兵平亂，促成匈奴南北統一。由於事關重大，大臣們對是否出兵存在很大分歧，因此匈奴問題也就耽擱了下來。

作為傑出的軍事將領，竇憲對東漢周邊的局勢還是很了解的。經過反覆思量，他覺得目前請兵北擊匈奴是脫離苦海的最好藉口。於是，他就向太后提出要求，爭取這個立功贖罪的機會。征服匈奴，畢竟是一件大事，這是偉大的漢武帝都沒有徹底完成的工作。竇太后深知自己在軍事鬥爭方面的經驗還是很欠缺的，於是召開群臣大會，再次專題討論戰爭問題。

大臣們各抒己見，爭論不休。出於不同的政治目的，始終沒有達成一致意見。最後還是幹練的竇太后一錘定音：出兵匈奴。

既然太后表了態，那麼接下來的事情就基本上順理成章了。於是，由於工作需要，身犯重罪的竇憲被提前釋放，並被委以重任：這一次他的職務是車騎將軍——漢軍總指揮；為了確保戰鬥的勝利，太后還特意給哥哥配備了一位經驗豐富的助手——執金吾耿秉，他的職務為征西將軍，漢軍副總指揮。

東漢歷史上一次相當著名的大戰役即將打響。

大軍出發之前，竇憲又鬧出一樁命案。原因是這樣，竇憲要出遠門打仗，想到自己那些親戚朋友都不是省油的燈，萬一鬧出一些亂子，自己無法顧及，那樣後果可就嚴重了，得找個人幫著照應一下。

於是，他想到了一個人，這個人的名字叫郅壽。可這件事卻要了郅壽的命。

郅壽也是個能人，文才出眾，清正廉潔，很有辦事能力，算是大漢朝的五好公務員。他曾經在冀州擔任過刺史的職務，當時冀州所屬很多郡縣都是朝廷各位王爺的封地，這些人為了擺譜撐門面，豢養了很多賓客。這些賓客仰仗著自己主子的勢力，橫行霸道、行為放縱。官員們都管不了，可郅壽去治理了之後那幫人都變得老老實實的了。

後來，郅壽升任為尚書令，淵博的學識使他在這個職位上游刃有餘，朝廷一旦有疑難問題的時候，他都能提出獨到見解，而且往往行之有效。漢章帝非常信賴這個下屬，於是對他委以重任，安排他擔任京兆尹，負責維護京城的社會治安。效果果然不錯，這直接導致洛陽城市面貌煥然一新，到處是一片欣欣向榮的畫卷。

竇憲就是想請這樣一個老兄幫忙，還派自己的得力門生給這位郅大人送了一封書信。郅壽看完竇憲的這封書信之後很生氣。二話沒說，立即關押了下書人，並直接向朝廷上書彈劾竇憲的種種罪惡，甚至把竇外戚直接形容為篡奪西漢天下的王莽。

竇憲沒有等到下書人的好訊息，卻等來了自己被彈劾的壞情況，心情非常糟糕。他想和這位郅壽大人好好地談一談，以消除彼此之間的隔閡。他的這個心願很快就達到了，不過會談的地點選擇的不是很好，不是在彼此的府中，而是在朝堂之上；會談的過程也很不順利，基本上是針鋒相對、互相指責。

郅壽認為竇憲大規模修建宅院，不考慮國家的實際情況，貿然發動這樣大規模的軍事行動，是違反國法的惡劣行為；竇憲則誣陷郅壽私買公田，對朝廷重大決策進行無理誹謗。竇太后親自聆聽了這場辯論會。在道義上，她應該站在郅壽這一邊；但在感情上，她則完全支援竇憲。對於女人，講道理有些時候是沒有用的，她只相信自己的情感。而這種非理性的情感則直接決定了辯論會的結果：竇憲無罪，郅壽入獄。

負責處理郅壽案件的官員從這場辯論會的結果就已經知道了太后的主觀傾向，為了博得帝國最高領導人的好感，那就顧不得事情的是非黑白以及郅壽大人的生死榮辱了。既然主審已經打定了主張，那麼審判的整個過程基本上是在提速的狀態下進行的，結果出來得很快：死刑。

太后很滿意，但是朝堂上許多正義之士卻無法袖手旁觀，他們紛紛為郅壽求情。太后也沒有想到處理一個小小的郅壽，居然會引起這麼大的反響，看到群臣義憤填膺的樣子，她有些害怕了。此時此刻，她明白了一個道理，事情可以做得過分一點，但是不能太過分，否則的話，就不好收場了。她的頭腦還是很靈活的，為了緩和目前的尷尬局面，故作大度地免除了郅壽的死刑，改判為將其發配合浦。竇太后的這個處理方案非常缺德：既堵住了群臣的嘴巴，又讓郅壽顛沛流離活受罪。

不過，這已經是一個很不錯的結果了。但是，郅壽大人想不通，經過一番複雜的思想鬥爭之後，倔強的郅壽大人自刎而死。郅壽死了，竇憲的內心沒有一絲愧疚，反而認為這是一場不折不扣的勝利。從這件事情上他更加清楚了一個事實：那就是妹妹雖然對自己有一些意見，但依然還是最堅強的後盾。有了這個靠山，他依然可以為所欲為。

馬上就要出發了，為了給洛陽留下更深的印象，竇憲不遺餘力地以更加囂張的姿態在朝臣面前耀武揚威。

大臣們被徹底激怒了，郅壽的鮮血已經喚起了一些人的良知，他們再也無法壓抑內心的怒火，一場規模空前的大彈劾再次開始。開始的時候，群臣聯名上書，強烈反對竇憲北伐。後來有些意志薄弱的人見太后遲遲沒有表態，就開始動搖起來，為了保住辛辛苦苦得來的烏紗帽，他們退縮了，比如太尉宋由等人。但是，以司徒袁安、司空任隗為首的正義之士始終戰鬥在第一線，他們據理力爭，毫不退縮，甚至免冠於朝堂之上。

可惜，這個時候的東漢政權已經沒有了任何民主，完全是竇太后一手遮天。這些正直的人們空有一腔熱血，卻報國無門，只能留下無盡的遺憾和感傷。

儘管遭到強烈反對，但竇憲將軍的出征計畫並沒有受到大的影響，他依舊熱火朝天地為北伐奔波。

趁著他緊鑼密鼓地調兵譴將的時候，我們先來介紹一下司徒袁安大人，袁安和他的子孫。他們對於東漢中後期的歷史實在是太重要了。

袁安，字邵公，年輕時受家庭薰陶，讀了很多書，使之博古通今，才華橫溢，成為不可多得的人才。後來透過舉孝廉的方式，步入仕途。要說名氣嘛，他是袁紹、袁術的祖上，所謂「四世三公」的輝煌歷史就是從袁安老人開始的。儘管袁紹兄弟最終沒有能夠繼續保持家族的榮譽，但是，袁氏家族已經在東漢歷史上留下了濃墨重彩的一筆。

從袁安這一代起，袁家連續有四代人非常出息，都做到了「三公」這樣級別的官職，這在東漢乃至中國歷史上都是絕無僅有的事情：袁安曾做過司空、司徒；他的二兒子袁敞曾做過司空；大兒子袁京的表現不是很好，只做過蜀郡太守，但他的兒子袁湯卻很厲害，彌補了父親的遺憾，頑強地做到了太尉的位置；而袁湯的後代更加出色，第三兒子袁逢（做過司空，他是袁紹、袁術兄弟的親生父親）和第四兒子袁隗（曾任太尉、太傅）以捍衛家族榮譽為動力，也都做到了「三公」級別的高官。

人們常說「富不過三代」，但是袁氏家族卻打破了這個歷史怪圈，頑強地堅持到了第四代，所以在漢末時期曾有「自安以下四世居三公位，由是勢傾天下」的說法，於是，「汝南袁氏」成為東漢最著名的世家大族之一。

有的人當官是因為有背景，有的人當官是因為有錢財，而袁安當官是因為他思維方式特殊。事情是這樣的。有一年冬天發生雪災，好多人餓得沒有吃的，手裡有點小權的都想辦法收取賄賂來活命。一天縣令出來視察，到袁安家看到門口沒有一點腳印，縣令想八成這個老實人給餓死了吧？縣令讓人去收屍，結果發現袁安還有一口氣，於是把他救活了。寧可餓死，也不收取賄賂，這是什麼精神？這是典型的廉潔自律精神呀，於是袁安被樹成廉政典型在全國進行宣傳，宣傳材料也寫得好，標題是「袁安困雪」，這成為本朝一個經典，寫進了學生教課書和官員操行手冊裡。一場大雪，改變了一個人的命運。從此之後，袁安一步一個腳印，塌實工作，一直做到了司徒的位置。

就是這樣一個人，在竇憲出征的問題上，袁安態度非常明確：勞師遠征可能會達到一時的效果，但肯定不能解決長遠問題；不僅如此，還會給國家帶來沉重的經濟負擔。不如採用懷柔政策，透過思想政治工作從根本上解決問題。老人的想法是好的，但是在竇氏兄妹做主的朝廷上，他的意見是不可能被採納的。

漢和帝永元元年，北伐大軍浩浩蕩蕩地開赴前線。特別說明一下，班超的哥哥、著名歷史學家班固也隨軍前往，他的職務是中護軍。

竇太后見自己的兄長出發遠征了，心裡也十分不是滋味，畢竟匈奴人也不是那麼好對付的，刀槍無眼，萬一兄長有個三長兩短，那以後自己可依靠誰呢？想來想去，她覺得現在唯一能為哥哥做的，那就是讓他能安心遠征，不再為家裡的事情分神。於是，她加封竇篤為衛尉，竇景為奉車都尉，並為他們重新建造了官邸。兄弟們得到了妥善的安置，竇憲沒有什麼掛唸的了，趾高氣揚地率軍出發了。

但是，大臣們並沒有就此罷休，既然阻止北伐沒有成功，他們又把注意力轉移到了太后為竇氏兄弟升官造宅的事情上來，新一輪的大論戰又重新開始。精明的竇太后以極大的耐心看奏章，聽意見，但就是不改初衷，仍然堅持自己原來的意見。這些東漢朝廷的忠義之士們無可奈何，他們沒有辦法改變現實，唯一能做的就只有等待，等待著改變這一切的機會。

好了，說完朝廷哪些事兒，現在關注一下竇憲將軍的北伐之旅吧。這次出征的陣容十分強大。竇憲心裡非常激動。平時在朝廷的時候，那些勾心鬥角、飛揚跋扈的心思在他內心深處似乎已經找不到任何存在的角落了，將軍已經把所有的精力都集中到了戰場之上，他要給匈奴人好好地當一回先生。

在道德上，他墮落不堪；在政治上，他陰險狡詐；但是在軍事上，我們不得不承認，他的才能是極為傑出的，這一點，不久就要得到驗證。

作為軍事家，竇憲是不會打沒有準備的大仗的。在開戰之前，他對北匈奴的各方面情況做了深入了解：目前匈奴人已經今非昔比，他們的實力經過長時間內亂以及臨近國家的無情蠶食，大為削弱了。以目前的態勢，他們是絕對不敢與漢軍進行正面交鋒的。另外，他也很了解匈奴人的特點，這些人居無定所，想要消滅他們，必須找到其蹤跡。

經過深思熟慮，竇憲命令副校尉閻盤、司馬耿夔和耿譚，與南單于合兵一處，共一萬多人，向北單于所在地稽落山一帶祕密運動，如果與敵人遭遇，立即進行阻擊，爭取消滅敵人的有生力量。

他的判斷非常準確，這一隊漢軍與北單于部隊不期而遇了。雙方一見面，都沒有客氣，立即展開一場你死我活的激戰。北匈奴人很清楚自己的處境，如果遭到失敗，那麼他們就基本上無法在這裡繼續生存下去了，為了能夠繼續在這片土地上自由地馳騁，拚死抵抗是唯一的出路。寧可在戰鬥中英雄般地倒下，也不能讓漢人將他們徹底趕出家園。

北匈奴人的願望是美好的，只是和現實之間的距離實在太遠了。儘管他們拼盡了全力，但還是失敗了。北單于在血流成河的戰場上，終於認清了一個事實：自己的主力部隊甚至連漢軍的先頭部隊都打不過，再這樣耗下去，恐怕屍體堆裡也會給自己留下一個位置。在大徹大悟之後，北單于抱頭鼠竄而去，北匈奴將士也隨之四散奔逃而走。

竇憲將軍在得知前線捷報之後，沒有絲毫怠慢，迅速調集精兵良將，親自率領大軍瘋狂追擊北匈奴殘部。充分的發揮了宜將勝勇追窮寇的精神。這是一次艱苦的長途追擊戰，東漢人馬一直追到了私渠比鞮海。

對於漢軍來講，這是一場空前的勝利：共斬殺北匈奴名王以下將士一萬三千多人，俘獲馬、牛、羊、橐駝等牲畜百餘萬頭，收降北匈奴溫犢須、日逐、溫吾等八十一個部落，總共約二十多萬人。經過此戰，北匈奴勢力遭到了近乎於毀滅性的打擊，他們無法再在這片土地上停留，被迫向遠方逃遁，過起了流浪者的生活。就軍功而言竇憲已經超過老前輩衛青，霍去病了。

在取得了具有決定性的勝利之後，竇憲並沒有陶醉，知道後面還有很多後續工作，他並沒有忘記那位落荒而逃的北匈奴單于大人，派司馬吳汜、梁諷等人，率領一千多精騎，攜帶著武器和金帛，繼續向北搜尋。竇憲的打算是，儘量採用懷柔政策招降北單于；但如果他繼續頑抗，則堅決消滅之。竇憲將軍本人則率領大軍班師回到東漢境內，駐紮在五原。

當時，北匈奴人剛剛經過這場空前慘烈的失敗，人心浮動。吳汜、梁諷等人所到之處，極力宣揚東漢政府的方針政策，並嚴正宣告：服從東漢領導有重賞，拒絕投降則一律不饒。

透過真刀真槍地廝殺，北匈奴人終於真實地了解到了漢軍的強大戰鬥力。所以，見到了宣傳隊之後，他們紛紛放下武器，投誠歸降，乞求賞賜。如此一來，前前後後竟招降了一萬多人。

當這支宣傳隊行進到西海的時候，終於遇到了他們千方百計要尋找的最終目標——北單于。北單于目前的情況很悲慘，基本上屬於難民。在得知東漢軍隊已經到來的訊息之後，他驚恐萬分，心想這一次恐怕難逃厄運了。但作為一個血性男兒，作為北匈奴人的領袖，他不能沒有尊嚴主動地向漢軍屈服，為此，他做好了光榮殉職的準備。在悲觀的情緒裡，他詫異地發現，漢軍遲遲沒有動手。後來，他才得知東漢宣傳隊此行的目的。

在緊張的神經鬆弛下來之後，他選擇了「識時務者為俊傑」，積極配合漢軍的工作。為了表示誠心，他對宣傳隊的光臨表示了熱烈歡迎。吳汜、梁諷等人苦口婆心地對北單于進行了耐心地宣傳教育，勸說他要真心實意地歸附大漢王朝，誓死頑抗下去是沒有任何出路的，要想保國安民，要想維持現在的地位，唯一的出路只有放下武器，繳槍投降。

北單于從來沒有想到過漢朝的民族政策會這樣寬宏和民主，在高興之餘，他為那些在抵抗漢軍的過程中白白喪命的弟兄們感到有些惋惜。假如當初自己早些醒悟，也許他們就不能過早地失去生命了。痛定思痛，他當即做出決定，立即率領手下的殘兵敗將隨同梁諷等人一道返回私渠比鞮海，拜見竇憲將軍。

等到了目的地，才知道漢軍已經南撤回東漢境內。於是，北單于又派他的弟弟右溫禹犢王隨梁諷等人直奔洛陽，向東漢朝廷進貢，並責成其作為北匈奴駐東漢的友好大使，留在洛陽侍奉漢和帝。

北單于認為這樣做已經足夠誠心了，但是，他不了解竇憲將軍的脾氣。果然，竇憲得知北匈奴單于沒有親自來洛陽請降的訊息之後，勃然大怒，認為其缺乏足夠的誠意。他立即奏請朝廷，把那位他認為沒有資格請降的右溫禹犢王毫不客氣地攆回大漠，而他自己又開始緊鑼密鼓地積極準備再次出征北伐。

此次北匈奴人遭到慘敗，南單于屯屠何最為高興，自己最大的威脅遭到如此重創，南匈奴人的日子一定會好過很多。為了感謝竇憲將軍，屯屠何特意敬獻給他一尊古鼎，以示尊敬。這尊古鼎容量很大，幾乎能盛五斗，製作工藝也相當考究，是一件難得的藝術珍品。鼎身之上有能工巧匠篆刻的銘文：「仲山甫鼎，其萬年子子孫孫永保用」。

竇憲將軍將這件寶物視為此次戰役勝利的象徵。為了讓妹妹和小皇帝也能夠享受這份榮光，他特意派人小心翼翼地將寶鼎護送回洛陽進行展示。竇太后一邊欣賞著寶物，一邊聆聽著前線將士的匯報。自從竇憲出征以來，這是她最為高興的時刻。當初她派竇憲出戰的時候，是頂著巨大壓力的，萬一前線失利，對於她和整個竇氏家族來說，都將是相當麻煩的事情，不僅鋪天蓋地的指責和彈劾會接踵而至，就是哥哥的性命恐怕也難以保全。原因很簡單：竇憲是戴罪出征的，如果打了敗仗回來，將會罪加一等，到那個時候，恐怕自己也不好為之極力周旋了；還有更不好的一種結果，那就是竇憲連回來的機會都沒有，直接就被匈奴人殺了。萬幸的是，以上兩種情況都沒有出現，自己的哥哥獲得了一場大勝。這場勝利打敗的不僅僅是匈奴人，還有朝廷裡那些和竇家作對的人。這場勝利不僅挽救了竇氏家族，更挽救了哥哥的性命。這太不容易了，竇太后為竇家能夠出現這樣一位傑出的軍人而感到無限欣慰。也許，在她那細膩的思緒裡面，還能稍微殘留一點那位風流倜儻劉暢的一點點印記，但已經模糊不堪了。她的腦海當中，目前最清晰的就是哥哥高大魁梧的英雄形象。

竇太后傳下指示：慰勞前線的將士們，尤其要犒賞她的英雄哥哥竇憲。

漢和帝永元元年九月，皇帝下詔，命令中郎將持節到五原任命竇憲為大將軍，並策封其為武陽侯，食邑達到了二萬戶。

這一次竇憲沒有飛揚跋扈，而是難得地表現出謙虛謹慎的態度，表示自己做的這一切都是份內的事情，沒有必要再受什麼封賞。但是，朝廷的態度也很明確，必須要封賞。最後實在沒有辦法，竇憲將軍採取了一個折中的方案：只接受了大將軍的頭銜，而堅決辭去了武陽侯的封爵。

按以往慣例，大將軍的官位應該在三公之下。但是，制度是人定的，只要有人在，那什麼規矩都可以改，什麼事情都有特例，如今竇憲將軍的情況就是這樣。鑒於竇憲將軍的功勞很大，而且為人還很謙虛，並堅決辭去封爵。對於這樣的傑出人才，一定要給予更高的待遇才對。

朝廷裡面從來就不缺乏善於迎合領導意圖的大臣們，他們開始喋喋不休地在太后和皇帝面前提出提高竇憲將軍待遇的意見和建議，竇太后這一次沒有和朝臣們對著幹，很爽快地滿足了他們的要求，宣布更改大將軍官位。於是，竇憲大將軍一躍成為僅次於太傅，而位列於三公之上的朝廷大員。

這一年的五月，竇憲又發動了對北匈奴的攻勢，他派副校尉閻盤率領兩千名精銳騎兵果斷進攻駐紮在伊吾盧地區的北匈奴軍隊，取得了勝利，於是伊吾盧地區被納入了東漢的版圖。七月，大將軍竇憲率兵進駐涼州（治所在今甘肅秦安縣東北），北匈奴問題沒有最終得到解決，對於竇憲來說始終是一塊心病。這一次，他統轄隴西、武都、金城、安定、武威、張掖、敦煌、酒泉、北地、漢陽等郡兵馬，下決心要治好這塊心病。

侍中鄧疊被任命為征西將軍。在當時的歷史氛圍中，能夠和英勇無敵的竇憲大將軍並肩作戰，對於一位將軍來說，是一件無上光榮的事情，甚至是一些人一生的夢想。幸運降臨到了鄧疊的身上，毫無例外地，他也欣喜若狂。他已經暗自打定了主意，一定要追隨竇憲將軍一生一世。

竇憲的對手北單于先生最近也很不舒服，右溫禺鞮王被遣返之後，他的心裡一直不踏實。雖然有些意見，但是，他也深知漢朝是得罪不起的。於是又向竇憲將軍派出了新的和平使者，聯絡自己親自入京拜見大漢天子的事宜。

竇憲見北匈奴很有誠意，非常欣慰。他也想儘快地促成和平，結束戰事。於是，他派班固、梁諷前往迎接。

和平的局面是人們盼望很久的事情，可偏偏有人就不這麼想。這個人就是南單于。

南單于對於他北部兄弟的態度不友好也是有原因的，他有他的私心。一方面，南北匈奴長期對峙，彼此積冤很深；另一方面，南單于想乘此機會，藉助漢朝的力量一舉消滅北單于，徹底剷除這個威脅，以便自己獨霸這片土地。

現在，聽說北匈奴再次派出了和平使者，南單于非常緊張，他害怕這次和談取得任何進展，於是，他開始攪局了。南單于一面馬上向朝廷上書，強烈請求出兵消滅北匈奴；一面迫不及待地命令左谷蠡王師子等率領八千名精銳騎兵從雞鹿塞出發突襲北匈奴人。南匈奴軍隊還是很講究作戰方式的，為了加快行軍速度，以達到突襲的目的，他們出塞行進到涿邪山一帶之後，師子當即命令部隊將輜重物品留下，輕裝前進。在行進過程當中，這股輕騎又策略性地兵分兩路：左一路人馬跨過西海，行進到河雲（今蒙古國烏布蘇諾爾省沃勒吉附近）地區一帶；右一路則翻山躍嶺，向南渡過甘微河（今蒙古札布汗河）。兩路人馬順利會師之後，趁著迷人的月色包圍了北單于大人的中軍司令部。

北單于再次派出使者之後，認為自己的誠心一定能夠打動大漢朝廷。此時此刻，他正在積極準備著歸順漢朝的各種事宜，忙得不亦樂乎。難得單純一回的北單于一心就等著使者回來傳達好訊息，自己起程趕赴洛陽向漢和帝朝拜的事情了。結果令他萬分失望：使者沒有等到，卻等來了南單于派來的精銳部隊。

沒有絲毫心理準備的北單于頓時精神崩潰，但是匈奴人的血性沒有讓他馬上低頭，而是鼓足勇氣，率領臨時拼湊起來的一千餘名將士奮勇廝殺。他們精神可嘉，但是卻沒有能力改變戰鬥的結果。北單于在亂戰中負傷落馬，但是逃生的慾望，又讓他不可思議地重新飛躍上馬背，帶領殘兵開始複習如何快速逃跑的課程。由於他的反應實在是太快了，南單于沒有得到和他直接會面的機會。北單于的妻子由於沒有追上丈夫的節奏，無可奈何地當了俘虜。

此次襲擊，南單于部隊收穫很大：不僅抓到了北單于閼氏及其兒女五人，殺死八千多名北匈奴將士，俘虜了幾千人；更讓南匈奴人高興的是，北單于的玉璽也落到了他們的手中。

這個時候，南匈奴人已經徹底擺脫了貧困，開始強盛起來。他們的人口已經達到三四萬戶，一共二十三萬多人，並且擁有雄兵五萬餘人，已經成為一隻不可忽視的力量。

此時此刻，正去迎接北匈奴使臣的班固、梁諷已經走到了私渠海，眼看就要與北匈奴使者見面了。二人深知肩負的責任很重大，如果這次會談成功，那麼匈奴地區的和平即將到來。為了出色完成這個使命，二人反覆研究著如何與使者交談、如何處理一些能夠遇到的特殊問題等一系列事宜。

然而就在此時，他們得知了這個最為特殊的情況，這是他們想破腦袋也意料不到的結果。如此一來，他們前面所做的準備和努力全部白費了，現在他們什麼都不需要操作了。也許可以做的只剩下了唯一的一件事情：趕快掉轉方向往回走，否則，時刻都會有生命危險。

竇憲也在等待，等待著班固等人的訊息。班固等人終於回來了，回來的速度超出了竇憲的預料。當他正準備和班固等人談一談此次出行收穫的時候，南匈奴的使者也到了，詳細地匯報了南單于率軍痛擊北虜的動人事跡，班固等人也乘機垂頭喪氣地將他們來去匆匆的原因講明。

竇憲特別沮喪，他知道眼看到手的和平就這樣又錯過了。作為傑出的軍事家，他馬上冷靜了下來，既然木已成舟，再指責南單于已經沒有任何意義了，如今和平統一已經不可能了，只能將錯就錯，將消滅北匈奴的大業進行到底了。

既然決定要做的事情，那就不論其本身是否正確，必須想方設法努力完成。這是竇憲的原則。

永元三年的春天，竇憲派左校尉耿夔、司馬任尚、趙博等兵出延塞，北擊匈奴。耿夔等人率領這些東漢勇士展開了一場超長距離的奔襲戰，他們夜以繼日，晝夜兼程，一路狂奔，歷盡千辛萬苦，終於在距離邊塞五千里的金微山發現了北單于的蹤跡。這是自漢朝成立以來，距離最遠的一次大進軍，而金微山也是此前漢軍從來沒有到過的地方。

發現了目標之後，耿夔等人勉強壓抑住內心的激動，悄悄地對可憐無比的北單于完成了包圍。北單于經歷了生死大逃亡，才跑到這個遠離漢境、他認為已經非常安全的地方。接連遭受致命打擊，使他已經厭倦了刀光血影的日子，想在這裡好好地休整一下，過幾天真正太平日子。

他的這個小小願望實際上真的再普通不過了，簡直是一個普通老百姓的最基本生活要求。但是，由於他的身分過於特殊，所以這些要求就顯得有些過分了。就在這些以北單于為首的北匈奴人慶幸著他們已經逃脫了漢軍與南匈奴軍隊魔掌的時候，耿夔等人來了，他們是來催命的。耿夔率領漢軍彷彿從天而降一般，出現在這群北匈奴人面前，他們都驚呆了。然而更可怕的事情接踵而至，任尚等人率領的後續部隊也不請自來，協助其先頭部隊一起殺人放火。

此時，每個北匈奴人的臉上，都已經布滿了恐懼和絕望，除了少數人還在拚死廝殺之外，其餘的人都已經基本上放棄了反抗，木然地聽憑命運的安排了。北匈奴除了這場災難中死去的五千多人之外，幾乎全部做了俘虜，甚至還包括北單于的老母親。還要補充說明一下的是，北匈奴的主力被消滅之後，其餘的殘部看到曾經的家園已經沒有了立足之地，於是紛紛向西方遷徙，去尋找新的生活樂園。

在金微山之戰中，漢軍的策略戰術值得我們深刻總結：北匈奴人行動隨意性很大、轉移迅速，很難找到他們的蹤影。問題看似很難解決，但竇憲將軍卻見招拆招，以長途奔襲作戰為主、對敵人窮追不捨，發現目標之後先迅速完成合圍，然後再一舉殲滅，造成了立竿見影的效果。漢朝與匈奴之間多少年的恩怨終於在竇憲手裡得到了解決。

在取得了一場漂亮的完勝之後，耿夔等人率軍凱旋。竇憲將軍透過探馬已經知道了前線大捷的喜訊，心裡非常激動，因為他知道，從現在開始，東漢王朝在匈奴地區的戰事已經基本上可以宣告結束了。他和他的戰友們所開創的中國北方全新的統一格局，不僅實現了漢武大帝以及東漢光武帝、明帝、章帝等幾代傑出帝王的畢生心願，而且也符合厭惡戰爭、渴望和平的北方各民族人民的共同心聲。這是順應人類歷史發展潮流的偉大壯舉。

在心潮起伏之餘，竇憲將軍向朝廷書寫了一道奏章，詳細敘述了此戰的情況，並實事求是地為耿夔將軍請功。朝廷（實際上是竇太后）充分考慮了他的意見，加封耿夔為慄邑侯。

戰爭基本上結束了，其意義極為深遠。從東漢政權這次北伐匈奴產生的影響來看，絕對是轟動性的：

拋開西漢時期不說，東漢與匈奴之間的戰爭也延續了幾十年的時間。在曠日持久的征戰中，東漢的戰爭開支巨大，但遲遲無法解決問題。漢和帝永元三年，東漢政權終於將北匈奴徹底擊敗，使其北部邊境的戰爭隱患得到了暫時性地解除，北方地區終於出現了統一的局面。

此次北伐匈奴，不僅解決了中國北部邊疆的統一問題，同時在客觀上也為中華民族的大融合提供了有利條件，這也是不能忽視的。而發生的這一切對中國文化歷史程式的發展造成了極大的推動作用。

由於竇憲北擊匈奴獲得了全面勝利，北匈奴各部族絕大多數在漠北地區已經無法立足了，他們不得不向西遷徙，這就在客觀上促成了世界歷史上一次極為重要的民族大遷移。他們的離開使北方地區肥沃的草原頓時失去了主宰，而早就對這塊土地垂涎三尺的鮮卑族人乘虛而入，強取豪奪。此時，還留戀故土、沒有離開家園的北匈奴餘部大多數都駐守在鄂爾渾河流域，這些人已經無力抵抗鮮卑族人的強大勢力了。為了生存，他們不得不依附於鮮卑人的強權之下，成為其可憐的附庸。曾幾何時，強大的匈奴人居然落到了如此境地。而從此之後，北匈奴人在中國的史書中也沒有了蹤影。

鮮卑族人成為這塊土地新的霸主之後，南匈奴人的生活受到巨大影響，這些鮮卑族人時時刻刻威脅著他們的生命安全。為了重尋安定祥和的生活氛圍，南匈奴人被迫背井離鄉，紛紛南下進入到東漢境內，居住在河套一帶。

但是好景不長，東漢境內的和平局面也沒有維持多久，西元一八四年，爆發了歷史上著名的黃巾起義，東漢的大地上頓時硝煙瀰漫。在這樣混亂局面下，南匈奴內部也很不團結，於西元一八七年，發生了一場內訌，許多人失去了生命。

最後還是曹操來收拾了這個局面，將這些歸順的南匈奴人重新劃分為五個部分，分散了他們的力量，以便於分而制之。這項措施取得的效果非常明顯，匈奴人在此後的很長一段時間裡，幾乎沒有鬧出什麼亂子。

但是到了西元四世紀初，情況又發生了變化：匈奴民族的五部大都督劉淵在成都王司馬穎手下混飯吃。劉淵是個非常有頭腦的人，他緊緊抓住了西晉王朝在「八王之亂」之後政局動盪的有利時機，果斷起兵占領了北部中國的大部分地區，並自稱為漢王。從此之後，劉漢王一發而不可收拾，於西元三一一年攻占洛陽，西元三一六年占領長安，吞掉了僅僅存在了五十一年的西晉王朝。中國歷史再次進入了大分裂時期。

而離開家園被迫西遷的北匈奴人也在很大程度上改變了世界歷史的程式。

古羅馬帝國自從建立之後，曾經發動了多次侵略戰爭，成為地跨歐、亞、非三洲的龐大帝國，風光迷人的地中海一度成為它的內湖。表面的風光無法掩蓋帝國內部的矛盾，古羅馬貴族不懂得對被征服地區實行懷柔政策，而是以殘暴的統治來對待占領區這些無辜的人們，致使階級矛盾日趨嚴重。

哪裡有壓迫，哪裡就有反抗。西元四世紀中期，在北非爆發了著名的阿哥尼斯特（意思是「爭取正當信仰的戰士」）運動，從根本上動搖了古羅馬帝國在北非的統治基礎。大帝國的心臟地帶羅馬城也不平靜，製造錢幣的工匠率先發難，他們和其他不滿帝國統治的勞動者揭竿而起，發動了聲勢浩大的起義，一舉消滅了古羅馬軍隊七千多人。對於一個人來講，心臟病是特別危險的；而對於一個國家，如果首都出現了重大意外情況，也無疑會使這個政權面臨崩潰的邊緣。

就在這個關鍵時刻，被竇憲趕出家園，被迫西遷的北匈奴人經過了幾代人三百年左右的長途遷徙，突然出現在了廣闊的頓河平原之上。他們要生存，就必須搶奪別人的土地。求生的慾望讓他們勇敢異常，在西元三七五年，征服了東哥特人，並迫使西哥特人渡過美麗的多瑙河，於西元三七六年進入到古羅馬帝國境內。

在內憂外患之下，此時的古羅馬帝國早已滿目創痍，西哥特人的不請自來使得本來已經惡化了的社會矛盾更加尖銳。不久，這些外來者就和無理欺負他們的羅馬人發生了激烈的衝突。

西元三七八年，爆發了著名的亞德里亞堡戰役，古羅馬帝國戰敗，幾乎全軍覆沒，皇帝瓦倫斯壯烈犧牲。經歷如此波折之後，古羅馬帝國已經搖搖欲墜了。

西元三九四年，在鎮壓奴隸起義中發家的大投機者狄奧多西趁亂奪取了政權，把帝國又重新統一起來。然而，古羅馬的最後一次統一卻是相當短暫的，因為住在多瑙河、萊茵河流域的日耳曼人的很多部落，也發現這裡可以立足生存，於是向古羅馬帝國海嘯般噴湧而來。

西元三九五年，狄奧多西在絕望中撒手人寰。在臨終之前，他將這個沒落的大帝國一分為二，分別讓兩個兒子繼承，古羅馬帝國相應地分裂為東西兩部。

從此之後，帝國如江河日下一般，再也沒有了輝煌。西元四七六年，羅馬僱傭軍的領導人奧多亞克（日耳曼人）無情地廢掉了年僅六歲的西羅馬小皇帝羅慕洛，帝國的末日無情地到來了。

就這樣，這個曾經稱霸古老的地中海，經歷了一千兩百多年風雨的奴隸制大帝國，終於在人民起義和外族入侵的雙重打擊下走向了滅亡。

而西羅馬帝國的滅亡也代表著奴隸制度在整個西歐社會的徹底崩潰，世界歷史從此改寫，揭開了嶄新的篇章。

兩晉南北朝時代的另類黨爭

人類在進化的過程中，規則確立和規則破壞之間的鬥爭一直沒有停過。規則雖然能夠被全體人類所公認，但是出於利益的考慮，總有少數人利用武力和智謀，置身於規則之外。這少數人就是社會的特權階級，他們是國王，貴族，宗教領袖和各級官員。這少數人都是階級制度的產物。

階級制度把全部落的人一共分成貴族、世族、與平民等階級。貴族階級是特權階級，地位非常尊貴，是農田、土地的地主。他們把土地提供給平民耕種，再向平民收取租稅。世族階級的地位是介於貴族與平民之間，與貴族不屬於同一個系統。他們有可能是平民出身，透過能力的表現，或勇士的事跡而由貴族授權，成為世族。世族階級可享有部分特權。平民階級則是付出勞力以換取生活所需的階級。平民向貴族取得用來耕作或建造家屋的土地，然後在農作物收成的時候納貢（即繳交一部份收穫）給貴族做為取得使用權的租稅；而貴族則必須代表屬下的平民主持儀禮或處理糾紛等，併負責處理部落中的各種公共事務。這三個階級在神話或傳說中，各有其不同的祖先來源的傳說，藉由這種神話傳說，社會才得以長期維持其嚴格的階級社會制度，使各階級的後代會一脈相承其各自傳承的角色。古代波斯、印度、埃及等國家有所謂的 Castes（僧侶階級），還有歐洲等國叫做 Eastates 的，都是階級制度的表現。

中國自上古時代開始，家族主義逐漸發達起來。家族主義是一套以家庭（家族）為核心的價值觀念和行為準則，是儒家思想的主要內容之一。周朝是我們歷史的成年期，我們的文化也就在那時定型了。當時的社會組織是封建的，而封建的基礎是家族，因此我們三千年來的文化，便以家族主義為中心，一切制度，祖先崇拜的信仰，和以孝為核心的道德觀念等等，都是從這裡產生的。

經歷了堯舜禹時代，一直到春秋戰國，國家的政權都掌握在貴族手中，如堯舜時代的四嶽，周朝初期的二伯，到了春秋時代各個諸侯國也都有這樣的例子，比如齊國的國氏家族、高氏家族、崔氏家族，慶氏家族。魯國的三桓，鄭國的七穆，晉國的欒氏家族、郤氏家族，胥氏家族，原氏家族，范氏家族，荀氏家族等，楚國的昭氏家族、屈氏家族、景氏家族等。

四嶽是堯舜時代的四個部落的首領，堯舜禹這幾位首領的和平換班也是經過「四嶽」這樣的各地方首領協商的。據史料記載，大禹的父親鯀治水的方法不湊效，也是因為「四嶽」這樣的各地方首領不滿才被治罪。於是禹才有機會出頭，治水成功。而在禹治水過程中，肯定也是得到了「四嶽」這樣的各地方首領的支援。所以，舜在年老之時，找「四嶽」這樣的各地方首領協商下一代國家領導人，地方領導人推舉大禹，禹才當上首領。

周朝二伯就是周公和召公。周公我們在第二章介紹過，代君王行使國家職權，召公在當時跟周公並稱東西二伯，可見權利相當。他們說話連周天子也只有聽的份兒。

周朝克商之後分封諸侯，建立宗法制，天子為大宗，諸侯為小宗；諸侯在本國之內為大宗，大夫為小宗，這樣層層分封，各在其位，「子子孫孫永寶用」。這種貴族政治持續了四五百年，到了春秋的時候，群雄並起，亂世中傳統文化強「家」的觀念，同時弱化了家與外界的聯絡，所以社會成員之間的信任與合作觀念淡薄。深遠的家文化使血緣和親緣關係成為社會聯絡的主要紐帶。氏族迅速崛起，家族掌握國家政權的現象比比皆是。

齊國有國、高二公，世代都是齊國地位最為崇高的上卿，他們的任命由周天子直接授予，凡是齊國的一切大小事務，都必須經過他們二人的最後決定。崔氏家族、慶氏家族作為大家族也是參與政務的。

舉個例子，歷史上有名的「崔杼弒君」就是說的崔氏家族。

這是一起因為美色引發的動盪。這一年的春天，齊國對魯國發動軍事行動，領兵元帥就是崔杼。魯襄公很擔心，立刻到晉國求救。不過，魯國的大夫孟公綽卻不以為然，建議魯襄公不要太擔心。為什麼呢？孟公綽說：崔杼馬上就會有重大行動，他的心病不是我們魯國，而是齊國。他一定急於趕回齊國，不會對魯國形成危害。果然，齊國的軍隊沒有什麼有力的行動就撤回去了。

崔杼是齊國的權臣，他的心病到底是什麼呢？這還得從頭說起。齊國的一個大夫叫棠公，他去世的時候崔杼前往弔唁，為崔杼駕車的是東郭偃，而東郭偃的姐姐就是棠公的夫人棠姜。棠薑是個美人，崔杼一見鍾情，立刻催促東郭偃為自己把棠姜娶來。東郭偃不同意，崔杼十分堅持，並且請人卜卦，也很吉祥。但是東郭偃認為卦象不吉祥，是剋夫之象。崔杼說，要剋夫，那麼棠公已經被克了。反正，最後東郭偃擰不過崔杼，他姐姐還是進了崔杼的家。

崔杼強娶棠姜，好日子沒過多久就出了麻煩，齊莊公也看上了棠姜，最終通姦成功。這一定是強迫的，崔杼面對國君如此，似乎也沒有辦法可想。但是，齊莊公也太不客氣了，棠姜跟他在一起的時間，甚至比跟崔杼的時間還多。莊公經常光顧崔杼的家，誰都知道是來幹什麼的。有一次，他還把崔杼的帽子賜給了別人，雖然隨從勸他，他也無所謂。莊公說：在崔杼的家裡，把他的帽子賞賜給別人，比較方便，我又不是缺少帽子。意思就是表示對崔杼的不在乎。

崔杼本來還是容忍莊公的，現在看見莊公反而要不容自己，他真的憤怒了。用我的人，用我的東西，還不把我當回事。崔杼決定報復國君。

這年的五月，莒國國君來齊國訪問，齊莊公在都城的北郭舉行招待宴會。崔杼是重要大臣，但是這個重要的國事活動他卻沒有參加，據說是病了。齊莊公只好到崔府去探視崔杼的病情，這是君臣友好的證明。然而，齊莊公對於崔府再熟悉不過了，他說是探視大臣病情的，但是他更想見到的卻是棠姜。他看見棠姜進了一個房間，趕緊跟了進去。他剛進門，賈舉在後面便攔住其他人，關上大門。國君經常在這裡出沒，隨從們也應該知道是怎麼回事，所以沒有人懷疑這次有問題。棠姜跟著崔杼從側門出去了，莊公還作浪漫情調，一邊輕叩門框，一邊唱起歌來。他想告訴棠姜，他在這裡。他的歌聲引來了全副武裝的甲兵突然出現，莊公才發現事情不妙。他請求免死，不許。請求發誓結盟，不許。請求自殺，還是不許。他於是奔跑衝出，在爬牆的時候中箭，掉了下來，被大家亂刀砍死。

這一切，顯然都是崔杼的計畫。跟隨齊莊公一起死的有好多人。很多人應該是聞訊趕來。晏子也是其中一位。這位著名的賢臣，站在崔杼家的門外，略做思考。他的隨從說：追隨國君而死吧。晏子說他不是我一個人的國君。那麼，逃亡吧。晏子說：我沒有過錯，為什麼要逃亡。國君如果為社稷死、為社稷亡，我應該追隨，他為自己死亡，我又能怎樣呢。最後，晏子推門而入，爬在莊公的屍體上，高聲哭號，一副傷心的樣子。崔杼都看在眼裡，有人建議崔杼殺了晏子。崔杼說：他有民望，不殺他，可以得民心。

崔杼不是個糊塗的人，他敢於殺皇帝就是因為崔氏家族樹大根深的背景。崔杼殺了齊莊公後不但沒事，還立了景公，景公讓崔杼做右相、慶封做左相。到了齊景公二年（西元前五四六年），慶封趁著崔杼家族內部有矛盾，就一舉消滅了崔氏家族。從此慶封大權獨攬。慶氏家族迅速壯大起來。

魯國的三桓指的是孟孫氏、叔孫氏、季孫氏。這仨人都是魯桓公的後人。具體說分別是魯桓公的三個兒子慶父、叔牙、季友的後裔。慶父不死，魯難未已。說得就是他們兄弟幾個的事兒。慶父是老大，不過是庶出，血脈不好，也就沒了地位。叔牙跟慶父一個母親生的。季友最小，跟魯莊公是一個母親生的。

縱觀魯莊公的一生，說難聽了是窩窩囊囊，說好聽了是拚死扛著。想當年他的父親魯桓公在齊國旅遊時被齊襄公所殺，魯莊公隨後即位，卻不敢替父報仇；他的母親文姜和舅舅齊襄公通姦，國人皆知，視為笑柄，魯莊公卻不能怎麼著；眼看著友好鄰邦紀國被齊攻滅，魯國卻只能那麼呆呆地傻看著，而自己還要陪著殺父淫母的大仇人一起打獵尋歡；好不容易盼到了齊國大亂，自己夢想著扶立之功，哪知卻被小白搶先；其後和小白死去活來地打了幾場仗，各有勝負，但最後還是要去會盟、歃血，抬頭一看，齊桓公高高站著做了幫主，自己依舊只能在下面呆著當小弟。不過也正是莊公死扛下所有的奇恥大辱，最後讓齊魯關係達到歷史上融洽和諧的頂峰。雖然有點傍大款的心態，但是齊魯親上加親的那幾年，誰還敢欺負魯國呢？這也許就是魯莊公的野心吧。

其實這世間又有多少人背負著難言的恥辱苟活著。說白了，其實人活著也是一種野心。生命來之不易、脆弱無比、稍縱即逝，能活下去，就已然很不錯了。可惜就是這樣忍辱負重，魯莊公也沒邁過三十二歲這個坎。

西元前六七〇年（魯莊公二十四年）的一個秋日，陽光燦爛，齊侯襄公的女兒、桓公的妹子哀姜就要出嫁了。

新郎官是魯莊公，是新娘子的姑表哥哥，現任魯國國君。哀姜見過這位表兄。他長得闊面大耳，一臉福相，看起來還蠻有為人君者的氣度。唯一讓哀姜姑娘不太滿意的是：他的年齡大了些。此時的魯莊公享位已久，年近不惑。就當時人們的平均年齡來看，已經是個半大老頭。與他相比，年方二十的哀姜姑娘確實可算是「少妻」了。

不過哀姜對此也沒有什麼好埋怨的。這樁婚事早在二十年前她出生的時候就被她的父王和姑母敲定了。她也明白，這是她作為王室之女必然的政治使命。

不過，除了夫君的年齡，還有一個問題也在困擾著哀姜：據說，魯國的規矩特別多。

當初周王室擊敗商湯征服天下諸部，把自己的宗室、功臣通通分封為王，派到各地去管理當地的土著。為了穩定統治秩序，也為了把王室貴族與庶民、奴隸區分開來，在「聖人」周公的主持下，王室發表了「禮儀三百、威儀三千」，對貴族們的坐臥立行、吃喝拉撒都進行了不厭其煩的規定。幾百年來，這些規矩一直得到嚴格的執行。

到了哀姜出嫁這一年，雖然離孔子痛呼「禮崩樂壞」還有一百來年，卻也早已是「人心不古」了。隨著歲月的流逝，周王室分封的各個「國字號」諸侯早已失去了兄弟之間的情誼，開始互相攻伐。就在十幾年前，哀姜的哥哥齊桓公小白「挾天子以令諸侯」，敗衛、滅遂、降鄭，登上了霸主的寶座；而各國國內爭權奪利的醜事也不斷上演，兄弟反目、父子成仇不再是新鮮事。

在這種情勢之下，作為公共準則的「周禮」也就形同虛設了。大家都忙著用武力在亂世中搶得一杯肉羹，只有傻瓜才會抓著那些虛頭不放。而魯國，就是這樣一個「傻瓜」。

當時的魯國，是出了名的「禮儀君子之邦」。例如，在魯國，一個人只有行了「冠禮」（也就是成年）之後，才能出去與人交際；跟人家見面的時候，必須有第三人的引薦；見面之時，大家不但要忍受沒完沒了的鞠躬作揖，還要互贈見面禮。更要命的是這個見面禮也不能隨便亂送：根據周禮的規定，只有士大夫以上階層的男人才有資格互贈珠寶玉器。至於女人，只能送點棗子栗子。否則，就要被指責「非禮」了。

魯國人對周禮的堅持如此之認真，以至於各諸侯國一有重大禮儀活動，都會邀請魯國國君去當主持人。當年齊桓公和哀姜的老爹齊襄公娶王室之女為妻，就請了魯莊公的老爹魯桓公去證婚。

看起來好像蠻風光的。然而，規則有時候是把雙刃劍。當大家都遵守的時候，你跟著遵守那叫識時務；當大家都不拿規則當回事兒的時候，你還抱著它不放，那恐怕就要吃虧。

這個道理，似乎連未出閣的哀姜姑娘都明白。當臨行前小白哥哥叮囑她到了魯國要守禮，不能像在家裡一樣任性時，她「哼」了一聲，心想：「既然號稱君子之邦，那麼威風，幹嘛不去統領諸侯、平定天下？看來也不過如此吧。」想到這裡，她對哥哥說：「放心吧，我會好自為之。」

說罷，鑽進魯莊公那華麗的迎親馬車，絕塵而去。魯莊公魯莊公騎馬走在迎親隊伍的前面，不時回頭看看載著自己新媳婦兒的馬車，心裡開心的。他的好心情不是來自自己中年得少妻——作為一國之君，他從來不缺女人，而是因為，這個媳婦兒，可以讓自己吃個定心丸。長期以來，魯國和齊國這兩個鄰居一直都不怎麼待見對方。魯莊公自己主政以來，就已經和齊國幹了好幾仗。雖然有輸有贏，但魯莊公心裡明白，在表兄小白的治理下，齊國兵強馬壯，自己遠非他的對手。如今娶了表妹，親上加親，以後可以不用再擔心強齊壓境啦！為了讓表明自己的誠心，魯莊公不顧一國之君的體面，親自跑到齊國迎親（一般都是派一個大夫級別的人代表的）。

魯國那些以維護「周禮」為天職的宗室朝臣們不了解莊公的苦心，對這種違規的做法本來就已經議論紛紛；而新夫人哀姜姑娘到了魯國後，偏偏又加了一把火。

婚禮過後，莊公為自己的新夫人舉行了一個盛大的歡迎宴會，邀請宗室重臣都要攜家眷參加。哀姜似乎故意要挑戰魯國「禮儀之邦」的名頭，面對宗室各族的夫人們，她新手賜贈的禮品全是些金銀珠寶之類。

前面我們說過，當時女人之間只能送些不值錢的玩意兒。這下那些貴族們可坐不住了。大夫夏父展偷偷地蹭到莊公身邊：「大王，夫人拿金銀珠寶來贈人，這可是從來沒有的事兒啊！」莊公興頭正濃，斜了他一眼，道：「這還不簡單，現在國君家的人做了，就算開了個先例唄！」夏父展開始講大道理：「君王要是做了合禮的事，可以流傳後世；要是做了非禮的事，史書也會記上恥辱的一筆。史官們筆下可不留情，大王您還是好好想想吧！」

莊公的好心情被夏父展三句話氣跑了一半。他鬱悶地站起身來，對著夏父展一拂袖，找哀姜一起送禮物去了。且說哀姜正在與夫人們寒暄，忽見一偉岸男子上前叩見。這人年紀不大，身重腳健，肩闊臂粗，英氣勃勃，這個人便是公子慶父。

慶父，排行第二，是莊公的異母弟弟。魯桓公共有四個兒子：老大魯莊公和老四季友都是哀姜和齊桓公的姑母——夫人文姜所生；老二慶父與老三叔齊則是一個小妾所生。

見夫人正與二弟相對，莊公趕緊過來引見。慶父躬身行禮：「臣弟慶父叩見夫人。」哀姜櫻唇開啟，微笑道：「慶將軍英武之名，我早有耳聞。」言罷，二人四目相對，一個心道：「都說齊女秀美，果然名不虛傳！」一個心想：「此人身形更偉，年紀又輕，比我那夫君，怕是要強得多吧！」二人竟然心意相合，情愫暗生。魯國接下來這若干年的悲劇，自此也便開始了。

慶父本不想來參加這個宴會。他與自己的王兄魯莊公是面和而心不和。甚至可以說，慶父打心眼兒裡厭惡他這個王兄。這種厭惡，從他十幾歲就開始累積了。

魯莊公十二歲那年，他們的父王魯桓公應齊襄公之約前往齊國主持婚禮。桓公的夫人文姜是齊襄公的妹子，此次也隨同回國探親。不想，文姜與哥哥襄公早就心懷鬼胎：兩人從小耳鬢廝磨，早已暗生男女之情；此次文姜回國探親是假，要與哥哥宮闈相會以解相思之苦是真。兄妹二人把魯桓公灌了個酩酊大醉，便做下了苟且之事，成就一樁千古醜聞。

此事最終還是被魯桓公發覺。齊襄公和文姜一不做二不休，選擇了殺人滅口。可憐的魯桓公好心好意來做證婚人，落了個慘死他鄉不說，臨死還被扣了頂大大的綠帽子。

對任何一個國家來說，這絕對都算得上奇恥大辱，何況受辱的是堂堂「禮儀之邦」的魯國。可魯國的宗室大夫們得知自己的國君橫死他鄉，卻屁也不敢放一個，就默默地開始準備讓新君公子同繼位了。

這可氣壞了年方十歲的二公子慶父。在朝堂上，他揮舞著兩條小手臂嚷嚷著：「給我兵車三百乘，我要去找齊侯報仇！」雖說小孩子的話不必當真，但一個小孩子都懂得去報仇雪恨，魯國那幫宗室大臣們臉上多少有點掛不住了。主政大夫申糯偷偷問自己的謀士施伯：「你說我們是不是應該去打齊國啊？」

施伯捏了捏頜下的鬍鬚，回答道：「不行。原因有二：第一，這事兒太丟人了，要是讓諸侯列國都知道了，咱魯國的臉往哪兒放？第二，從實力上講，魯國明顯打不過齊國，去打人家只會讓醜聞傳得更快。」

申糯一聽有理，於是徹底取消了找齊國算帳的念頭，由著齊襄公自己找了個替死鬼敷衍了事。莊公魯莊公繼位後，這事兒更沒戲了。魯莊公從小性格懦弱，胸無大志；況且此事乃因他的親生母親而起，他又能怎樣？

可慶父那小小的胸腔裡，自此卻憋了一口惡氣。莊公八年，齊國和魯國作為盟國一起攻伐小國郕。戰爭打勝後，郕卻背著魯國單獨向齊國投了降。齊侯也喜滋滋地接受了投降，而沒有通知魯國，魯國又一次受到了嚴重的侮辱。

慶父立即向王兄進言，認為應對齊國實施報復。可莊公怎麼講呢？他半躺在王座上，瞇著眼睛對慶父說：「不行。這次的事都怪寡人我德行不夠，齊國人沒有什麼不對的。我們還是修身修德，等待時機吧！」慶父心中怨恨，只好拂袖而去。

從此，在慶父的眼裡，他這位王兄與廢物無異。他看透了魯國宮廷上下這班人的嘴臉：他們只會在虛文褥節上做文章，是一幫膽小懦弱、明哲保身的偽君子。

慶父最初起奪權的念頭，是因為看到國內一班人的無能，希望自己能振作國威，報仇雪恨。如果說這個動機還算是「高尚」的話，那他為此所採取的用「下半身」奪權的手段，就只能用「不堪」來形容了。而他後來的所作所為，更是離那個「高尚」的動機相差十萬八千里。

夏、商以來，中國的王位繼承制度一直有兩種：父死子繼，兄終弟及。但自西周以降，「嫡長子繼承制」逐步確立，「父死子繼」變成主流。

按照「嫡長子繼承制」的規定，國君如果有嫡子，那是一定要傳給嫡子的，而且要傳給賢能的嫡子；如果沒有嫡子，則要傳給年長的庶子。

在號稱「禮儀之邦」的魯國，祖宗周公之後到莊公之前的十四任國君中，有六任是弟弟即位。但在這六任中，只有一任（武公）是正常即位，其餘的不是篡位就是因為儲君年幼而代行其位。這說明「兄終弟及」的合法性已經受到質疑。

莊公魯莊公一直沒有娶正室夫人。他早年納了一房側室，此時膝下只有一庶子斑。這對於有奪權之念的慶父來說是件好事。只有一個潛在對手，總比要面對「七狼八虎」強多了。更何況，斑和自己一樣，只不過是個庶子。

可是，如果莊公娶了夫人生一大堆嫡子出來呢？所以，當莊公宣布要娶夫人的時候，慶父心中充滿的憂心，但是，當他在歡迎宴會上第一次見到自己的如花似玉的「嫂夫人」時，他心念一動，計上心來。

娶了青春貌美的小表妹之後，中年人魯莊公便「從此君王不早朝」了。而且被魯莊公用馬車載到魯國來的，可不止哀姜這一個表妹。

春秋時代貴族嫁女有個風俗：除了送嫁妝之外，還送人。新娘的丫頭婢女，甚至親妹子，都可能被一股腦兒送給新郎官。這叫做「媵嫁」。魯莊公是現任齊侯的表兄，大家本來就是一家人，他又表現得那麼誠懇，齊侯一高興，就把哀姜的小妹子叔姜也一併給了他。所以，當大家再聽到歌裡唱「帶著你的妹妹、趕著你的牛羊、坐著那馬車來」的時候，千萬別以為這是胡編的，這簡直就是春秋時期貴族嫁女的真實寫照。

叔姜是個老實孩子，從小就聽姐姐的話，此時到了異國他鄉，對姐姐更是言聽計從了。魯莊公的終身大事總算是有了著落。更重要的是，從此他再不必因為守著強大的齊國而整天提心吊膽。什麼國仇家恨，什麼奮發圖強，在他心裡都沒了蹤影。他開始流連於聲色犬馬，並樂此不疲。

慶父暗自高興。這正是他希望看到的：國君參與政事越少，國君夫人能夠行使權力的空間也就越大。而國君夫人，正是他慶父靠著「下半身」換來的政治靠山。那天他一看到哀姜嫂嫂那雙水汪汪的桃花眼，心裡便有了主意：「既然我慶父怕的是魯莊公生個嫡子，何不趁此良機把國君夫人捏在手心？只要控制了嫡子他媽，還怕什麼嫡子呢？」

可巧，正是天遂人願。沒過多久，他收到了來自內廷的密信：嫂夫人約他宮外相會。哀姜不愧是文姜的嫡傳，情慾一起，什麼規矩都顧不上了。自此，兩人你情我願，成了一對露水夫妻。

也許有人要問了：當時的魯國不是「禮儀之邦」嗎？堂堂一國之母，就那麼容易與外臣私通？關於他倆到底如何勾搭、如何幽會的，史書上並無詳細記載，我們大多隻能猜測。但有一點是肯定的：當時的宮廷規矩，絕不會真像「周禮」中所要求的那麼嚴。因為春秋以來，發生在宮室內和貴族之間的男女私通事件太多了：有哥哥姦淫弟媳的，有嬸母私通侄子的，有伯叔父姦淫侄媳的，有君妻私通臣下的，當然，也有君主姦淫臣妻的。就連至親之間的亂倫，也並非齊襄公兄妹一例。子通庶母，父奪兒媳，甚至連祖母通孫兒這等令人大跌眼鏡的事情都有記載。至於朋友之間交換妻子，那也並非現代人的創舉。

不管怎樣，反正慶父跟哀姜兩個人是勾搭上了。慶父使出渾身手段，哄得哀姜心花怒放，對他言聽計從。而更讓慶父大喜過望的是：哀姜一直沒有生出對他威脅最大的嫡子。哀姜為什麼沒有生出孩子？這是一樁疑案。

莊公魯莊公其時雖已年過不惑，但生育能力還是不成問題的：與哀姜一起嫁過來的叔姜很快就給他生下了公子啟方；而在此之前，莊公早年寵幸的側室孟任已經為他生了長子斑；在此之後又有側室風氏生了公子申，最後還有一個小妾生了公子遂。為什麼單單正室夫人哀姜一無所出呢？

有三種可能性。第一種可能性，就是哀姜沒有生育能力。可是，哀姜當時年方二十，從小生活優越，無病無災；那時又沒有什麼藥物中毒、環境汙染，怎麼平白無故地就失去了生育能力呢？第二種可能性，是慶父從中做了手腳。我們說過，嫡子是慶父奪權的最大威脅。既然慶父掌握了夫人，他就有可能想辦法讓她生不出嫡子。不過這種可能性比較小。且不說限於當時的避孕水平，如果不是莊公自己不願意讓哀姜生子，憑哀姜自己恐怕會有技術上的難度；更重要的是，不生子對哀姜本人絕對不是一件好事。在中國古代，向來是母以子貴。尤其是在宮廷之中，君王們都是老婆孩子一大群，一個女人如果沒有地位顯赫的兒子，恐怕老了就不會有好日子過。這一點，從小長於宮廷的哀姜不可能不明白。所以，生不出兒子，最不開心的應該是哀姜本人。慶父雖然貼心，總不如自己的兒子來得放心吧？讓她配合慶父不生兒子，怕是比較困難。比較起來，最有可能的就是第三種假設：莊公自己不想讓哀姜生子。這種猜測是有依據的。莊公之所以這麼大年紀才娶正室夫人，完全是迫於他母親文姜的壓力。

當年文姜和齊襄公做出醜事之後，不敢再回魯國，就跑到位於齊魯之間的糕地躲了起來。莊公是個大孝子，他不但在國外給母親蓋了宮室，還經常跑去探望，當面聆聽母親訓話。齊襄公的女兒哀姜出生後，為了彌補自己不能與哥哥廝守終生的遺憾，文姜不顧兒子和侄女年齡上的懸殊，鐵了心讓魯莊公娶哀姜為正室夫人。

為此，可憐的魯莊公一等就是二十年。在這之前，他已經有了自己心儀的姑娘——孟任。為了得到姑娘的芳心，他割臂為盟，許諾將來封她為夫人；可孟任從黑髮等到了白髮，等來的卻是小夫人哀姜。不久，她就鬱鬱而終。

魯莊公對此是心懷歉疚的。為了贖罪，他早已把孟任所生的長子斑定為心目中的繼承人。然而，要讓斑即位，魯莊公就不能有嫡子。他明白，廢嫡而立庶這樣的事情在魯國幾乎是不可能的，他自己也說不過去。唯一的辦法就是不讓哀姜生育。為此，魯莊公可能並未對哀姜履行做丈夫的義務，至少是沒有足夠地履行以便哀姜能夠懷孕。而這，恰恰給了哀姜私通慶父的動機和理由。

老婆跟哥哥私通魯莊公也不是不知道，不過本著家醜不可外揚的精神，魯莊公也就一直戴著綠帽子沒發言。直到後來生了重病，這才籌謀起身後事來。於是把親弟弟季友叫到病榻前商議除掉慶父。商議的結果是：殺慶父，動靜太大，家醜難免外揚。不如先除掉他的左右手叔牙。說到做到，季友趕在魯莊公死前把叔牙殺掉了。

叔牙和政敵魯莊公的死訊先後傳來，慶父真切地感受到什麼叫「挑戰和機遇並存」。叔牙之死，實際是敲山震虎，擺明瞭要慶父明白，別想歪念頭，不然和叔牙一個下場；另一方面，莊公一死，權力就出現真空。只要新主立位不穩，自己就有更大的成功機率。

慶父最終還是選擇了權力，找人把魯莊公的繼承人殺死了。死訊傳回曲阜，季友大驚，心想保命要緊，於是逃到陳國。魯國再次無主，後宮裡哀姜地位最高，朝堂上慶父資格最老。哀姜提議，立慶父做國君。但是重臣們集體反對，因為莊公還有兒子在，為什麼不立兒子而立兄弟？魯國是禮儀之邦，這種與禮制不合的事情可不能做。

慶父心中感嘆，要是叔牙在就好了，做個託可以幫自己一下。不過慶父腦子也轉的很快，提議該立叔姜之子啟，因為啟是齊女所生，可保齊魯友好。群臣不敢再有意見。就這樣，8歲的姬啟即位，是為魯閔公。八歲的孩子懂個啥，幸好一幫莊公舊臣給他出謀劃策，不久，齊魯兩國領導人峰會在齊地落姑舉行。

齊桓公一看自己大哥哥的二女兒的乖兒子做了新任魯國掌門人，心中自是歡喜。魯閔公卻垂淚不止。齊桓公見狀，暗問緣故。魯閔公將大臣教會的姬般遇害、慶父專權、哀姜私通的事情一五一十地告訴了他媽的小叔子。齊桓公大驚。決定幫侄子一把。於是問：「魯國大臣中就沒有一個政治合格、本領過硬的能臣嗎？」魯閔公終於說出了最想說的一句話：「有，公子季友最賢，可惜擔心受到政治迫害，去了陳國。」齊桓公大不悅：「有寡人在，還怕慶父！就說是寡人的意思，接季友回國輔政。」

得到國力最強大的齊國國君齊桓公的支援，魯閔公非常開心，魯國大臣們也大喜。於是，季友回國，立刻封相。慶父一夥自然不服，不過聽說是齊桓公提議的，也不好強行反抗，私底下卻加快造反程式。季友回國之後，齊桓公派出由仲孫湫為首的觀察團，了解魯國政治動態和君臣關係。

仲孫湫先拜魯閔公，但見他一把鼻涕一把淚，手足無措，仲孫湫再拜公子申，發現他談吐得當，審時度勢，好感油然而生。仲孫湫三拜季友，告訴他要善待公子申。他還勸季友要小心公子慶父，早除早好。季友也不說什麼，就攤開一隻手給仲孫湫。仲孫湫馬上領悟道，這是孤掌難鳴的意思。於是安慰道：「放心，有齊桓公在，該出手時會出手的。」

公子慶父知道仲孫湫不會主動來找他，於是自己帶上金銀財寶登門拜訪。哪知，仲孫湫不理不睬，不收一針一線。慶父悻悻而歸。仲孫湫回國覆命。齊桓公問明情況，仲孫湫說出一句千古名言：「慶父不死，魯難未已。」

齊桓公兵定北方後興致不減，即刻表示，那就發兵魯國，一舉剷除慶父反革命團夥。仲孫湫搖搖頭，現在慶父造反，僅僅是意念而已。不過看樣子也快了，要等他真動手了，我們馬上平定魯亂，那才是霸王之業。

公子慶父的謀反終於在魯閔公二年付諸行動。一日，大夫卜齮來訪，說是魯閔公的老師太傅慎不害侵占了他的田產。可是政法檢都因為慎不害的背景深厚，沒人敢受理這個案件。卜齮知道，這個事兒只有公子慶能辦得了。公子慶父也不繞圈子，直接了當地說，你幫我殺魯閔公，我幫你殺慎不害，咋樣？

卜齮這段時間因為上訪無效，碰一鼻子灰，早就把什麼君臣之禮拋卻腦後，殺魯閔公也不算什麼。可是對慶父這句話的邏輯關係陡生懷疑，心說，你忽悠我吶。要是早想殺人，我直接殺了慎不害不得了。慶父見狀，也猜中一二，說道：「你要是殺了慎不害，魯閔公肯定治你的罪。我也幫不了你。可你要是殺了魯閔公，我就可以取而代之，到時候不光會幫你殺慎不害，還你田產，還能給你加官進爵。」卜齮想想表示自己未嘗不想殺了這些蠻不講理的貪官汙吏，可惜皇宮深院，刺殺哪那麼容易。

慶父笑笑，表示力敵不能，可以智取。魯閔公童心未泯，常常夜半三更還出宮嬉鬧，只要能趁機派出殺手，一來成功率高，二來可以謊稱盜賊所為，可以把自己洗脫得乾乾淨淨。

卜齮覺得可行就找了個叫秋亞的刺客執行了。事情起初非常順利，秋亞找到閔公一行，一刀捅死。此後的發展卻出乎意料，因為秋亞竟然沒被衛兵殺掉，而是被活捉了。這下急壞了卜齮，秋亞要是招認出一切都是他的安排，那他可就只能背黑鍋了。事關重大，於是決定自己上陣，在秋亞的押運途中，帶領家丁截走秋亞，殺人滅口。慶父已知閔公被刺，當晚派人去刺殺慎不害，慎不害不幸慘死家中。

季友聽到閔公遇害，第一反應就是慶父作亂，於是連夜趕到公子申家。不由分說，拉起姬申就跑，於路告知慶父之變。姬申大驚，急問：「往哪跑，齊魯關係這麼好，要不要去齊國避難？」季友搖搖頭：「大國可依，不過就算日後登基也容易變成附庸，不如去小國。」最後決定逃到邾國。

慶父聽說季友帶著公子申逃跑，也不追趕，反正國中再次空虛，這回莊公的兒子不是死了就是不在，再說，太傅都能被刺殺，哪個大臣不會膽寒。威逼利誘之下，這回的大位總該自己繼承了。想來兩次弒君都沒留下直接證據，現如今終於大事已定。

次日，慶父準備更衣上朝。哪知，風雲突變。外人來報：一千多群眾上街遊行，打出標語，說要替閔公報仇，給太傅申冤，接季友歸國，立子申為君。慶父恨恨地罵道：「反了！不就一小撮嗎，鎮壓！」哪知，剛要安排，來人再報：「暴徒剛才衝入卜大夫家，卜家滿門被殺。」慶父頓時心虛。忽然，又有來人急報，遊行隊伍朝這裡出發了！慶父聽罷，嚇出一身冷汗。慶父深深嘆息之後，決定馬上出國逃跑，避避風頭。可是往哪跑呢？慶父想了想，還是去莒國吧。

之所以去莒國，除了莒國是天然的流亡集散地之外，還跟一個齊國的女人有關。那就是莊公之母文姜。禮節上講，公子慶父也該叫他一聲「母親大人」。在莊公娶哀姜之前，文姜就病重而亡。死前留下兩句遺言：莊公一定要娶齊女，不然死不瞑目；齊魯一定要和睦友好，大國可依。

莊公領命，三年後與哀姜成家。雖然婚姻不融洽，但是齊魯邦交卻實現了深度友好。文姜死前還做了另一件事，就是跟自己的主治醫生莒醫產生了曖昧關係。一段第二春之後，文姜因病醫治無效，離開人世；莒醫因外派任務結束，回到莒國。能給文姜治病的醫生自然不是一般人物。這位莒國大夫在莒國高層人脈廣闊。公子慶父就想借此關係打通莒國上下，先謀安身，再謀進取。還有一層原因是，莒子對齊桓公有恩。所以，如果能留在莒國，那魯閔公他媽的小叔齊桓公就比較不容易對慶父下手。

慶父跑路也不是空著手的，他順手把一些魯國寶貝都一起裝進了揹包。一切發展也很順利，慶父在莒國順利獲得政治避難的權力。不過，慶父跑路的時候可沒記得要帶哀姜一起。哀姜一聽百姓造反，慶父逃命，急得也想去莒國。左右侍從勸道，娘娘啊，還不明白嗎？慶父要想跟你在一起，就不會把你忘在這裡了。還不如去邾國吧。畢竟公子申、季友才是人心所向，要是能得到組織的認可，娘娘就還是好娘娘。

哀姜一聽有理，於是前庭的男人跑完之後，後宮的女人也撒開腿跑出了魯國。可是，到了邾國，季友根本不答理這個給大哥帶綠帽子的嫂子。不過哀姜此來也是有價值的，起碼讓季友確切地知道了一個重要的情報，那就是魯國權力徹底真空了，現在不回，更待何時？季友拉著姬申立即出發回到魯國。現在造反派死的死，逃的逃，姬申應該可以順利即位。

可是就在這個節骨眼上，齊國派了個叫高傒的官員去幫魯國人民選國君。高傒與公子申和季友寒暄之後發現季友，不但忠心為主，而且有撥亂反正之力，有改革開放之能。想來魯國還有此等忠臣良主，應該氣數未盡，高傒決定代表武林盟主擁立姬申為新任魯國老大，史稱魯僖公。

且說為保魯僖公大位安全，季友開始謀劃如何除掉社會不安定因素——慶父。季友一邊安排公子奚斯去齊國面見齊桓公，感謝盟主定位之恩。一邊又派人出使莒國，要引渡慶父回國受審。哪知莒子託言兩國沒有引渡協議，拒絕合作。

季友心知肚明，告訴莒子：「如果遣返慶父，必有好禮重謝！」莒子貪心不足，果然給慶父下達逐客令。

慶父虎落平陽，只得出走。路遇公子奚斯從齊國回來，奚斯與慶父交好，慶父希望他能回魯國幫自己求情。奚斯重情重義，表示願意一試。要知道，慶父現在是頭號反賊，而奚斯要在風口浪尖上給他求情，真是夠有膽量。不過，季友一口回絕：「造反無理，不殺不行！」奚斯只好踏上傳話的路途，可是這等壞訊息著實難以對好友啟齒。於是，他也不敲門，也不按門鈴，直接在慶父暫住地的門口大哭。慶父聽到之後長嘆一口氣，知道無力迴天，命不久矣，於是在院中的大樹上上吊而死。

慶父本人的故事結束了。因季友有兩定魯君之功，所以魯僖公拜他為上卿。並遂季友之意，以公孫敖繼慶父之後，為孟孫氏。慶父字仲，後人以字為氏，本應為仲孫氏，因忌諱慶父之惡，改為孟。以公孫茲繼叔牙之後，為叔孫氏。季友後人則為季孫氏。於是，季、孟、叔三家鼎足而立，並執魯政，史稱「三桓」。季友極力輔佐魯僖公勵精圖治，富國強民，使魯國成為當時的強國之一，季友也因此奠定了季孫家族的執政地位，開創了魯國「三桓」為政的政治局面。三桓互相矛盾又有共同利益，對魯國的歷史和發展有重要的影響。

鄭國的七穆跟魯國三桓的情況差不多分別是鄭穆公的七個兒子，分別是子罕、子駟、子良、子國、子游、子印、子豐。七穆是春秋時代列國世卿政治的典型代表之一，它的興起反映了春秋時代中原世卿大族在歷史舞臺上的一般規律。七穆在國內聯合壟斷國家政權，並世代承襲之。他們以長幼順序為原則確定卿位，並以此為基礎形成執政卿位傳遞的秩序。七穆各家族即圍繞這一秩序展開了鬥爭與聯合。同時，春秋的霸政格局給予鄭國的外部壓力，決定了國君在政權中的凝聚和支撐作用；子展、子皮、子產等忠於國君的名臣積極壓制私家勢力的發展，維護七穆各氏家族間的團結，從而七穆團結對外，以他們的外交智慧為鄭國的生存和獨立爭取並創造空間。當霸政無存時，國內的矛盾激化，最終世卿政治趨向衰落；而由世卿政治造成的土地集中和政權集中於少數強家之手的結果，為戰國時代的新型國家中央集權奠定了基礎。

晉國的欒氏家族、郤氏家族，胥氏家族，原氏家族，范氏家族，荀氏家族等都是大家族，都是作為晉國的大官發跡的，因為傳統的制度有世襲制度，還有重家族的觀念，就很快發展起來。不但在朝廷掌握著大權，在家族內部也形成了一套政治體系，這跟當時家族觀念是有很多關係的。歷史上就有辛俞志隨欒氏，禮抗君命的故事。

事情是這樣的欒氏連續幾代在晉國做卿大夫，執掌國政，勢大根深，形成了一股不小的私人勢力。西元前五五二年，欒盈因為和同僚范氏及晉平公的矛盾激化而叛逃齊國，當時有不少故舊部下相追隨。史書記載，欒盈叛逃時，晉國發布公告說：「不要跟隨欒氏，要跟隨君主。不跟隨君主的將處以死刑！」欒氏的故舊之臣辛俞準備追隨欒盈，出逃時被抓獲押送給平公，平公問他：「國家已經發布了命令，你為什麼要明知故犯？」辛俞回答說：「我是遵從國令的，怎能說我違犯了國令？公告明白地要求人們跟隨君主。我聽說：『三世事大夫之家，以君對待。』自我的祖父起，因為無大功於國家，只好屬歸欒氏，至今已經三代，我因而不敢不以君主對待欒氏。公告說『不跟隨君主的將處以死刑』，我怎麼敢連死也不顧地背叛君主，以煩擾施刑的司寇呢？」

晉平公聽了辛俞的話頓消怒色，他答應給辛俞以厚祿，請其留在自己身邊，辛俞回答說：「我已經說過，欒氏就是我的君主。我如果話一說完就食言背叛，又怎麼能臣事君主呢？」晉平公見難以說服辛俞，就打發他任便行事。

辛俞要跟隨欒盈出逃，本是國家法令明確禁止的行為，晉平公無疑要嚴加處罰，但經過他的一番辯護，反而得到了晉平公的敬佩和赦免，這不僅是因為辛俞的自我辯護論據充分，邏輯嚴密，更為主要的，是他在辯護中內含著對於君主至死不渝的盡忠態度，他把這種態度化成了機智的應對，於婉轉客氣中顯示了做臣子的凜然大義，真正贏得了平公的敬佩。平公作為一國君主，極希望國中臣民能有如同辛俞那樣事君至死的忠臣之風，即使他能發現辛俞辯護中的悖理之處，也寧可不去揭穿，為了維護一個忠臣的形象，張揚忠君之禮的神聖，他認可了辛俞的辯護。傳統禮義觀念是辛俞保護自己的一張盾牌，也是欒氏家族、郤氏家族，胥氏家族，原氏家族，范氏家族等家族掌握權勢的一種文化或者說是理念上的根基。

楚國的昭氏家族、屈氏家族、景氏家族都是大族。其中以屈氏最為出眾，一直長盛不衰。屈氏的發跡源於血統，與楚王有著直接的而又非常親密的血緣關係。在奴隸社會裡血緣關係是至關重要的，沒有這個血緣關係就不能成為貴族。占了血統的便宜就算是楚王的親戚，自然成了歷代楚王倚重的重點人選。加上屈氏家族人才輩出，像屈瑕、屈重、屈完、屈禦寇、屈建、屈大心、屈固、屈句、屈原這樣的能人層出不窮，文治武功，作為政治要員始終掌握著楚國命運。

孔子、老子、墨子等大學者，都對貴族政治深惡痛覺，他們大力倡導所有的人都應該平等。自春秋初年，到戰國末年，國家主義發達，加上階級利益的觀念化十分嚴重，各國之間的競爭非常激烈，競相招攬人才以強大國家勢力。各國的上相大將，如秦國的商鞅、范睢；燕國的劇辛、樂毅；趙國的廉頗、藺相如等，沒有一個不是從遙遠的貧賤民族來到的但是都得到了君主的重用。而各國貴族中賢良的人，如齊國的孟嘗君，趙國的平原君，魏國的信陵君等，他們也常常能夠紆尊降貴、放棄自己的特權，與這些人才結為好朋友。到了秦國吞併六國以後，廢除了封建制度，設定郡縣，將那些才智勇力出眾的人都遷徙到咸陽。漢高帝繼承了這一做法，將齊國的大姓田姓以及楚國的昭姓、屈姓、景姓等眾多大家族遷徙到關中。從此以後貴族勢力開始走向衰敗，而到了後來，這些貴族的姓氏也慢慢成為平民百姓了。幾千年來一直沿襲的貴族政治，到此全部結束。

漢高帝劉邦在大澤鄉起義，後來當了皇帝。他出生於農民家庭，左右的得力大臣象蕭何、曹參，韓信，彭越，陳平，周勃等人，都是職位卑微的官吏出生，都是為買賣雙方撮合從中取得傭金和殺豬賣狗之人。後來官運亨通，爵位顯赫，君臣都是走相同道路的人。

自漢代興盛而布衣將相的大局已經確定，其中有與貴族相似的則有西漢勛臣中的金張；後族中的呂氏、竇氏、田氏、霍氏、上官氏、王氏；東漢後族中的馬氏、竇氏、鄧氏、閻氏、梁氏；宰相家的袁氏這些人。然而都是不久就滅亡了的，在政治上並沒有什麼大的影響。

在中國封建社會，具有血緣關係的人們雖然在經濟上被劃分為若干個小家庭，但在地域上往往是聚族而居，除了以往宗法思想的影響外，嚴厲的封建戶籍制也限制了人們自由流動，秦漢時期，一些地區某些家庭由於政治地位，經濟實力，以及人丁興旺等原因，已經逐漸發展成為強宗大族。他們在本地區也有很大勢力，可以橫行無法，甚至阻礙中央王朝政令的實施。對中央集權制的統治形成嚴重的威脅。

兩漢後期到東漢時期，由於大地主莊園經濟的發展，強宗大族的力量又有所抬頭，逐漸控制了國家的政權，形成士族。士族就是世代為官的家族。在東漢想要做官必須要滿足三個條件：第一必須是士人，第二必須通曉經學，第三必須被舉為孝廉。孝廉就是孝子廉士，就是道德品質優秀，就是德的要求。通曉經學就是熟悉儒家的學說，這是才的要求。士人是身分的要求，士人就是士，士在春秋戰國時代是最低一級的貴族。春秋戰國時代貴族四個等級：天子、諸侯、大夫、士。那麼到了秦漢呢？士是平民的最高一個等級，平民也有四個等級：士、農、工、商。士就是士民，農就是農民，工就是工民、商就是商民。商民經商，工民做工，農民務農，士民讀書。士就是以讀書為職業的人，屬於腦力勞動者，用當時的話說就是勞心者，勞心者治人，勞力者治於人。所以士勞工商士的地位是最高的，一個人必須又是士就是你不做工、不務農、不經商你必須這樣，你還要書讀得好，你還要道德表現好，你才有做官的資格，這樣的人就太少了。

而一個家族一旦出了這麼一個人，透過讀書而做了官，那這個人肯定培養自己的兒子也讀書，也讓他做官，這樣一來二去讀書做官就會變成這個家族的職業，這樣的家族就叫做士族。

唐朝廟堂裡的暗戰

唐代初期，國家一直被較為強勢的皇帝所控制，所有軍政大權均由皇帝一手操縱，宦、武官員各有分工，黨派內爭也不太凸顯。但是，唐代中、後期，皇宮內皇權之爭愈加激烈複雜，從憲宗到宣宗的四十多年裡，朝廷的內廷宦官與外廷宰相為執政而爭權，在對藩鎮及外敵是否採取武力制裁的問題上，牛李兩派壁壘相當之分明，史稱牛李黨爭。

唐代自開國初始，在士大夫中就存在著庶族和士族兩大派別，二者既有經濟地位上的差別，又有政治主張上的殊異，到了唐中後期的文宗時，庶、士兩派的鬥爭變得尖銳化。如在發生的維州事件中，當時牛李兩黨因政見不同而分成兩大對立派別：李黨既是士族一派，以翰林學士李德裕為首，主張武力對抗吐蕃的主戰派；另一邊牛黨則是庶族派，以牛僧孺為代表，主倡安撫吐蕃的主和派。當時，文宗採用了牛黨主張而令李德裕退還維州與吐蕃，從策略角度或宰相素養來分析的話，牛僧孺放棄維州的主張顯然是錯誤的。而朝廷內外官員由於出身、政見及門風的不同而分成兩大陣營，此種爭鬥一直持續了四十年之久。

牛李黨爭只不過是宮廷內宦官派系鬥爭的表面現象，不代表士大夫間不同理想的衝突，也不代表道德上君子與小人的衝突。當時朝政主要是由宦官把持，從穆、文、武、宣宗等幾代皇帝均由宦官擁立，而牛李黨派要想得勢均需各自去依靠皇帝身邊掌實權的且屬於其派系的宦官才行。宦官在內廷因分成兩派都各自從事其權力爭鬥，而爭權鬥力的結果也同時會在外廷士大夫那邊的牛李兩黨的盛衰上得到反映。

自從李德裕死後，牛李黨爭已經慢慢平息下來，但是後來的執政大臣仍念念不忘盡誅宦官，終導致宦官與宰相競相拉攏藩鎮節度使為外援，最後出現朱溫篡唐的結局。當然這一切也跟唐朝末期的皇帝偏信或昏庸無能有關，但無論如何，對唐朝後期政局的影響雖然不是直接的，但仍可算慘重，因為最終是亡了國。細加分析的話，唐朝後期朝廷內鬥的雙方鎮線也是有著明顯的變化的，而且錯綜複雜，其發展過程更是幾經轉變的。

甘露之變後，互相敵對的宦官家族及派別，漸覺需團結一致來對付企圖剷除他們的外廷朝臣。當宦官們警覺到要對付宰相需聯結藩鎮，於是有族類自覺的意識，後改變策略，一面與藩鎮連手共同干政，此時，宦官與宰相的鬥爭已經不單純是中央內鬥這麼簡單，已有了性質的改變：變成為藩鎮利益服務了。另外，宦官還泛用收養武將為義子的手法來鞏固加強自己的勢力，可惜後來越收越濫以致失去家族歸屬感這原有意義，甚至還要死在義子的手裡，如田令孜就是被有野心占據四川的王建素殺死，這說明：中央宦官與神策軍將、藩鎮節度使的義養關係都是建基於利益上的，一旦宦官失去利用價值，或出現利益衝突時，宦官便成為最終的犧牲品。所以宦官與藩鎮互相利用。

到了唐朝末年，藩鎮割據的局勢一直在變化中，加上民亂的爆發，唐末皇帝的身邊已無良臣可依靠，宰相素質低劣，宰相雙方皆藉助於藩鎮之力打擊、排擠對方。特別是崔昭緯、崔胤、柳璨等人，更是動輒如此昭宗時，其平衡藩鎮政策失效，當權的宰相崔胤要盡殺宦官時，昭宗根本已無力制止甚至為保皇命而不得不從，以致崔胤聯合朱全忠盡殺宦官及對手，一切都到了非皇帝所能控制的地步，唐朝已走上被強藩篡權的末路了。所以，宰相與藩鎮間也是在互相利用。

嚴格來說，黨爭的發展基本上依附著內廷宦官的權力鬥爭而演變。在懿宗、僖宗、昭宗這幾個末期皇帝任期內，雖然朝臣與宦官之間仍在相互利用下合作，但彼此爾虞我詐，使雙方不得不以強藩為後援。唐朝後期，一直在宦官與宰相及邊鎮節度使這三者複雜的關係網中求存的末代皇帝就算竭盡所能仍不能達成所願，如昭宗企圖以親王招募訓練中央軍隊的部署亦被李茂貞與韓達破壞，親王全遭韓達所殺，中央軍隊如同虛設，根本沒有能力與藩鎮交鋒。

本來牛李黨爭是朝官們圍繞著執政權分成黨派而展開權力的爭奪戰，但到唐朝末期，延續實施的邊鎮政策已致使部份藩鎮的節度使隨著平亂戰績及地盤擴張，勢力大且俱野心，加上黃巢內亂，朝廷內外廷官員都去各自勾結外圍的強藩以作後盾，與節度使間形成了一種交錯複雜的關係網，間接使得局勢呈現藩鎮愈來愈強而皇權則愈來愈弱，所以到了末代皇帝昭宗時則無可避免地演變成朱溫弒帝篡國了。

顯然唐朝出現種種問題是從唐中期的唐玄宗開始，因為軍閥割據，宦官再次登上歷史舞臺，使得唐朝成為中國歷史上宦官專權最為嚴重的一個歷史時期。唐朝的宦官集團不再是簡單的當權就滿足了，他們還有了官員的身分。（這是因為隨著君主專制制度的逐漸強化，專制君主出於強化君權和抑制臣權的目的，開始有意培植宦官的力量。於是宦官開始以國家官員的身分出現。）這種宦官隊伍性質的變化在當時社會上也得到了廣泛的承認。入宮充當宦官，即被視為「入仕」。跟一般意義上的當官沒什麼倆樣。很多宦官為了培養自己的勢力，把親戚朋友一起邀請來當太監，居然形成了太監家族。而且唐朝的殘疾人保障法也確實很完善，宦官的待遇跟普通士人官僚的是一樣的。並且名正言順地成為統治集團中的正式成員。具有合法性的參政權。他們開始掌控政權、軍權，並構建了自身的家族勢力，從而形成了一種兼具君主家奴身分的特殊的官僚階層。

所謂家庭是社會的細胞，姑且從宦官的家庭說起。從史籍記載看，宦官大量娶妻養子出現於東漢，舉個有名的例子就是曹操的爺爺曹節就是娶了老婆，收了義子，這才有後來鼎足三分天下的曹操。不過東漢時期的人並不認為宦官找老婆是一種婚姻關係，反而認為是對女性的摧殘與迫害，從心理上不能接受這種婚姻關係。

到了唐代，人們的社會心理已發生了很大的變化，對宦官娶妻養子習以為常，不再視為違揹人性的反常行為。在唐朝有一半的太監是有老婆的。很多五品以上的高階太監不但有老婆，有個三妻四妾也很常見。因為唐朝宦官勢力大，娶的老婆很多都被封為誥命夫人。比如著名宦官仇士良的老婆胡氏就被封為魯國夫人。

宦官婚姻是建立在大批婦女痛苦之上的，因而是一種殘酷畸型的婚姻關係。可是儘管宦官婚姻如此殘酷無情，由於種種原因，唐代的宦官娶妻並不困難。這個時代與宦官建立婚姻關係的，主要有如下幾類家庭：第一類是官僚家庭，與其通婚者多為高層宦官。如右神策軍中尉孫榮義的前妻，為驃騎大將軍、贈開府儀同三司郭全羽之女；軍容使、內侍監仇士良之妻胡氏，為開府儀同三司、檢校太子賓客兼御史大夫、贈戶部尚書胡承恩之女；左神策軍中尉劉弘規之妻李氏，為太子賓客兼侍御史李文皓之女。還有皇帝親自為宦官娶妻的事例。李輔國權勢正盛之時，唐肅宗曾為其娶故吏部侍郎元希聲侄元擢之女為妻，並將元擢遷為梁州長史，元氏家族為北朝舊士族，故肅宗以其家之女嫁與李輔國，以抬高其社會地位，示以恩寵。宦官能娶到大家閨秀必定不是一件容易的事，對多數具有一定地位的宦官來說，如果不願與平民結親，普通官吏之家的小家碧玉便是其最理想的選擇物件。官僚與大宦官聯姻，是官僚勢力與宦官勢力聯合的表現。至於普通小官吏與宦官聯姻，有迫於宦官權勢壓力的因素，但也不排除有人想借此飛黃騰達，撈取政治上的好處。第二類是宦官家庭，即宦官之間的相互通婚。這類婚姻在唐代宦官中占較大比例。宦官之間互為婚姻主要是門當戶對，擇偶方便，此外也有透過聯姻以建立更為密切的政治聯盟，以便親黨膠固，沆瀣一氣的因素。這一點在上層宦官家族的互通婚姻中表現得最為明顯。第三類是與平民家庭通婚，這類婚姻多發生在中下層宦官家庭中。宦官與平民結親，實在是不得已之舉。雖說唐代宦官勢力很大，專權擅政，這僅是對一小部分地位顯赫的上層宦官而言，並非所有宦官均有此權勢。對大部分宦官來說，不要說與官僚之家，就是與普通官吏聯姻也是很困難的，因此只好退而與平民通婚。平民百姓與宦官通婚，不能排除宦官以勢強娶的情況發生，更多的恐怕還是由於其生活貧困而被迫嫁女。在中國古代社會，貧苦人口必定占多數，這就為宦官普遍地娶妻養子提供了可能的社會條件。

在唐代，有權勢的大宦官家族互相聯姻，親族之間相互庇護，從而對當時的政治局勢形成了很大的影響。楊志廉家族是唐代著名的宦官世家，從其父楊延祚起，直到五代後唐時止，這個家族一直地位顯赫，專權擅政，綿亙一百數十年之久。其家四代五人任神策軍中尉，掌握禁軍兵權，三人出任樞密使，把持中樞機要之權，史稱「世為權家」。宦官世家形成的結果，必然是世代盤踞宮闈，養子憑藉其養父的權勢而迅速提升；而宦官之間的聯姻尤其是高階宦官之間的聯姻，則容易形成「枝派蟬聯」，親黨膠固的局面，使宦官的勢力更加膨脹，專權擅政，在南衙北司之間的鬥爭中立於不敗之地。因此這種婚姻關係滲透著濃烈的政治因素。

唐代的宦官對配偶也是有許多要求的，而並非不加選擇。歸納起來，大體有如下幾種情況：首先是重視門第。找所謂的「名家」、「盛族」，目的自然是拔高自己，希望得到社會公認。其次，重視女方的德行賢淑。一得恪守婦德，耐得住寂寞。潘金蓮那樣的就算了。省的面子沒賺到反而賺個綠帽子。二得能操持家務，贍養教育子女。當然是養子或者養女。三得長的漂亮，而且還得年輕。比如高力士的老婆臉蛋年紀就能跟楊貴妃一拚。

至於婚後，唐代宦官的婚姻觀和當時世俗的婚姻觀也沒什麼差別；除了夫妻生活問題和子女一般是收養之外，其家庭結構也與社會其他階層沒有明顯的差別。由此看來唐代宦官婚姻是穩定的。穩定性、合法性和普遍性構成了唐代宦官婚姻的全部特點。

宦官娶妻另有更深層次的原因。宦官曾經是正常男性，當了宦官以後，雖然喪失了生育能力，在「不孝有三，無後為大」的傳統宗法觀念壓力下，隨著政治與經濟地位的變化，便開始力圖改變這種狀況。宦官娶妻雖無夫妻之間的男女之實，卻可以得到有家有妻的滿足感。宦官娶妻養子不僅是為了滿足有妻有家的願望，同時也想與其他正常男性一樣能夠傳宗接代，使已經獲得的政治地位和財產能得以繼承，這是其娶妻養子的最主要目的。宦官通常都具有強烈的自卑心理，唯恐自己有什麼地方不如正常男性，所以他們除了養子外還要養女，凡是朝官擁有的特權，他們也都同樣力爭擁有。如封妻蔭子，承襲爵位，參與決策，控制軍權，兼併土地，營建府宅等，無不全力爭取。掌管國學，教授徒眾，歷來是士大夫的專職，宦官也要染指，這就是唐代宦官中不止一人掌管國子監的原因所在。宦官階層的這種心理特徵，決定了他們必然要首先解決婚姻問題，據史料顯示，他們把這個問題解決的不錯，下一步，他們要把手伸向整個政局。

宦官專權幾乎貫穿了唐朝的中後期，一批批的宦官逼宮弒帝，專權橫行，無惡不作。自號稱「欺壓皇上的老奴」李輔國始，繼而有逼宮弒帝的俱文珍與王守澄，經歷六代皇帝的仇士良，人稱皇帝之「父」的田令孜以及唐昭宗時的權閹楊復恭、劉季述等人。這些人個個都是生前顯赫無比，死後臭名昭著的大宦官。

李輔國在唐玄宗年間入宮做了太監。後因盡心侍奉太子李亨而成為太子的心腹。唐玄宗天寶十四年，「安史之亂」爆發，叛軍所到之處，望風披靡，直逼京都長安，唐玄宗倉皇出逃。太子李亨奉命在後安撫百姓，安土重遷的百姓們希望太子留下抗擊叛軍。李輔國以國家大義勸說太子留下抗敵，太子遂與玄宗兵分兩路，北上靈武。李輔國又勸太子迅速稱帝，以安民心。西元七五六年，太子李亨即位，是為唐肅宗，遙尊唐玄宗為太上皇。肅宗為人性格懦弱，此刻見李輔國忠心擁戴，便視其為左右臂，賜名「護國」，後又改名「輔國」，把軍政大事都委託於他。

肅宗取玄宗而代之是戰時的需求。西元七五七年，唐玄宗回到了長安。起初過著無所事事但尚算自由的生活。肅宗與李輔國都怕玄宗復位，因此在肅宗的默許下，李輔國對玄宗步步緊逼。先是把玄宗喜歡的三百匹馬收回大半，僅留下十匹，然後強令玄宗遷到皇宮內宮，留下幾個老弱病殘之人伺候玄宗；又把對玄宗忠心耿耿的心腹太監高力士流放，強令玄宗的親信官員陳玄禮致仕。這樣，徹底成了孤家寡人的太上皇唐玄宗在寂寞、淒涼中走完自己的一生。肅宗曾數次想看望重病中的玄宗也因李輔國的阻撓而未成行，李輔國權勢之大由此可以想見。

李輔國大權在握，天下大事幾乎全決定於李輔國，朝臣所奏之事往往先經他手然後才告知肅宗。為了更準確地了解朝中大臣的動向，李輔國還專門派幾十人負責監督官員的一舉一動。對於不順從的官員加以嚴厲打擊。李輔國根據自己的好惡處治全國的訟案，並以皇意相標榜。地方上的節度使也是李輔國一手委派。李輔國權傾朝野，宰相及朝中大臣想見皇帝都須經過李輔國的安排，皇帝的詔書也需要李輔國的署名才能施行，群臣不敢提出不同意見。李輔國出行時，氣勢之大無與倫比。出於對李輔國囂張權勢的敬畏，宗室貴人也以「五郎」尊之，當時的宰相李揆更稱李輔國為「五父」。也有一些正直之士不恥李輔國的行為，宗室李峴多次對肅宗陳說李輔國的違例行徑。肅宗雖有所警覺，但在李輔國的操縱下，還是把李峴貶官出京。一手遮天的李輔國企圖做唐朝的第一位宦官宰相。此舉遭到了宰相蕭華的激烈反對。李輔國懷恨在心，多次在皇帝面前誣陷蕭華，並威逼皇帝用自己的親信元載取代了蕭華的相位，最終將蕭華逐出京城。

李輔國之所以為所欲為，還得益於與肅宗皇后張氏的勾結。張皇后與李輔國內外相應，控制政權。他們對不利於自己的人，無論是高官還是顯貴都是除之而後快。肅宗的次子建寧王李炎聰明過人，盡心輔佐太子廣平王李豫，深得皇帝的歡心。心胸狹窄的張皇后與李輔國多次在皇帝面前中傷建寧王，誣衊建寧王心懷不滿，準備謀害太子。昏庸的皇帝竟然下詔賜死建寧王。

李輔國與張皇后的狼狽為奸是為了各自的利益。但兩個都想大權獨攬的人是不可能永遠和平相處的。在肅宗病重期間，李輔國與張皇后終於在決定由誰繼承大寶的問題上發生了尖銳的衝突。李輔國支援太子李豫登基，而張皇后素與太子有隙，因而暗中策劃越王繼位，以便於自己將來繼續插手政局。張皇后密謀殺掉太子，其陰謀被李輔國的同黨發現，李輔國等首先把太子保護起來，然後衝進皇宮，抓獲了越王及其支持者百餘人。張皇后逃入重病中的肅宗寢宮，被李輔國抓住。肅宗因受到驚嚇而當天死亡。李輔國趁此混亂時機，將張皇后、越王及參與者一併斬首。太子李豫在李輔國的擁戴下即位，是為唐代宗。

代宗上臺後，因念其擁立之功，冊封李輔國為司空兼中書令，李輔國終於實現了他的宰相夢。李輔國氣焰更加囂張，他曾對代宗皇帝說「大家但內裡坐，外事聽老奴處置。」實際上讓代宗把軍國大事都託付於他。這一舉動自然引起了代宗的不滿，但由於李輔國掌握軍權，代宗只得忍氣吞聲。

宦官程元振對唐代宗也有擁立之功，但處處受到李輔國的壓制，因而產生了除掉李輔國的念頭。此刻他見代宗已有除掉李輔國之心，便不斷地暗中向代宗控告其罪狀。代宗得程元振之助，陸續解除了李輔國的一些職務，最終把他逐出了朝廷。此後不久，有個身分不明的刺客夜闖李宅殺死了李輔國，並將他的頭顱扔到了糞坑裡。這個欺壓皇帝、無惡不作的「老奴」得到了應有的下場。

李輔國死後，宦官程元振專權，其驕橫情狀較李輔國竟有過之而無不及。唐德宗貞元年間，宦官竇文場、霍仙鳴分別就任左、右神策軍中尉，從而把持了中央禁軍的統帥權。以典掌禁軍為基礎，唐代後期宦官權焰日熾，並上演了一幕幕逼宮弒帝的醜劇。

俱文珍是唐德宗後期重用的宦官。西元八〇五年德宗去世後，因中風而半身不遂的唐順宗繼位。順宗不甘心受制於宦官，他內靠嬪妃，外靠翰林學士王叔文及著名的士大夫韓泰、柳宗元、劉禹錫等人，試圖透過改革克服德宗朝因宦官專權而造成的弊政。改革觸及到了宦官的切身利益，當朝權閹俱文珍聯合其他宦官堅決反對。俱文珍先是想法讓順宗取消了王叔文進宮議事的權利，然後密謀把支援王叔文的唐順宗逼下臺。當時太子李純有意早登帝位，俱文珍等宦官與李純合謀，日夜聚集在順宗周圍，氣勢洶洶地逼其讓位。身體本來很差的順宗懼於俱文珍等人的逼迫，只得把軍國大政交給太子。俱文珍還不滿足，他把翰林學士召到金鑾殿，逼迫他們起草詔書，由太子即位，尊唐順宗為太上皇。只做了七個月皇帝的唐順宗就這樣被俱文珍逼宮退位了。

太子李純即位後，稱唐憲宗。憲宗之前政府實權在宦官手中，也就沒有產生政黨的條件。然而到了唐玄宗時代就出現了姚崇、宋璟、李林甫、楊國忠這些人；唐代宗時代出現了元載、楊綰；唐德宗時代出現了崔佑甫、楊炎、盧杞、張延賞、李泌、陸贄等人。不管他們是好人還是壞人，但都是有相當勢力的人，足以左右國家政治。同時的宦官，如楊思勗、高力士、李輔國、程元振、魚朝恩、白志貞、竇文場、霍仙鳴等，雖然也有一部分權力，但是隻能牽制宰相行政，所以沒能夠取而代之。

從憲宗開始，到宣宗的四十多年裡，朝廷的內廷宦官與外廷宰相為執政而爭權，在對藩鎮及外敵是否採取武力制裁的問題上，牛李兩派壁壘相當之分明。

唐憲宗是個有作為的皇帝，在繼位後，開始對割據的藩鎮開展了一系列戰爭，使得全國所有的藩鎮至少名義上全部歸服唐朝。但憲宗的皇位是因為宦官獲得的，所以一直信用宦官，他的軍隊中有許多將軍是宦官，有些擁有很高的軍權。而憲宗自己也被宦官陳弘正殺害。

憲宗在位十五年，唐穆宗李恆即位。在位期間荒於朝政，奢侈放縱，措施不當，導致河北三鎮再度背叛，直到唐朝滅亡。朝廷內宦官權勢日盛，官僚朋黨鬥爭劇烈。使唐憲宗的「中興」局面完全喪失。

穆宗在位四年，唐敬宗李湛即位。即位後，只知在後宮嬉戲，奢侈荒淫。宦官王守澄把持朝政，勾結權臣李逢吉，排斥異己，敗壞綱紀。導致官府工匠突起暴動攻入宮廷的事件。後為宦官劉克明等人殺害。

敬宗在位兩年，唐文宗李昂即位。文宗被宦官王守澄等擁立為帝。他在位期間，朝臣朋黨相互傾軋，官員調動頻繁，政權甚至皇帝的廢立生殺，均掌握在宦官手中。後起用李訓、鄭注等人，剷除宦官失敗，引發甘露之變。事後，文宗更被宦官箝制，憂鬱病死。

文宗在位九年，唐武宗李炎即位。武宗即位的過程，朝廷的情況跟文宗時代差不多。武宗最後死於仙丹中毒。

武宗在位六年，唐宣宗李忱即位。唐宣宗登基後，唐朝國勢已很不景氣，藩鎮割據，牛李黨爭，農民起義，朝政腐敗，官吏貪汙，宦官專權，四夷不朝。唐宣宗致力於改變這種狀況，他先貶謫李德裕，結束牛李黨爭。後勤儉治國，體貼百姓，減少賦稅，注重人才選拔，唐朝國勢有所起色，階級矛盾有所緩和，百姓日漸富裕，使十分腐敗的唐朝呈現出「中興」的小康局面。

宣宗在位十三年，唐懿宗李漼即位。宣宗病死後，被宦官迎立為帝，懿宗是一個昏庸無能、奢侈無度的君主。他即位後，不思朝政，沉湎於酒色之中，政治十分腐敗，藩鎮割據重新興起。他將唐宣宗中興的果實損耗殆盡。此時唐朝已無可救藥，病入膏肓，大動亂正在醞釀之中。當時賦稅刻薄，百姓無法過日子，於是出現人吃人的慘劇，百姓被逼得無路可走，只好起義。成為唐朝間接的亡國之君。

唐朝的風氣，內重外輕。京城的官出外做官不過是都督刺史一類，宰相出外便只能做節度使、觀察使等，都被視為降低官職調動。天下的人才一般都是集中在京城，但是京城並沒有那麼多的職位讓每個人都能發揮才幹，這樣人才之間就出現了競爭，而競爭的結果，就是君子與小人水火不能相容，既然水火不能相容，也就自然會導致相互間打壓貶損，這時候如果遇到的不是一個明君，往往就是君子被排擠出局，而小人得到重用，小人得到重用後必然要報復，於是就成了黨爭之禍了。

唐朝的朋黨與漢末的鉤黨是不一樣的。漢末的鉤黨，它的主體是士君子，對立的一方是宦官。唐朝的朋黨，則雙方都是士大夫，確切的說是高門士族與寒門庶族之間的鬥爭。所謂「朋黨」，朋，古文鳳的象形字，朋本神鳥，鳳飛而群鳥從；古時以五百家為一黨，租稅徭役利害相關，後來衍變為利害相關集團的代詞。

自隋朝開科舉，削弱士族勢力，加強皇權後，到唐朝建立，士族的地位仍很高，唐以關中立國，其統治集團多是宇文氏關隴士族，但東漢以來沿襲四百年的關東、江南士族仍然保持很高的聲望，對李唐王朝及關隴士族很不利。最可氣他們居然不屑與李氏皇族通婚，害得皇帝女兒為嫁人發愁，李世民下詔修《氏族志》禁止七姓十家互婚，卻見效甚微。連魏徵、房玄齡等人也暗中與之結交通婚。到武則天時期，由於其出身寒微，做法又不合正統禮教，士族集團群起反對，於是她大力提拔科舉庶族，為貫穿有唐一代朋黨之爭拉開了序幕。漢末的鉤黨，是因為房伯武與周仲進二人及其黨羽互相譏諷，成熟於太學生之間相互標榜，所爭奪的不過是意氣，所擔心的是國家大事。唐末的朋黨，開始於牛僧孺、李宗閔之間互相傾軋，爭吵不休，成熟是在錢徽、李宗閔被貶官之後，所爭的不過是一時意氣，所擔心的不過是個人的名利得失。

漢代的鉤黨崇尚節義，鉤黨為的是扭轉國家混亂的軍面，就是在他們失敗後，他們的節氣操守還是被人們所尊崇的。而唐代的朋黨卻為了反對而反對，都是一群趨炎附勢的小人，為爭權奪勢不顧國家安危，這是朋黨之爭的一大特點。黨派之爭使得朝政在根本上敗壞，兩黨相爭也使得宦官勢力無法根除，相反，有的卻與宦官勾結打擊對方，即使到了黃巢起義，社稷危亡之際，大臣們依舊爭權奪勢，聽憑唐朝從彌留走向死亡。以致釀成了五代的衰亂。概述其成立的原因，大概也就是一下三點：

一、李逢吉、李宗閔、牛僧孺等人妒賢嫉能，貪戀高官厚祿，所以他們將自己的同黨推薦到朝廷的重要位置，把持朝政，排斥異己。即使與裴行儉、李敬玄沒有任何過節，也不可能和他們平靜地共處，就像冰炭不可能同爐、香草和臭草不可能放在同一個器皿中一樣。君子和小人是不可能容許和對方同朝共事的。

二、穆宗皇帝昏庸無能，而敬宗荒淫無道，這些都不值得我們去說了。文宗號稱是一國之君，然而他為人優柔寡斷，無知人之明，對手下的正直的大臣經常懷疑；對於庸臣卻能經常遷就他們；對於佞臣，又常常抱著試探之心。心中沒有主見，便往往被小人所利用，反不如蜀漢後主明神宗的懦弱和昏庸，雖然明神宗昏庸懦弱、不問政事，但是他能做到用人不疑。這也正是裴度、李絳等人不能長久地留在朝廷、為朝廷出力的原因。甘露之禍所以釀成也是因為這個。武宗即位後，開始重用始李德裕，節制宦官，掃平河朔，征服回鶻，安撫党項來節制吐蕃，使漠南漠北恢復了和平。收復了河隴的失地。唐武宗會昌年間，後人把他超邁於時代的文治武功所帶來的嶄新氣象稱為「會昌中興」，又恢復唐盛時的跡象。可惜唐武宗早世。李德裕深陷「牛李黨爭」，被已經排斥。最後被貶到海南的崖州並且死在那裡。從此唐朝再度衰落，河隴的失地雖然收回了擔又很快失陷了。並且為宋朝初期的西夏之禍埋下了伏筆。朔方，河西，隴右等富庶的地方也突然退化。中央已不具備與藩鎮進行大規模較量的實力。直到清朝末年，這些地方還是漢人、蒙古人、回族人雜居的地方。聲教文明與典章制度地域遠在沿江沿海各省之下。

三，李德裕為人才高氣勁，而不知道事理。功名心重、得失心重，卻不知道反省。蘇軾曾經評價賈誼說：賈誼志向遠大而氣量狹小，才力有餘而識見不足。李德裕也是這樣。孔子說過：不願意被施加到自己身上的事，也不要施加給別人。李德裕對李宗閔他們不能從自己出發理解和對待。以前西漢中葉的時候，霍光廢昌邑王，立宣帝。侍御史嚴延年曾經彈劾霍光專橫。霍光也不認為他忤逆。牛僧孺李德裕的對策，也不過是根據自己的看法討論國家的大事兒罷了。如果說的不對，也不用跟他們較真；如果他們說的對，就選擇性的採用。不該怨恨啊，亦據己見論國事耳。使言而非。無足與校。使言而是。盡可採擇以備選用。不當怨而不解。《春秋》對賢者常常責備，嚴格要求。按照這個要求來說李德裕父子言行是有缺失的。

有這三個原因，才使得唐朝中葉形成了黨禍。其事跡首尾。下面將依次詳細說明。

牛李結怨始於李吉甫。

李吉甫的家族是名門望族。接著家族的聲望李吉甫三入朝廷，兩次拜相，是中唐時期比較有識見、有學問的宰相。他的父李棲筠，歷唐玄宗、肅宗、代宗三朝，在當時名望顯重。唐德宗在位的時候，李吉甫就拼接門蔭人仕擔任太常博士。由於工作成績出色，當時任宰相的李泌、竇參都很器重他，所以青年才俊李吉甫官升的很快。

不過到了後來，陸贄當了宰相，覺得李吉甫跟前任宰相走的太近，就把他貶為明州當官去了。這在封建社會是常有的事兒，也虧得李吉甫氏族出身，有榮辱不驚的氣度。去了偏遠山區照樣努力工作。

陸贄絕對不會想到，他清除異己，打擊、排斥李吉甫，三年後，同樣的遭遇會落到他的頭上。

陸贄因遭到戶部侍郎、判度支裴延齡的搆陷排擠，也被逐出朝廷，貶為忠州別駕。更讓他萬萬想不到的是，神使鬼差，他會落到李吉甫的手下。裴延齡為了繼續打擊和暗害陸贄，便起用李吉甫為忠州刺史，給李吉甫報復陸贄、出口惡氣的機會。

就在大家都在等著看好戲的時候。李吉甫卻把陸贄當作宰相來尊重，且與他推心置腹地交往共處。陸贄也確實給他出了不少力。二人合作很有政績。

元和元年唐憲宗即位，李吉甫二次入朝，一直在偏遠山區工作遠離政治中心的李吉甫被唐憲宗一眼看中，而後不斷升官，政治才能也就由此得到充分的發揮。

元和二年正月，李吉甫首次拜相。拜相當政以後，李吉甫更堅決主張削弱藩鎮勢力，以加強中央集權。

藩鎮軍閥割據是早在宦官干政前的唐朝第一大毒瘤。眾所周知的安史之亂就是唐代歷史的轉折點，亂前是唐朝的鼎盛時期，亂後的唐朝則進入了衰落階段，並最終走向了滅亡。安史之亂中「安」、「史」指的是安祿山與史思明，他們都是少數民族將領，又都是唐朝的節度使。

節度使最早設定於唐睿宗景雲二年，目的是以固定的軍區設定來加強唐朝的防禦力量。節度使起初具有管理鎮內軍需排程和營田事務的權力，後來逐漸集軍事、民事、財權於一身，並兼管地方事務，權力甚大。到玄宗晚年，更以一人充任多鎮節度使，並將大部分兵力布置在節度使地區。當時全國兵員總數為五十七萬，而邊兵竟有四十九萬之多，中央兵力空虛，地方武力坐大，給節度使發動叛亂創造了條件。

而就在此時，宦官的把手伸向了軍權。並扶持李亨於寧夏靈武即位，是為肅宗。這是宦官公開的奪權行為，從此宦官干政成為唐朝第二毒瘤。

在唐朝內部發生權力更迭的同時，安祿山集團內部也發生了較大的變化。至德二年正月，安祿山被其子安慶緒所殺，乾元二年三月，部將史思明又將安慶緒殺死，自稱大燕皇帝。上元二年三月，史思明又被其子史朝義殺死。叛軍內部出現的內訌，為唐軍平叛創造了有利條件。肅宗即位後，一邊任命大將郭子儀、李光弼等率兵平叛，收復失地，另一方面又迅速從河西、北庭、安西節度使處調兵增援。此外，肅宗還向回紇、於闐、西域等少數民族政權借兵，參加戰鬥。在叛軍的控制區，如河北等地，由於叛軍的殘暴統治，百姓自發組織起來，反抗安、史的統治。在唐官軍和地方百姓的雙重打擊下，寶應元年，安史叛軍已經窮途末路。當年正月，史朝義逃往範陽，守將不予接納，遂自殺。歷時七年的安史之亂得以平定。

安史之亂，唐朝幾乎動員了全部兵力，消耗了大部分的國力，自此以後，唐朝的國力再沒有恢復到天寶年間的水平。戰爭期間，百姓飽受戰爭之苦，流離失所，經濟損失嚴重，土地大量荒蕪。東都洛陽遭到毀滅性破壞，城中居民被屠殺殆盡，建築多毀於戰火。回紇等少數民族軍隊在助剿的同時，也大肆搶掠，增加了人民的苦難。肅宗在借兵之時就與回紇統治者約定：「克城之日，土地、官員歸唐朝，金銀財寶、老百姓皆歸回紇。」這使得回紇的搶掠更加有恃無恐。安史之亂最大的消極影響就是造成了藩鎮割據的局面。藩鎮割據長期存在於唐朝後期，節度使擁兵自重，互相攻擊，使得中國長期處於戰亂之中，嚴重地破壞了社會穩定和經濟發展，導致唐朝一步步走向滅亡。

安史之亂後，唐朝出現了藩鎮割據的局面。這是因為參與平叛的各位將領，幾乎都被唐朝政府授以節度使之名，並在內地廣泛建立大軍區，使節度使制度得以在更廣大的範圍內實行，這就為藩鎮割據創造了條件。此外，參與叛亂的大部分將領、士兵依然存在，他們雖然投降了，但割據思想仍然根深蒂固，而朝廷沒有力量消滅他們，就只能安撫他們，期望他們能改過自新。

基於這樣的歷史背景也就不難理解李吉甫為什麼堅決主張削弱藩鎮勢力了。就在這個時候，海節度使李錡反叛之心已日益暴露，李吉甫便勸憲宗把他調遷至中央控制起來。但是，朝廷派使者去召調了三次，李錡都抗命不從，並於該年十月發兵攻掠州縣，殺戮刺史、縣令，公然叛亂。李吉甫主張堅決平定叛亂，並徵調素為江南藩鎮所畏懼的徐州兵和汴州兵參與平叛戰爭，藉以震懾李錡叛軍。果然，李錡部下兵眾得知徐州、汴州皆興師南下，軍心大亂，牙將裴行立等人擒拿李錡而向朝廷投降，叛亂遂平。李錡叛亂的平定，首功當歸於李吉甫的正確謀劃。所以，叛亂平定後，李吉甫因功進爵為趙國公。

在策劃平定李錡叛亂的同時，李吉甫還針對唐德宗朝以來因為姑息藩鎮而導致某些藩鎮節帥終身不易其地的弊病，進行了大膽而有力的改革。他利用拜相後的一年多時間，共調換了三十六個藩鎮的節帥。這樣，透過頻繁地調動藩鎮節帥，就使節度使難以長期有效地控制某個藩鎮，其勢力自然大為削弱，從而有利於維護中央集權。不過，吉甫無疑也給自己樹立了一個強大的對立面。

憲宗元和二年，李吉甫當了宰相。李吉甫對中書舍人裴垍說：「我流落江淮已有十五年，今日蒙受皇恩，提升我不知為同平章事，我道該用什麼來報答陛下的恩德，只有好好為朝廷多選拔一些人才了，而如今的後起之秀，我與他們之間又沒有什麼交情，希望你給我推薦推薦。」裴垍立刻拿筆寫了三十多人的名字。幾個月以後，這些人都得到了妥善的安排，當時的人都說李吉甫用人非常得當。可用人問題向來是個大問題，用誰不用誰牽扯到很多人的利益，因此不可避免得罪一些人。

這個時候朝廷官員多結為朋黨，而各朋黨之間為了爭權奪利，經常發生爭鬥訴訟事件。李吉甫也被捲人了這種朋黨之爭，憲宗元和三年四月，長安為選拔人才進行了一次考試。唐朝的考試制度有兩種，一種叫做常科，一種叫做制科。常科考的是詩賦。但透過常科考試後只能取得出身，要想獲得官職，尚須經吏部衡量選拔，透過「身、言、書、判」四方面的考察。制科是由皇帝委任策試官命試，科目不定，大到國家大政方針，小到朝野一事，均可策問，由被試者答以策文，以供皇帝親覽、朝廷參考。對策高第，皆可授官。

因為考科目多是現實問題的緣故，與常科相比，制舉與政治的聯絡就更為緊密。應試者往往透過對策表達對時政的看法。天子與主試官有時也引導舉人申述政見，以發現人才、體察輿情。特別是一個名為「賢良方正能言直諫科」的制舉科目，最有「應詔直言」的特色。

明白了這些，就可看出問題來了：制舉試特別是「賢良方正能言直諫科」既有如此的特點，那麼，欲在考試中取得佳績，必然要投其所好，在策文中「切時宜，觀政事」、「指病危言」，以求得轟動效果。此乃人之常情，本無可厚非，況且，言切辭直的策文，常能在客觀上對國家弊政有所匡正，也算是種有理的行為。麻煩的是，考試與政治相聯，便不可避免地造成是非之爭。這正反兩種效應往往相伴而來，在本朝的制舉試中屢見不鮮。

元和三年的這次「賢良方正能言直諫科」考試就是一個最為有名的例子。這次考試中舉人牛僧孺、皇甫湜、李宗閔等人在對策中指陳時弊、言詞激切，竟然一點也不避諱。考官楊於陵、韋貫之認為他們符合朝廷選用人才的標準，將他們全部錄用了。

平心而論，元和初年的政治確實也並非無懈可擊，表現在很多方面。比如，朝廷欲加強中央集權，必然要損害民眾的利益，再加上朝中意見多少有些分歧，各派之間意氣用事的情況也不少。但主要的癥結是皇上對宦官的依賴和依靠並未減輕，權貴驕奢淫逸、宦官專橫霸道的事情更是屢見不鮮。時任翰林學士的白居易就經常與皇帝爭論，並且寫作了大量的「諷喻詩」進聞於上。可見牛僧孺等人的言論倒也不是空穴來風。

三人的策文，皇甫湜以攻擊宦官為主，而李、牛卻主要是指責當權者熾於武功。這得罪了當時的宦官勢力。這時裴均已由荊南入朝，他是竇文場的養子，透過宦官的關節，得到了「尚書右僕射、判度支使」的榮銜，正顯貴一時，很是得意，一心想要把李吉甫弄下去。

可在這個節骨眼上李吉甫卻犯了個錯誤。李吉甫做事較衝動，為人也很固執，一旦有了主見便會堅持到底，所以經常和其他人發生牴觸。但吉甫對國家的忠誠是不可懷疑的，對是非善惡更是有一種近乎偏激的愛憎感，這無疑又是他的長處。吉甫的政治立場異常的堅定，自然認為李、牛的政見不對。而這恰好被宦官勢力利用。憲宗不久罷免了裴垍的戶部侍郎一官，貶到巴州去做刺史，貶王涯為虢州司馬，楊於陵為嶺南節度使，牛僧孺和李宗閔也沒有受到提拔。牛僧孺長期得不到升官，從此對李吉甫懷恨在心，由此而導致了對李吉甫及其子李德裕歷時多年的激烈黨爭。這就是著名的牛（牛僧孺、李宗閔）李（李德裕）之爭的起因。此後牛李黨爭也成為唐朝後期，繼宦官干政、軍閥割據之外的第三大毒瘤。

如果說元和三年這次制舉案仍然還是一個伏根的話，那麼真正的導火線卻是因一次「常科」考試而點燃的。

元和十五年，唐憲宗去世，唐穆宗即位。當時，李宗閔、牛僧孺、李德裕相繼入朝為官，開始在帝國政壇上發揮作用，這次事件的實質就是李宗閔與吉甫的兒子李德裕發生了直接的衝突，並使朝中的不少人圍繞著他們三人而形成了鮮明的政治與個人分野。這年四月，右補闕楊汝士，與禮部侍郎錢徽，共同主持科舉。前刑部侍郎楊憑喜歡書畫古董，家裡收藏頗豐。兒子楊渾之正準備考進士，為保考試成功，楊憑四處託人找門路說情，不得不忍痛，將一批極珍貴的字畫送給同樣酷愛古玩的宰相段文昌。段文昌對送來的字畫愛不釋手，多次寫信推薦楊渾之，還親自跑到錢徽家中說情。翰林學士李紳也親自登門拜訪，並推薦了自己屬意的人，及至開榜，他們二人所囑咐的人全部沒有被錄取，而諫議大夫鄭覃的弟弟鄭朗，(故相珣瑜之子)河東節度使裴度的兒子裴撰，中書舍人李宗閔的女婿蘇巢，楊汝士的弟弟楊殷士等人都被錄取了。段文昌於是向唐穆宗進言說：「這次科舉禮部沒有本著公平公正的原則，所錄取的人才都是他們的親戚朋友。」唐穆宗以段文昌的話向翰林院的學士諮詢。

當時李吉甫的兒子李德裕與李紳、元稹，都在翰林院當差，他們因為賞識對方的學識文采，在一起有很深的交情。李德裕因為李宗閔經常用對策譏諷自己的父親，早已懷恨在心，元稹與李宗閔因為相互之間爭取功名，也早已有了矛盾。於是李德裕、元稹李紳等人都告訴唐穆宗他們認為段文昌的話是真是的。唐穆宗聽從了李德裕等人的意見，於是安排了複試，並罷免了鄭朗等十人為徽江州刺史，李宗閔被貶為劍州刺史，楊汝士被貶為開江縣令。有人勸錢徽向唐穆宗稟告段文昌、李紳向他推薦人一事，這樣唐穆宗必然能夠醒悟。錢徽說：「我沒有做過任何對不起自己良心的事，有什麼好辯解的？況且私下揭人短處，怎麼是君子所為呢？」並將段文昌、李紳寫給他通融的書信全部燒掉了。當時有很多這樣的人。

從此以後，李德裕、李宗閔各自在私下交結朋黨，互相打壓近四十年。

一、李逢吉專政

李逢吉、牛僧孺相繼進入內閣。（穆宗長慶二年六月，李逢吉升任宰相；第二年三月，牛僧孺升任宰相。敬宗寶歷元年正月，牛僧孺被罷免宰相一職；第二年十一月，李逢吉也被罷免，中間一共經歷了四年〇五個月）

永貞元年，憲宗繼位。年輕氣盛的憲宗，繼承祖父的遺願，想要中興大唐，削平藩鎮。此時的朝廷經過德、順兩朝的韜光養晦，錢糧兵馬均已充實。朝廷上以宰相李吉甫和杜黃裳為首的一批主戰派也一心扶助唐室，身邊又有良將精兵，削藩已是箭在弦上，一觸即發。

就在帝臣都磨刀霍霍之際，突聞劍南西川節度使韋皋病亡，節度副使劉闢上表朝廷要求自封為留後。韋皋是德宗年間的西川節度使。因對吐蕃、諸蠻作戰立有大功，被封為南康郡王。韋皋貪心不足，又向朝廷提出要統兼三川。朝廷斷然拒絕，還差點砍了劉闢。韋皋於是懷恨在心，暗中招兵買馬，增充錢糧，企圖用武力奪取三川。劉闢出身寒門，後來跟隨韋皋，是韋皋的心腹。韋皋備戰快成，卻突然暴病亡故。劉闢接手西川事務，暗中指使手下的官員聯名推薦自己繼任韋皋的位置。

憲宗正準備削平藩鎮，自然不同意讓劉闢坐據西川。下旨派中書侍郎、平章事袁滋出任劍南三川安撫大使，去收劉闢的權。又下一道旨，封劉闢為給事中，調到京城。

劉闢本來以為朝廷積弱，會順理成章地承認自己為西川節度使，一看見朝廷要收自己的權力非常生氣。韋皋經營西川多年，兵精糧足，劉闢剛接手，正摩拳擦掌想做翻大事。立刻點上兵馬，將京川告訴公路封了起來。

袁滋受憲宗之託赴西川手權，本來是聖寵眷顧。沒走多遠，又得一道聖旨，被封兼劍南東西兩川節度使，更是風光無限。行走到半路，卻聽到劉闢派兵封鎖了入川的道路，還扣押了兄長袁峰，頓時嚇的不敢再往前走了。但是身負皇命，回去又不是，只能留在原地，觀察形勢。

劉闢拒旨、袁滋滯留，很快便傳到京城。憲宗聽到訊息，不僅勃然大怒，先是將袁滋貶到江西任吉州刺史，再召叢集塵商議討伐劉闢。

群臣也是被德宗朝的叛亂所震，加上西川群峰圍繞，地勢險要，擔心朝廷新立，恐怕出兵不利，都紛紛上表不宜討伐。憲宗思慮再三，心想此時才登基不到一年，朝廷內部還沒有穩定，一些遺老舊臣對自己還不是忠心耿耿，外地藩鎮也在觀望政局。如果勝了固然是好，可以一舉開啟朝廷的困頓局面，給各地藩鎮一個下馬威，但是敗了呢？那麼朝廷本來就若有若無的威信，將會徹底喪失，各地藩鎮將變本加厲地違抗朝廷旨意。而且朝廷若新敗，不僅休息幾年的實力會被消耗，還可能面臨叛軍直逼京城，外無援軍的境地。就在君臣都顧慮重重下，憲宗只好下旨封劉闢為西川節度副使、知節度事、成都尹，實際上是確認劉闢的地位，不過預留下節度使一職，作為伏筆，等時機成熟就伏收劉闢。

劉闢最想要的職稱沒拿到，還是不肯罷休，繼續向朝廷施加壓力。憲宗已經是忍無可忍，大臣們都勸說蜀中地形攻難守易，朝廷兵馬不足，主張議和。此刻李吉甫和杜黃裳表示應該討伐並陳述了平叛的基本方略。憲宗這才終於下定平叛的決心，詔命神策行營節度使高崇文、神策京西行營兵馬使李元奕率軍，會同山南西道節度使嚴礪一起南下征討劉闢，十一月一日，劉闢被執送京師時，自以為還不足死罪，甚至見到神策兵士來捆他時，尚還十分驚訝道：「何至於是？」當皇上在興安樓義正辭嚴地駁斥他的狡辯時，劉闢這才無話可說，低頭伏法。另外還有一個成功的事例是在三月份，夏綏留後楊惠琳拒絕承認朝廷任命的新節度使，皇上亦堅決地下令征討，未幾楊氏就被部下所殺。征服蜀、夏是新帝即位初始就完成的功業，本就足以自豪。天子在這個勝利的時刻肯定十分激動，因為這是他第一次感到了天威奮發後的那種無可言喻的歡暢和成就感。

自德宗以來子孫相接的那些地方藩鎮則有點不知所措。見到蜀、夏兩地被朝廷輕而易舉地剪滅，諸鎮大為惕息，紛紛上表求朝。所謂「求朝」，也就是節度使們自請赴京朝覲。人既入京，自不可能再有「將在外有所不受」的便利，所以，這個舉動實際的含義就是放棄兵權。

本年的九月，在剿平蜀夏的聲威下，鎮海節度使李錡很不自安，也上表求朝，並署判官王澹為「留後」。憲宗下詔表示同意，拜他為左僕射，還派了位中使赴京口慰撫其將士。但李錡卻毫無動身之意，屢次拖延行期，上表說有疾在身，無法遽行。

鎮海地處浙西，是南方的重鎮，肩負著天下財賦的重責，朝廷對它是相當重視的。這個李錡倒也是皇族旁枝，德宗貞元時因門蔭而官至湖、杭二州刺史。長期在富庶之地任職，李錡手中積聚了不少錢財，以此賄賂求官，竟得到德宗的賞識而出任潤州刺史並領鹽鐵使。後來王叔文罷免了他的鹽鐵使，但在潤州置鎮海軍時，還是以他為節度使。李錡此人恃恩驕恣，在地方上橫行不法。因為得到了鎮海節度的重職，所以他一直忍而未發。此番上表，實在是迫於無奈，其實是很不甘心就此赴京去掛一個榮銜的。

訊息傳到朝中，憲宗很不高興，在憲宗心裡這不是來不來的問題，是誰說了算的問題。於是憲宗決定：下詔徵他來京！

詔書一到，王澹和憲宗派來的中使勸諭他動身，李錡很不高興。心想：哪能這麼便宜！王澹不識相，頻頻勸駕，搞得他極為惱怒。於是暗地裡指使手下的士兵把王澹殺死。中使聽說軍中鼓譟，急遣衛將趙琦出面慰諭，又被李錡手下那些暴悍的兵士們投進大鍋中煮食。當那位中使趕到，士兵們還把刀架在他的脖子上極盡汙辱之事，這時李錡才假惺惺地出來喝止。十月份，詐言軍變，正式起兵。但是李錡手下有不少將領不願造反，在中央政府的強大壓力下，倒戈一擊，生擒了李錡。由此江南大定。

南方得以保持相對的穩定是值得慶賀的。不過，藩鎮多少年來養成的那種子孫永保、自為除授的本性不會一下子消失。特別是一些大鎮，比如有名的河北諸鎮成德、魏博、淄青等，還是時時刻刻在偵伺可能，未嘗少息。但整體來說，勢力既有長消，各鎮之間矛盾則必然加深，分化也日重，而中央對江南財賦之控制在元和時日益加強，財力的保證是一切的關鍵，帝國正逢上了一個幾十年來未曾有過的一種機會。

謀事在人。朝中湧現出一大批傑出的人才，無論從數量還是從整體素質上，都是本朝自安史動亂以來前所未有的。就以前兩年來說，宰相前後有鄭絪、鄭餘慶、杜黃裳、武元衡、李吉甫，翰林學士有裴垍，李絳，都是一時佳選。此外，兵部侍郎權德輿、吏部郎中李藩也都是蘊籍風流、精鑒默識之士。

元和元年的四月十三日，這是一個值得紀唸的日子。這一天，天子策試制舉之士，在「才識兼茂明於體用科」中，校書郎白居易、元稹，監察御史獨孤鬱，前進士蕭俛、沈傳師等人脫穎而出；同日，一代元勛杜佑因年邁力衰，舉兵部侍郎兼度支使、鹽鐵副使李巽自代，從此李巽成為帝國財政的主要策劃者。天降奇才，這代表著帝國即將要走出低谷，恢復它失去已久的生機了。

杜黃裳在相時間不長，元和二年初被調任外職，出為河中節度使，不久病故。據說這位三朝老臣為人有個很大的缺點：身為宰相，任用官吏卻不分流品，而且接受賄賂。此事在他死後被揭發出來，遭到御史臺的追劾，憲宗念在勛舊，未予追究。儘管如此，黃裳堅持征討劉闢，為整個元和樹立了一個銳意進取的成功榜樣，功不可沒。在杜黃裳之後，一個更為強硬的人物走進了帝國的上層。

在李吉甫、李絳傑出的形象面前，另一位宰相權德輿就顯得有點無所成就，更讓皇上不滿意的是當二李為國是發生爭論的時候，身為宰臣，居然不置可否，嚴重喪失了應有的責任心。元和八年正月，憲宗不客氣地停止了權德輿的宰相職權。三月十一日，徵召掛宰相銜赴鎮劍南西川的武元衡回朝入知政事。這樣，三位忠正耿直、富有勇氣和才略的大臣同時為相，真是一個難得的局面。

可惜好景不長。相權過於強大，宮中的勢力自然就有所消減，皇上既然還試圖樹立起宦官這一對立的平衡因素，矛盾也就不可避免。

五月，憲宗徵召西川節度使武元衡入朝為相。除此之外，這一年好像沒有什麼事情發生。但是到了歲末的某一天，憲宗李純忽然用一種若無其事的口吻跟宰相李絳說了一句話，讓人感到有點不大對頭。

憲宗問：「最近有人說外面結黨之風很盛，是怎麼回事？」

吉甫謝稱「不敢」，李絳答道：「自古人君深惡臣下樹結朋黨，故小人譏害君子，必藉以為口實。君子自與君子相合，豈可一定要與小人相合，才算非朋黨否？請陛下明察。」

憲宗不語，但他內心卻不無算計。皇上又變得自作聰明起來，他覺得似乎還是應該保持一種平衡為好，於是他開始想調回吐谷承璀。皇上的早先的話說得太大了，除掉吐谷承璀並非像吹去一根鴻毛那樣簡單。

一年不到。在元和九年的正月，二李在內外不少人的壓力下先後上表請求辭職，皇上挽留了吉甫，卻批准了李絳的辭呈。這是他在為重新啟用吐谷承璀做準備，因為誰都知道李絳與承璀兩人是水火不容的死對頭。

吉甫在這一點上又顯出了原來的弱點，沒有表示反對。照理，他是應該堅決阻止皇上重用承璀這種以逢迎為事的宦官的。吉甫以沉默代替了耿直的規諫，這是他有生之年的又一次錯誤。

然而吉甫沒有停止他的實幹，在上一年，他已經把費盡心血所撰就、代表著他對於政治總體策略的三部書《元和郡縣圖志》、《六代略》、《十道州郡圖》進呈皇上。到了今年，他進而把目標轉向了淮西，因為吳少陽在九月份也死去了，其子吳元濟又擅請襲位並且不聽朝命，無論如何到了下手的時候了。

吉甫採取了一系列措施準備進攻，甚至打算親自赴蔡州勸說吳元濟歸朝，如其不聽，則轉而說動其將領倒戈。吉甫的氣魄決定了他有不怕冒險、百折無回的決心。

悲哀的是天妒英才，還未等到著手他的大膽計畫，十月三日，一代重臣，金紫光祿大夫、中書侍郎、同平章事、集賢大學士、監修國史、上柱國、趙國公李吉甫突患急症不治身亡，年五十七歲。憲宗傷悼不已，厚撫之外，追贈司空之銜。（元和二年正月升任相，第二年年七月罷免，一共做了一年半的宰相。元和六年正月又恢復了宰相的職位，元和九年十月去世，一共出任宰相的時間為三年〇十個月。）

吉甫雖然沒有親眼看到自己計畫的實現，但他卻可以死而無憾，因為他最親密的朋友武元衡繼承了他的遺志，同樣地為削平淮西而不遺餘力。這年冬天，朝廷以嚴綬為申、光、蔡招撫使，督諸道兵討伐吳元濟，第二年元和十年正月，朝廷正式對吳元濟宣戰。儘管戰事進行了幾個月後並不順利，也沒有取得什麼成效，成德、淄青二鎮為了切身利害又轉而勾結淮西，朝中還有人主張罷兵，但是朝廷仍然沒有喪失主動，在武元衡的主持下，到了五月底，中央軍隊逐漸開始對敵方形成了壓力。

四月初，李師道派出了一支二千人的隊伍開赴到淮西的正前方，聲言是幫助朝廷以討元濟，但根本不見這支部隊有所動作。

緊接著，朝廷得到報告，河陰轉運院這一重要的供應站在四月十日這一天被幾十個身分不明的盜賊偷襲，殺傷十餘人，燒燬錢帛三十餘萬緡、匹，糧食三萬餘斛，損失慘重。有跡象表明，這顯然不像是普通的盜賊所為。

五月下旬，王承宗派了一位親兵將領尹少卿人京奏事。這一天，尹氏來到了中書門下求見武元衡，直言不諱地為吳元濟遊說，並代表王承宗請求武相奏請聖上罷兵，被武元衡轟了出去。

五月底，王承宗上了一表，對武元衡極盡詆毀。

很明顯，戰局在明、暗兩條戰線上進行著，而暗的戰線無疑更為驚心動魄，到目前為止的一切還只能算是開始。

六月初三這一天，天還未亮，宰相武元衡像往常一樣，從自己位於靖安坊的宅第中出來，跨上座騎，趕往大明宮上朝。他身邊只帶了幾位侍從。

一行人剛剛走出靖安坊的東門，突然，從暗處跳出幾個蒙面大漢，攔在路上用箭向他們射擊，還未等元衡反應過來，隨從已被擊散，蒙面人把他從馬上拽下殺死，並割下了他的頭顱，呼哨而去。（元和二年正月，武元衡被升為宰相。同年四月，出任為西川節度使。元和八年三月，仍回京都為宰相。元和十年六月，被李師道派出的刺客殺死。共二年〇三個月。）

同一時間，另一位主戰派人士御史中丞裴度也在上朝的路上遭到襲擊，蒙面賊從裴度必經之路通化坊東門突然殺到，裴度中刀落馬，賊人正欲割其首級，裴度的家僕王義奮不顧身，撲到主人的身上以自己的肉軀遮擋亂刀，蒙面人以刀揮擊王義，王義抱住一個賊人大喊，賊人驚慌，揮刀割斷了王義的一條手臂。裴度乘機負痛全力滾進路旁的水溝中，天暗溝深，眾賊搜尋不得，遂逃奔而去。裴度得以倖免全賴他戴了一頂揚州氈帽，賊人揮刀中帽，厚厚的氈帽卸去了大部分力道，才使他大難不死。

事件發生後，長安舉城震駭，皇上龍顏大驚，緊急下令：凡宰相出入，皆須有金吾騎士護衛，全體護衛務必箭上弦、刀出鞘，嚴加防備。同時全城戒嚴，全力搜捕。

第二天，掌管京城巡警的左右金吾衛府、長安地方當局京兆府以及所屬京畿二縣縣衙門同時接到飛刀留柬，上書八大字：「毋急捕我，我先殺汝。」觀者無不失色，一時長安城中人人自危，朝士未曉不敢出門，有時皇上御殿很久，上朝大臣還沒有到齊。大家都很清楚，這一陰謀不出於王承宗，即出於李師道。

看來這一恐怖行動似乎達到了目的。朝中兩位主要的強硬派一死一傷，朝野上下一片肅殺之氣。但是，事態的發展卻證明那些藩鎮搬起石頭砸了自己的腳，犯了一個自掘墳墓的錯誤。

在任何時候，恐怖行動總是會有正反兩種結果：一方面是能震懾人心，另一方面卻也能使人由哀生怒，同仇敵愾。

白居易不顧自己已調任太子東宮、任職太子左贊善大夫的身分，上疏力請搜捕刺殺武相之賊以雪國恥。這是需要一定勇氣的。因為他此時的身分是「宮官」，照理是不應在諫官之先議論是非的。但白居易在憤怒之下已顧不得許多了。

兵部侍郎許孟容更是對皇上大哭：「自古以來從沒有宰相橫屍路旁而讓兇手逍遙法外的，這簡直是朝廷的奇恥大辱！」許孟容同樣無法控制自己的憤怒，他又到中書省中建議到：「請諸位立即奏請皇上以裴中丞為相，大索賊黨，察明奸由。」說話時，揮淚不已。

天子亦忍無可忍，下令大索京城。他對眾臣道：「有人竟奏請朕罷裴度官以安二鎮之心，真是豈有此理！若罷裴度，豈非奸謀得成，朝廷綱紀何在？吾用裴度一人，足破二賊。」皇上下詔：在裴度養傷期間，以金吾精兵進駐其宅第保護，務必做到萬無一失。

裴度在家足足躺了近二十天方才痊癒，二十五日，被委以宰相。同時為相的是去年十二月任命的韋貫之和張弘靖。裴度的入相是極其偶然的，在某種意義上甚至可以說是藩鎮的陰謀把他推向了相位，單從這個事實就可看出，恐怖活動的製造者是大大的失策了。

事情當然不能說就此一帆風順，相反，裴度迎來的卻是一個前所未有的艱難時期。首先是刺殺武相的案件有了眉目，有人舉報成德駐京機構「成德進奏院」的兵士張晏等數人行跡可疑，神策軍立即將其收捕，數人竟然供認不諱。儘管負責審訊的監察御史陳中師覺得可疑，但皇上正在氣頭上，聯想起早先王承宗曾上表謾罵武元衡，想當然地認為刺殺事件一定是那個可恨的王承宗所為，於是不分青紅皂白，將張晏等共十四人斬首。半年後的元和十一年正月，正式下詔攻討王承宗，不明智地陷入了兩線作戰。

其次是前線作戰不利。在頭兩年裡，各路軍統帥先是曾經逼王叔文下臺的山南東道節度使嚴綬，此人就知道交結宦官，是個典型的無能之輩。後來是宣武節度使韓弘出任主帥，卻又暗懷私心，擁兵自重，不願迅速平定淮西，以便自己大撈一把。在這兩人的指揮下，朝廷在將近十八個月的時間裡沒有取得任何重大進展。

再就是皇上的老毛病不改，一直堅持宦官監軍。天子的這種患得患失心態可以理解，但卻絕對是個最大的禍根。宦官與前線主將本就不是同一種人，矛盾是與生俱來而不可調和的，在這種情況下，如何又能打勝仗？

元和十一年六月十日，右羽林大將軍兼唐、隨、鄧州節度使高霞寓在鐵城被淮西兵打得全軍覆沒，僅隻身逃出。此次失利沒能被前線眾將遮蓋，傳到了長安。訊息一到，舉朝震愕。韋貫之和新任宰相李逢吉入殿奏報此事時，勸說皇上罷兵。

憲宗在這個關鍵時刻表現出了天子的大度和百折不回的信念。

以激情始以黨爭終的北宋改革

政黨是政治進化中階級鬥爭的產物，它是在階級社會中，一定的階級或階層的政治上最積極的代表，為了共同的利益和共同的政治目的，特別是為了取得政權和保持政權，而在階級鬥爭中形成的政治組織。

國家有政黨的存在，並不可悲，反而是值得慶幸的事。雖然如此，也有幾種說法。一是說：政黨只能生存在立憲政體之下，與專制政體水火不容。二是說：作為政黨，既然已經做了結黨的事情，就不應該逃避。三是說：黨派之間的紛爭應該都是政治問題。而不能將宮廷問題和個人問題容雜其中。如宋代的黨派，他們都沒有做到這些，所以不能稱之為政黨，只能稱之為朋黨。

宋代的朋黨之禍，雖然是在元祐紹聖以後非常激烈，實際上在仁宗英宗的時候就應經埋下了禍端，這就是范呂之爭。接著他們繼續發展的就是英宗時候的濮議了。到了神宗主政的時候王安石創行新法，舊黨對他肆行攻擊。畏懼王安石的權勢而附和安石的人，開始逢迎新黨，反對舊黨。新舊兩黨互相排擠，造成黨政之禍。

中國在此之前的黨禍。有漢代的鉤黨，唐代的牛李黨。在此之後的黨禍，有明代的東林黨，復社黨，這些都可以說是小人在陷害君子。只有宋代的黨禍不是這樣，他的性質非常複雜，而且很不容易分清誰對誰錯，要辨別他的正誤，無異於自尋煩惱。整體來說，不過是士大夫之間意氣用事而已。

推斷宋代朋黨之禍特別激烈的原因有兩點：一是由朝廷重文輕武；二是由於權力太過集中。宋太祖吸取唐末五代時期的教訓，藩鎮權力太大，武人粉墨登場，紛紛稱王稱帝。趙匡胤自己也是這樣黃袍加身的。所以採取了偃武修文的國策，極力抑制武將，重文輕武漸漸成了風氣。透過一系列措施的實行；武官的地位就非常低下了，即便有才能的武官也得不到選拔與重用。這樣一來，使得那些有才華的人都不得不靠這個從政。宋太祖全面控制了各州郡的政權、軍權、財權和司法權，加強了中央集權。一反五代時期君弱臣強，地方上節度使的權力太重的現象，建立了從中央到地方的中央集權專制統治。所以那些有特殊才能和想建立功名的人，都開始在京師穿梭遊走，四處尋找門路。而當時的京師，不是像現在的立憲制國家一樣設有國會，可以有很多人一起議論國家大事，實際能參與國家政務討論的，只有宰執（宰相與執政簡稱。宋先後以同平章事，尚書左右僕射，左右丞相為宰相，以參知政事，門下侍郎，中書侍郎、尚書左右丞、樞密使、樞密副使、知樞密院等事、同知樞密院事為執政，合稱宰執。）這樣的人而已。其次則是少數的如館職（宋初沿襲唐代制度，置史館、昭文館、集賢院，合稱三館，都在崇文院內，後來又在崇文院內增建祕閣，另置官屬，三館和祕閣總稱崇文院。三館有直館、直院、修撰、檢討等官，祕閣有直閣、校理等官，這些官都稱為館職，掌管三館、祕閣典籍的編校。宋神宗元豐年間改革官職，把崇文院併入祕書省，祕書省的著作郎、校書郎等也叫做館職。北宋的館職要求很嚴，一般文士要經過考選才能授職，南宋後授予漸濫，不像北宋時受人重視。明、清兩代稱翰林院、詹事府官員為館職。）臺諫（官名。唐時，臺官與諫官分立。唐、宋侍御史、殿中侍御史與監察御史掌糾彈，通稱為臺官，諫議大夫、拾遺、補闕、正言掌規諫，通稱諫官，合稱臺諫。清代統歸於都察院，職權不再分別，雖亦統稱臺諫，與宋之臺諫性質有所不同。臺官指御史大夫、御史中丞、侍御史、殿中侍御史、監察御史，其主要職務為糾彈官邪，是監督官吏的官員；諫官指諫議大夫、拾遺、補闕、司諫、正言，其主要職務是侍從規諫，是諷諫君主的官員。自宋代開始，開了臺諫合一之端，兩者事權相混，諫官也擁有對百官的監察權。宋代臺諫，實即御史臺、監司、諫官連稱。《宋會要．職官》四五之四三：「天子耳目，寄與臺諫，而臺之為制，則有內臺，有外臺。外臺即監司是也。」後世廢門下省，諫官隨之廢除。明代給事中職兼前代諫議之責，因此稱給事中為給諫，而通稱御史為臺諫。）這樣的人，他們都是宰執升進的階梯。為何如此的一個大國，人才如此眾多，卻只有這麼少的位置可以成為樹立功名的憑證呢？難怪有這麼多人相互競爭了。

所以，宋朝的歷史，實際上就是爭奪政權的歷史。小人爭鬥是為了謀取私利，而好人也因為要實現自己的報復而不得不與其爭奪。因為爭鬥的很急，便難免會出現意氣用事，彼此互相詆毀，而將朋黨的名義加之於對方。於是新黨與舊黨相互傾軋之禍，便從始至終一直貫穿著整個北宋。

宋仁宗郭皇后是宋代第一位被廢黜的皇后，郭皇后被廢事件是仁宗時期宮廷矛盾摻雜朝臣鬥爭的產物，其主要原因是仁宗不滿劉太后的垂簾聽政，同時也與仁宗作為少年即位的皇帝，與其母親、妻子之間的感情糾葛有關，另外，朝中大臣的介入也起了推波助瀾的作用。其結果則是直接導致了宰執與臺諫鬥爭的公開化，困擾北宋一代的「黨爭」也由此揭開序幕。

宋仁宗趙禎是宋朝的第四任皇帝，貍貓換太子就是說的他。他十三歲登基，二十四歲才開始親政。仁宗在位四十二年，是兩宋時期在位時間最長的皇帝。仁宗早年生活在養母劉太后陰影之下，作為一個守成之君，能守祖宗法度，性情文弱溫厚，其武功謀略不及太祖、太宗，在與西夏王朝的長期對峙中表現平平，宋王朝屢戰屢敗，軍事上處於弱勢地位。然而，仁宗知人善任，也想解決當時社會存在的諸多弊端，提拔重用了一大批對當時和後世都產生重大影響的人物，因而其在位時期名臣輩出。總體而言，仁宗算是一個有作為的皇帝。他的一生充滿了悲劇色彩，但其中也不乏悲天憫人的情懷。

仁宗趙禎的母親李氏本來就是劉皇后的侍女，因為被真宗看中，成為後宮嬪妃之一。在趙禎出生之前，真宗有過五個男孩，但都先後夭折。人到中年的真宗處於無人繼承皇位的難堪之中。趙禎出生後，真宗喜出望外，趙禎自然要做大宋朝的接班人，由於李氏身分卑微，而劉皇后這個時候權勢已經很大，於是在真宗的默許下，趙禎被一直未能生育的劉氏據為己子，跟楊淑妃一起撫養。李氏懾於劉後的權勢，只能眼睜睜看著自己的孩子被別人奪去，卻不敢流露出任何不滿情緒，否則不僅會危害自身，也會給親生兒子帶來災難。

乾興元年，真宗病危，唯一不放心的就是自己年幼的兒子，生怕皇位落入他人之手。他最後一次在寢殿召見了大臣們，宰相丁謂代表文武百官在真宗面前信誓旦旦地作出承諾，向真宗保證將全力輔佐新皇帝，絕不容許有廢立之心。真宗當時已經不能說話，只是點頭微笑，表示滿意。事實上，真宗晚年，劉皇后的權勢越來越大，基本上控制了朝政，再加上宰相丁謂等人的附和，因而真宗的擔心並非毫無道理。真宗留下遺詔，要「皇太后權同處分軍國事」，相當於讓劉後掌握了最高權力。同年，十三歲的仁宗即位，劉氏以皇太后身分垂簾聽政，權傾朝野。

這樣，仁宗就在養母的權力陰影下一天天長大。劉太后在世時，他一直不知先皇嬪妃中的順容李氏就是自己的親生母親。這大概與劉太后有直接關係，畢竟她在後宮及朝廷內外都能一手遮天。

在這種情況下，恐怕不會有人冒著生命危險告訴仁宗身世祕密的。明道二年，劉太后病逝，仁宗剛剛親政，這個祕密也就逐漸公開了。

蒙受了二十年的欺騙，生母也在明道元年不明不白地死去，當仁宗知道自己的身世後，其震驚無異於天崩地陷。他抑制不住內心的悲傷，一面親自乘坐牛車趕赴安放李妃靈柩的洪福院，一面派兵包圍了劉後的住宅，以便查清事實真相後作出處理。此時的仁宗不僅得知了自己的身世，而且聽說自己的親生母親竟死於非命，他一定要開啟棺木查驗真相。當棺木開啟，只見以水銀浸泡、屍身不壞的李妃安詳地躺在棺木中，容貌如生，服飾華麗，仁宗這才劉太后沒有謀害自己的母親。隨即下令遣散了包圍劉宅的兵士。

李氏是在臨死時才被封為宸妃的，劉太后在李宸妃死後，最初是想祕而不宣，準備以一般宮人禮儀舉辦喪事。但宰相呂夷簡力勸大權在握的劉太后，要想保全劉氏一門，就必須厚葬李妃，劉後這才意識到問題的嚴重性，決定以高規格為李宸妃發喪。生母雖然厚葬，但卻未能沖淡仁宗對李氏的無限愧疚，他一定要讓自己的母親享受到生前未曾得到的名分。經過朝廷上下一番激烈爭論，最終，將真宗的第一位皇后郭氏列於太廟之中，而另建一座奉慈廟分別供奉劉氏、李氏的牌位。劉氏被追謚為莊獻明肅皇太后，李氏被追謚為莊懿皇太后。奉慈廟的建立，最終確立了仁宗生母的地位，同時也意味著年輕的仁宗在政治上的日益成熟，逐漸擺脫了劉太后的陰影。

這位被廢的郭后就是劉太后選定的，劉太后干涉宋仁宗的婚姻自由為其後來郭后被廢埋下了伏筆。

郭氏被立為皇后是在天聖二年九月，仁宗當時十五歲，娶郭皇后，並不是他的選擇，而是劉太后的選擇。

宋仁宗最初看上的是土財主王蒙正的女兒，曾向劉太后提起過此事，但劉太后以王姓女子「妖豔太甚，恐不利少主」給否了。此話有兩層意思：表層的意思是新立的皇后不能干擾朝政，也不能使皇帝無心學業與國事；更深一層的意思則是，作為垂簾太后，劉太后既「君臨天下」，又是六宮之主，她希望新皇后能對她俯首聽命，不干擾其垂簾「聖政」，同時，新皇后也要有利於她與皇帝之間的關係。對於劉太後來說，如果所立新後非出己意，自己未必有把握有效控制。仁宗所中意的女人，在太后眼中便屬此類。

之後宋仁宗又看上了已故驍騎衛上將軍張美的曾孫女張氏，又被劉太后阻攔。最後劉太后自做主張，將平盧軍節度使郭崇的孫女冊立為皇后。

對這位強勢的母親，仁宗雖出於孝道而不得不遵從，但內心顯然不快。被劉太后扶上皇后寶座的郭氏，則自入宮之日造成劉太后駕崩之時，一直都對劉氏非常恭順，這就為其日後的被廢埋下了隱患。

郭后之廢，首先事關仁宗和郭后之間感情的變化。

郭后方面，驕妒、爭寵是最主要的惡行。儘管在夫妻關係上，防止丈夫與別的女人有性接觸是妻子的本能和應有的權利，但在中國傳統社會中，這被視為嫉妒惡行。因此，郭后若要保住自己的地位，必須與其他皇后一樣，付出一定代價，那就是不與其他嬪妃爭寵，不干涉朝政，從而形成一種道德自虐。

然而郭氏生性並不隱忍，爭寵勢在必然。在劉太后當權的時候，對於郭后遏制「後宮不得進」，劉太后是很贊成的，她不願意年輕的仁宗因沉溺後宮而荒廢學業和國事，婆媳倆在這方面結成了天然的同盟。仁宗對此當然大為不悅，儘管他與郭后有一定的感情，但隨著年齡的增長，正值血氣方剛，對於身邊的宮娥嬪妃他頗欲寵幸，但他不敢對母親有所違逆，只能把心中的怨氣撒向自己的妻子。身邊的大臣們也持大致相同的態度，郭后驕妒的形象由此鑄成，仁宗與郭后的關係蒙上了又一層陰影。

劉太后在世時仁宗不得不有所收斂，劉太后一死，年方二十五歲的仁宗便移情別戀，寵愛尚氏和楊氏。結果是身體日漸衰弱。就更加沒空理郭皇后。這樣導致與郭皇后的感情趨向淡化；郭后則失去了自己最有力的依靠。但郭后似乎沒有注意到形勢的這種變化，她的「爭寵」行為由於仁宗的縱慾而變得更加激烈，屢在仁宗面前與尚、楊二美人忿爭。

這時劉太后才去世不久，仁宗意外得知了自己的身世——他的親生母親並非劉太后，而是已經去世的李宸妃。此番變故，非仁宗所能料及，他一時不知如何應對。儘管後來在朝臣的幫助之下，仁宗查清了李氏去世的真相，知其生母是正常死亡並得到厚葬，因而沒有追究劉太后及其外戚。但是，他多年來對劉太后的不滿情緒終於爆發，不久，仁宗就把劉太后生前寵信的內侍江德明、羅崇勛等人，以及宰執大臣中包括呂夷簡、張耆等逐出朝廷。

不僅如此，仁宗在情色方面也變得過度縱慾，這其實也是對劉太后的一種反叛，或者說是他對自己處理宮闈事務權力的張顯。在年輕氣盛的仁宗看來，劉太后身後的家國能由自己當家作主了。但事實並非如此，朝廷上眾大臣的制約，加上自身懦弱的性格，使得國事未能讓仁宗事事稱心；作為「家事」的宮闈之事，又受到皇后郭氏一如既往地干預。在仁宗心目中，這自然是劉太后遺留下來的陰影。仁宗反感郭后對他的「禁謁後宮」，不希望郭后繼續主導宮闈事務、使自己再次陷入被管束的境地。出於宣洩自己長期被劉太后管束與壓抑的情感之需要，仁宗決心反叛太后，張顯自己剛剛獲得的權力；更何況他與郭后的夫妻感情已不斷淡化甚至趨向惡化。廢后的念頭在仁宗心裡萌發、滋長。

有一天，尚美人在宋仁的面前說郭皇后的壞話，剛好被郭皇后聽見。郭后不勝憤怒，上前要打尚美人耳光。宋仁宗見勢不妙，急忙過來勸架。郭皇后已經舉手搧出，這一巴掌出盡全力，收勢不住，剛好打在了宋仁宗脖子上。

郭皇后指甲很長，在宋仁宗脖子上劃出了兩道血痕。宋仁宗只覺得脖子火辣辣地疼，頓時龍顏大怒，但他性格文弱，雖然生氣，卻沒有發作，只是帶著尚美人走了。郭后這次的舉動，成為廢后事件的直接導火線。

在這之前，宋仁宗為了擺脫劉太后執政的影子，罷免了曾經依附劉太后的大臣，唯獨沒有罷免宰相呂夷簡。剛好有一天宋仁宗在後宮與郭皇后談論此事，還特意提到呂夷簡忠誠可嘉。宋仁宗之所以特別讚賞呂夷簡，是因為此人曾經力主將宋仁宗生母李氏以皇后之禮下葬。郭皇后卻認為呂夷簡其實也是阿諛奉承劉太后之輩，不過為人機巧，善能應對而已。宋仁宗略一思忖，認為郭皇后的話有道理，於是將呂夷簡也罷相。宦官閻文應與呂夷簡交好，告訴呂夷簡是因為郭皇后隨口一句話導致他被罷相。呂夷簡得知後，憤恨異常。

幾個月後，諫官劉渙上疏陳時事，特意提到當時他力請劉太后還政給宋仁宗，結果觸怒了劉太后，幾乎被殺，幸得呂夷簡相救。宋仁宗又覺得呂夷簡是忠臣，於是將其重新召回為相。雖然官復原職，但呂夷簡一直對郭皇后懷恨在心，剛好郭皇后誤打宋仁宗一事給了呂夷簡報復的機會。

宋仁宗被打後，尚美人不斷煽風點火，宋仁宗越想越是惱火。宦官閻文應趁機說：「在尋常百姓家，妻子尚不能欺凌丈夫，陛下貴為天子，竟然受皇后的欺凌，這怎麼得了。」宋仁宗沉默不言。閻文應又指著宋仁宗脖子上的傷說：「陛下頸上血痕宛然，請指示執政，應該若何處置？」宋仁宗受到煽動，忍不住激動起來，憤然派閻文應去召宰相呂夷簡前來。

呂夷簡到來後，立即大談郭皇后失禮，不足母儀天下。宋仁宗雖然憤恨皇后，但一聽宰相提到廢后，還是比較謹慎的態度，說：「皇后雖然可恨。但廢后一事，卻有干清議。」呂夷簡說：「廢后之事，古亦有之。光武帝是漢代的明主，其郭皇后僅因為怨懟而被廢。何況今日皇后打傷了陛下！」閻文應也在一旁附和，說郭皇后身居中宮九年，卻沒有子嗣，應當廢去。宋仁宗激憤起來，決定廢除郭皇后。

宋仁宗要廢后的訊息傳開後，朝中一片譁然。御史中丞孔道輔、諫官范仲淹、同知諫院孫祖德、侍御史蔣堂等十多人聯名上奏，稱「後無過，不可廢」，堅決反對宋仁宗廢除郭皇后。宰相呂夷簡早有準備，搶先一步下令有司不得接納臺諫章奏。宋仁宗則搶在群臣發難之前，下了廢后詔書，說郭皇后沒有子嗣，自願退位修道，特封為淨妃、玉京沖妙仙師，賜名清悟，居長寧宮。

御史中丞孔道輔和諫官范仲淹等人見臺諫的奏章無法送到皇帝手中，無法可想，竟然集體跑到皇帝寢宮門口進諫。這是前所未有的大事。進諫的大臣們到跪在宮門口，請求皇帝召見，對答郭皇后被廢一事。但無論范仲淹等人如何力爭，守衛殿門的內使只是緊閉大門，不予通報。孔道輔急得不行，上前抓住宮門的銅環急叩，還大聲喊道：「皇后被廢，累及聖德，為什麼不聽我們諫官的意見？」宮門後的內使大概也怕出事，便急忙入報。不久，有內使在門後傳話，讓進諫的大臣們到中書政事堂與宰相對話。

孔道輔和范仲淹等人來到中書時，宰相呂夷簡已經等在那裡，顯然是有備而來。孔道輔一上來就質問呂夷簡說：「大臣對皇後來說，就像兒子對待父母一樣。父母不和，可以勸他們和解，怎麼能只順從父親一面而不要母親呢？」呂夷簡爭辯說：「廢后一事，不是本朝首創，古已有之，漢朝和唐朝都有先例。」孔道輔怒斥道：「大臣應該引導君王為堯、舜那樣的聖主，為什麼偏偏要引漢、唐失德事作為標準？」

群臣隨即一哄而上，紛紛指責呂夷簡。呂夷簡招抵不上，只好拱手說：「各位還是去見陛下力陳吧。」然後匆忙離開。

第二天，孔道輔等人入朝，準備召集百官，與呂夷簡當廷爭論。然而，宋仁宗的聖旨突然到來，說「伏閤請對，盛世無聞，孔道輔等冒昧徑行，殊失大體」，將孔道輔和范仲淹貶黜出京城，其他進諫大臣罰俸半年。廢后之議因此而定。

然而，仁宗何以最終贊成廢后之議？關鍵之一實乃臺諫之介入。廢后本是仁宗自己的家事，儘管在家天下的時代，皇帝家事即是國事，大臣僚佐皆可參與，但最終的主導者仍應是皇帝本人。臺諫不僅累章論奏廢后是失德之舉，如此再三，反倒更刺激了仁宗的獨尊意志。就仁宗來說，顯然不願剛擺脫太后的陰影，又重陷大臣的掣肘。事情發展至此，廢后與否已非正題，仁宗欲藉此立威逞強，才是題中真意。與廢后接踵而至的貶黜臺諫，其意也在於此。儘管臺諫大臣曾經力諫劉太后還政、為仁宗謀取一人獨尊的權力，但他們同樣想把仁宗納於自己所代表的意理權威之下。這種局面，正是一人尊疆的尊王理念與公罪不可無的自我期許間存在著無可避免的矛盾性。

結果是，廢后之事起初於仁宗本無可無不可，然而臺諫介入、對他施以壓力，加上旁有宰臣、內有宦官對他煽動挑撥，使其廢后之事勢成騎虎，不得不為。廢后之事實際演變為宰執與臺諫兩大集團的政治爭鬥，困撓北宋一朝的黨爭也由此揭開了序幕。

綜上所述，宋仁宗郭皇后被廢事件，是北宋朝廷各種矛盾交織的結果，也是宋仁宗長期被壓抑的情感的一次爆發，是他為了張顯權力所作的決定。劉太后在世之時，對仁宗在生活上管束甚嚴，在政治上也多有壓抑，仁宗的不滿在內心醞釀，但緣於孝道與親情，他只能隱忍不發。太后去世後，仁宗知道了自己的身世，不滿的情緒猛烈迸發，郭皇后被廢事件成為一個突破口。因此，仁宗廢郭后，與其夫妻感情的變化有關，但更主要的是緣於對母后主政的不滿，對「一人尊疆」的渴望。仁宗力圖擺脫劉太后的陰影，使自己的權力得以張顯，這本是政治的需要，但卻以皇帝家事的形式反映出來，而皇帝的家事又不單純只是家事，於是士大夫們交相論列，引發了一場宰執集團與臺諫集團的政治鬥爭。結果是仁宗雖然成功地廢除了郭皇后。

宋仁宗皇后郭氏被廢后，後宮中最高興的就數尚美人和楊美人。宋仁宗也加倍寵幸二位美人，晝夜廝混在一起，搞得上朝都神情恍惚，致使政事荒廢。仁宗的另一個養母楊太后聽說後，命宋仁宗將尚楊兩美人送出宮去。宋仁宗頗為不捨，表面應付楊太后，但暗中卻照舊寵幸美人。楊太后便下令宦官閻文應送二位美人出宮。閻文應先去勸說宋仁宗，宋仁宗不勝其煩，勉強答應。於是，尚美人被逼入洞真宮出家作了道姑。楊美人也被別室安置，從此無緣再睹天顏。

雖然此時劉太后已死，宋仁宗完全親政，但在立皇后的事情上，他始終不能如願。當時，有女子陳氏進宮，宋仁宗十分喜歡，想立她為皇后。可是陳氏是壽州茶商之女，父親靠捐納才謀得一個小官，出身低賤。翰林學士宋綬勸說道：「陛下若以賤者正位中宮，不就與前日詔書所言背道而馳了嗎？」宰相呂夷簡等人也紛紛勸說。宋仁宗不得已，只好選宋初名將曹彬的孫女曹氏入宮，第二年立為皇后。曹氏時年十八歲。曹氏的弟弟便是傳說八仙中的曹國舅。

因為立後始終不能如意，宋仁宗也不大喜歡曹皇后。這時候，他又想起了廢后郭氏。畢竟郭氏是他的原配，他對廢后一事開始覺得愧疚。郭氏此時已經出居瑤華宮，宋仁宗就派人到瑤華宮慰問郭氏，賜號金庭教主、沖靜元師，又賞賜樂府給郭氏。郭氏久居別宮，孤獨寂寞，突然看到皇帝派遣使者前來問候，不由得悲喜交集，於是親自和答樂府篇章，詞極淒惋，催人淚下。

宋仁宗看到郭氏的和詩後，思念加深，愈發覺得割捨不下，於是密召郭氏回宮。不料郭氏卻是個有氣節的女子，認為皇帝如果再召見她，必須要百官見證，重新冊立她為後。宋仁宗此時已經立曹氏為後，如果再冊郭氏，就是二後並立，這可讓皇帝左右為難了。

就在宋仁宗無比苦惱之時，郭氏染病，於是宋仁宗派宦官閻文應攜御醫前去為郭氏看病。不料幾天後，郭氏就暴斃而亡。

如果聯想到之前閻文應力主廢除郭皇后一事，就不難推測郭氏暴斃絕對與閻文應有關。如果郭氏重新立為皇后，追究當日廢后之事，呂夷簡和閻文應身為廢后主使者，定必首當其衝。是以這二人惶急不堪，為了保全性命，下毒謀害郭氏就很正常了。宮中和朝廷都懷疑是閻文應下毒害死了郭氏，但閻文應手段高明，沒有留下任何證據。且深宮事密，誰也不敢輕易查證。

宋仁宗對郭氏之死很是悲痛，下詔重新恢復了郭氏的皇后封號，用後禮殯葬。此時，范仲淹已經調知開封府，上奏彈劾劾奏閻文應，宋仁宗立即將閻文應貶黜出京。閻文應後病死途中。尚、楊二氏與被廢的郭皇后一樣，都成為封建制度與男權政治的替罪羊。更重要的是，此案也反映出在「天子與士大夫共治天下」的宋代，即使貴為君主，仁宗也不得不受多種力量的制約。而且，再次新立皇后之時，仁宗也不能完全按照自己的意願，而只能遵從大臣們的建議，立了宋初名將曹彬的後代曹氏。皇后嬪妃的立也好、廢也罷，從根本上說，都是君主制主導下多種政治力量角力的結果。

范仲淹看到呂夷簡利用手中的人事權力培植私黨，打壓政敵，心中甚為憂慮，於是把京官晉升的情況繪製成一幅《百官圖》獻給皇帝，《百官圖》，這是范仲淹精心繪製的，詳細記載著近年來，自從呂夷簡當政之後，文武百官的升、遷、降、謫之路的列表。其中一一指出，哪些官員的升遷是正常的，哪些是呂大宰相一手遮天，強升暗降的。真是以事實為依據，以大宋律法為準繩，清楚明白地挑明瞭一切。其中《推委臣下論》更是勸諫仁宗皇帝不能把人事權下放給宰相，不然會造成君權旁落，甚至改朝換代也不一定。意思是這個沒有謀策定國之功如趙普、也沒有挽危局扭乾坤重立江山之功如寇準的小小太平宰相，居然囂張到了這步田地，陛下您不廢了他，還等什麼？

朝中「范呂之戰」，烽煙再起。

范仲淹百分之百地深信，只要這張圖遞上去，呂夷簡的死期就到了。但事實上呂夷簡是見過風浪的，看了這麼個東西只是淡淡的給了八個字：「仲淹迂闊，務名無實。」意思就是說：范仲淹這個小同志，是個只講大話，不通世務，不切實際，只想搏出位爭名利的人。之後這個《百官圖》就不了了之了。

范仲淹是河北人。范仲淹出生第二年，父親便病逝了。范仲淹的母親貧困無依，只好抱著仲淹改嫁山東一戶姓朱的人家。范仲淹也改從其姓，取名朱說，在朱家長大成人。

范仲淹從小讀書就十分刻苦，朱家是長山的富戶，但他為了勵志，常去附近長白山上的醴泉寺寄宿讀書，晨夕之間，便就讀諷誦。他片讀不懈的精神，給僧人留下深刻的印象：那時，他的生活極其艱苦，每天只煮一鍋稠粥，涼了以後劃成四塊，早晚各取兩塊，拌幾根醃菜，調半盂醋汁，吃完繼續讀書。後世便有了斷虀畫粥的美譽，但他對這種清苦生活卻毫不介意，而用全部精力在書中尋找著自己的樂趣。

大中祥符七年，他透過科舉考試，中榜成為進士。從此開始了近四十年的政治生涯。出身寒門的緣故，使得范仲淹有獨特的價值觀，也有相對的見識。

得到這個結果，范仲淹百思不得其解，越想越憤怒，越想越悲哀，最後得出了一個結論——這個世界太黑暗，呂夷簡太厚黑！而皇帝陛下還沒有清醒，那麼他繼續寫奏疏。在奏疏最末尾，他還加上了這樣一句：「漢成帝信張禹，不疑舅家，故終有王莽之亂。臣恐今日朝廷亦有張禹壞陛下家法。」這是個典故，發生在西漢。張禹是成帝的宰相，非常得寵，可以在家裡辦公，得病了皇帝都要登門慰問。王莽篡奪漢朝江山就是張禹做的好事。此人力保王家忠誠，在漢成帝期間，封王太后的哥哥王鳳為大司馬大將軍領尚書事，位列三公以上，並且把他的兄弟王譚、王商、王立、王根、王逢時五人同日封侯，史稱「五侯」。王家就這樣坐大，再也沒法控制。

范仲淹舉出這個例子來，用意再明顯不過了。呂夷簡就是宋朝的張禹，他現在不講原則，胡亂任命，說不定哪裡就藏著王莽，早晚有一天會血洗趙氏，毀掉宋朝天下！

這就沒辦法了，他已經不留後路，把呂夷簡往死路里推，同時把自己也扔上了懸崖。你死我活，看來只有這個結果了。可老謀深算的呂夷簡只回了十二個字——越職言事、薦引朋黨、離間君臣。你說的那些我通通默殺，拒絕回答，因為你這樣說話本身就錯了。「越職言事」，你現在是開封府尹，不是知諫院的右司諫，朝廷有規矩，亂講遭雷劈，先認清你自己的錯誤！

范仲淹無論如何也看不出自己有什麼錯，相反呂夷簡在他心面變得加倍惡劣。他看清了，這就是個政治流氓。自己所提出的真材實料的證據完全避而不答，前後只用了二十個字的官腔，就想把這些罪惡都遮過去。想得美，門都沒有！他再次拿起了筆，保持自己嚴肅認真的好素質，就事論事，根據呂夷簡這次的十二個字繼續上書答辯。我是對的，道理、甚至真理都在我這邊，我就是一個一個的澄清，就算有人不懂，我也要把他們教育懂了。這就是范仲淹的行為和他的想法。可是他不是在課堂，而是在官場。鬥爭需要勢力。

這時的范仲淹已經有他的勢力了。那就是他的力量之源——道德人心。在北宋，范仲淹之所以有名，是因為他引領了一個潮流。但更準確地說，他是讓一些問題尖銳化、表面化的導火線。那就是宋朝文官們的平靜中的分流。

宋朝的文官太幸福，從宋太宗開始就泡在蜜水里長大，而且水裡的甜份還不斷地增加，幸福啊，過了度就產生了副作用。文官們、士子們中分成了兩派。一派是追求更大的甜份，皇帝說怎樣就怎樣，宰相說怎樣就怎樣，一點出格過分的事和話都不說不做，一切只為了得到更大的好處；可另一派就反其道而行之，他們嚮往著精神方面的崇高偉大，一切的言行思維，都向遠古時代的無比清高的絕種人類靠攏，即「君子」們。

嚴格地說來，這些君子的嚮往者、跟隨者們也要錢，至少是不拒絕錢，但他們把一些東西看得更高。比如國家的興旺要比個人的幸福優先，民眾的思想教育要比個人的聲色娛樂優先，甚至皇帝的品德操守、工作態度，要比自己的性命、全家全族的性命優先！也就是為國為民，不惜犧牲任何代價。

而在當時站在范仲淹那邊的人的大多很年輕，職務大部分都在館、閣之間，比如天章閣待制李紘、集賢院校理王質、祕書丞、集賢院校理餘靖、館閣校勘尹洙，以及宣德郎、館閣校勘歐陽脩。這都是些文學閒職的年輕人，共同的特點是學問好、才學高，他們來自五湖四海，之所以聚到了一起，除了舉國科考制讓他們在同一個考場追求分數之外，更重要的就是詩詞文章。比如歐陽脩，他進開封城沒多久，就迅速地打入了這個小圈子，與他在文藝復興之都——大宋西京洛陽錢氏沙龍裡的顯赫聲名有關。

於是乎，這些了不起的年輕人們就都聚在了一起，每日裡行風雅之文，憂天下萬眾之事，日子過得既輕鬆又神聖，直到他們的帶頭大哥范仲淹與黑惡勢力交上了火。他們也再坐不住了，之後才有呂大宰相的十二字回批中的「薦引朋黨。」朋黨，這些風華正茂的年輕人啊，你們知不知道就是這兩個字，往遠裡說，把大宋的江山社稷給毀了。往近裡說，你們把范仲淹直接廢了。不過這也怪不得他們，因為孔、孟諸賢的聖人語錄裡並沒有「祖宗家法」等內容，他們不該懂的什麼都懂，而該懂的，卻都不屑一顧。

范仲淹和他的朋友們，就一直鬱悶的生存、抗爭、理想、破滅、繼續抗爭……直到滄桑到死。就像他們這時剛開始，就莫名其妙的遭受了第一次打擊。無論范仲淹怎樣答辯、追問，呂夷簡的十二字真言威力無窮，皇帝的處罰頒布——剝奪范仲淹京城一切官職，罷免其天章閣待制、權知開封府，在當年的五月九日，被貶到饒州去做地方官。

沒能扳倒呂夷簡，范仲淹開始反省，他想到了一個人。這個人的干係也很大，可以說此人是當時宋朝唯一能對抗呂夷簡的人，無論是資歷、威信、名位還是在皇帝眼中的份量，都只在呂夷簡之上，如果他能及時動手相助，呂夷簡早就捲鋪蓋回家了。但讓人憤怒的是，這人從始至終袖手旁觀，根本無動於衷。這個人就是王曾。以他當年對抗丁謂，制約劉太后的聲望，以及曾任7年首相的資歷，無論從哪一點來說，呂夷簡都無法望其頸背，如果他適時出手，呂夷簡絕對沒法舉重若輕地勝出。至少王曾說話，他得一條條地回答，小心謹慎，如履薄冰本著這個原則，范仲淹決定直接拜見王曾。而王曾只給他講了一個道理，那就是：手握國家權柄的人，如果只想讓大家說他的好，不讓大家說他的壞，是可能的嗎？

這是在說，呂夷簡一定是壞人嗎？他做的都是壞事嗎？當家人就是泔水缸，做得越多，就越招人嫉恨，只有什麼都不做的人，才沒人討厭！一語驚醒夢中人，范仲淹猛然自省，自己做的都是對的嗎？一些最基本的，平時絕不懷疑的原則觀念在他的心裡升出了問號。這句話是范呂之爭中至關重要的一個契機，王曾的回答就是范仲淹超越歐陽脩、韓琦等同輩，甚至遠遠超過王安石、司馬光等人，成為宋朝三百餘年間第一人的根源所在。

是做聖人，還是做事？是想建設，還是在破壞？回想這些年，他在地方上的確又治水、又救災，做了很多的實事、善事，可是隻要一進入京城，就立即投入了破壞之中。比如說，他按著這樣非黑即白的觀念繼續做下去，扳倒了呂夷簡之後還要再做什麼？再去扳倒誰？一生就只是在打壓、攻擊、漫罵中過日子嗎？

誰做事，就在邊兒上卯足了勁等著挑錯，這樣的人，就是君子嗎？觀念的改變，帶來思維上的飛越。范仲淹再不用王曾解釋什麼，就應該想到了王曾不出手的更深一層的含意。

比如說王曾出手了，那就是大宋朝的首、次兩相之間的對抗，以前有太多的例子證明，只要出現這樣的局面，無論對錯，都是同時下臺的結果。那樣是解恨了，可國家誰去管？民生誰去管？大宋朝堂從上到下，打成一鍋粥，就是你范仲淹的盼望？

宰執之臣，雍容大度，必須從全方位考慮事情，黑、白之外，還有千萬種色彩，要走那條對國家、對朝局最有利的那條路。

所以王曾選擇了沉默，至於說什麼君子、小人、奸邪，見鬼去吧，沒有這些珍稀動物，不分得這樣清，趙匡胤也把宋朝的天下打下來了，趙光義也活得很快活。

當天范仲淹心神恍惚地離開了王曾，他似乎看到了另一條道路，可不知該怎麼去走。但走，是一定的了，他必須離開京城去饒州。這個時候范仲淹已經四十六歲了！

范仲淹走了，在他身後的京城裡還有一些事情要交代，由他引起的第一次朋黨干政風波還沒有收尾。不光是歐陽脩等人寧死不屈，發貶到遠邊地區去當官都一點不在乎，就連京城之外也出了問題。西京洛陽方面的推官蔡襄寫了一首詩，題名《四賢一不肖》，四賢就是范仲淹、餘靖、尹洙、歐陽脩四位大君子，那位不肖就是知諫院的右司諫高若訥。蔡襄此人文才極高，這首詩迅速從西京波及到東京，又向東京輻射全國，最後竟然連百年好合的友邦遼國也被驚動了。

那是因為正好有遼國的使者進京，這位仁兄花重金請人抄寫了這首詩，回到幽州之後，就帖到了城門上，讓所有胡漢居民觀看——大宋朝裡好熱鬧，文化太昌盛，連罵架都可以寫成詩！

而大宰相呂夷簡的憤怒也終於表露了出來，他授意自己的親信，御史臺裡的侍御史韓瀆出面，奏請皇帝在朝堂之上樹立一張榜，那就是有名的「朋黨榜」，范仲淹的成分變複雜，一邊是偉大的君子，一邊是結黨的小人，以他為典型，從此嚴禁結黨營私，組建非法小集團。尤其是強調一點，絕不允許百官越職言事。

至此總結一下，范仲淹和他的朋友的奮鬥應該說也有了些成果，最重要的就是讓范仲淹的心靈得到了昇華，他的成熟，從一定意義上來說，是宋朝之幸，更是宋朝子民之幸。但這樣轟轟烈烈的君子整風運動，如果站得稍微高一些，目光飄過宋朝的邊境，就會發現它們分文不值，異族人已經野心膨脹，磨刀霍霍，快到生死存亡的興衰關頭了。

同年十二月二日，河東方向大地震。而且這還只是開始，地震的餘波直到第二年仍在繼續。地震的危害，古今相同。但是在宋朝，立即就有人把它跟政治上的貪婪腐敗聯絡在了一起，言官、大臣集體上書，要求改變目前的局面，宋祁、韓琦、蘇舜欽、葉清臣、張方平、張觀等人就是這些士大夫的典型代表，他們紛紛發表自己的意見，抨擊時政，要求朝廷改弦更張。當時一些士大夫為范仲淹等人鳴不平，屢屢上書皇帝。興起了朋黨之論。寶元元年十月，宋仁宗下詔禁止這種現象，宋仁宗的詔書說范仲淹等人被貶並非詆毀宰相呂夷簡，而是涉及擁立太子之事，從今以後，朝廷內外官僚凡上書論及范仲淹被貶一事者一律按朋黨論處。從此以後，朋黨之論才漸漸平息。

自從原來臣服宋朝的西夏國主李元昊稱帝，公開與宋朝對抗以來，與夏鄰界的陝西形勢就非常吃緊。韓琦從四川剛回到京城，就向朝廷詳細剖析了陝西邊備形勢，隨即被任命為陝西安撫使。到了陝西，他看到苛捐雜稅很重，百姓非常窮苦，便一律予以免除。康定元年正月，元昊大舉圍攻延州，守將劉平、石元孫在三川口兵敗被俘，鎮守延州的范雍降職他調，韓琦大膽推薦被誣為「薦引朋黨」而被貶的范仲淹。五月，韓琦與范仲淹一同被任命為陝西經略安撫副使，充當安撫使夏竦的副手。韓琦主持涇原路，范仲淹主持鄜延路。

北宋王朝自建立到宋仁宗慶曆年，已經統治了八十餘年，其間階級矛盾和民族矛盾日趨尖銳，財政危機日益加深。宋初以來，大官僚大地主階級竟相兼併土地，造成「勢官富姓，占田無限」的嚴重局面。土地集中的過程，就是農民們傾家破產、流離失所的過程。同時，宋初一些強化專制主義中央集權的政策和措施，逐漸轉化成為它的對立面，「冗官」、「冗兵」和「冗費」與日俱增，使宋封建國家陷於積貧積弱的局勢中。

宋太祖開寶年間，作為正規軍的禁軍約有三十八萬人，宋仁宗時為對西夏用兵和加強對內鎮壓，各路廣募兵士，僅禁軍就激增至八十萬人說，但認為觀念只是作為傾向或稟賦「潛在」於人心中，必因而，從太宗統治後期的王小波、李順起義到宋仁宗慶曆年前的四十多年中，農民和士兵的反抗鬥爭「一年多如一年，一火(伙)強如一火」。

北宋階級矛盾和民族矛盾日益嚴重，統治集團面臨危機四伏的局面，士大夫感到必須採取措施，擺脫困境。因而有些人對當時死氣沉沉的官僚政治提出批評，提出了改革弊政的主張。如寶元二年同判禮院宋祁上疏，以為國用不足在於「三冗三費」。「三冗」是全國有定官而無限員，各級官員比前增加五倍；幾十萬廂軍坐耗衣食；僧尼道士人數日增而沒有限額。「三費」是道場齋醮、百司供費無數；京師多建寺觀、多設徒卒，增添官府衣糧；大臣罷黜仍帶節度使銜，靡費公用錢。他主張裁減官員，節省經費。長期擔任宰相的呂夷簡則指責這些不滿統治現狀的官員是「朋黨」，對他們加以打擊排斥。在對時政不滿，要求有所改革的官員中，核心人物是范仲淹。

慶曆三年初，宋廷對夏戰爭慘敗後，農民起義猶如山雨欲來，而宰相呂夷簡對此束手無策。宋仁宗在改革呼聲的推動下「遂欲更天下弊事」，遂於這年三月罷去呂夷簡的宰相兼樞密使職事，任命歐陽脩、餘靖、蔡襄等人為諫官，歐陽脩他們性格耿直，說話無所避諱，使朝中小人時刻感到不安。

這個時候西夏的李元昊已向仁宗請和，這時李元昊已經很強大了，可宋朝還完全無視李元昊已經發展到了什麼程度。倒是急著要面子拿出一套方案來。

第一，削奪李元昊在宋朝的一切官職，但姓還給他保留著。宋史中一直稱他為「趙元昊」，牢牢地把他釘在了家臣的身分上；

第二，立即關閉陝西、河東方面與西夏的榷場貿易，再不和他們作買賣；

第三，下令搜捕李元昊派來進入宋朝境內的探子，並且出到了抓到一人，賞錢十萬貫的賞格；

第四，加強邊境上的軍事力量，派夏竦知永興軍（今西安）、范雍知延州（今延安），各兼任本部都部署，隨時進入戰爭狀態；

第五，派人追上返程的西夏使者，把李元昊帶來的禮物同樣退還……於是仁宗下詔召夏竦為樞密使。

夏竦出身將門，他的父親夏承皓早年曾侍奉內廷，一個冬日的清早，夏承皓在上班的路上，撿到一個男嬰，夏承皓沒有孩子，便帶回家撫養了，這個男嬰就是夏竦。

夏竦後來長大了，靠詩文起家，又靠獻詞得寵於真宗皇帝，是不折不扣以詩文得寵的桂冠詞人。

《宋史》上說：「竦材術過人，急於進取，喜交結，任數術，傾側反覆，世以為奸邪」也就是說夏竦心眼子賊多，說起話來官冕堂皇，矇騙了許多人。

夏竦的豪奢放縱是北宋一景。他出門時，要把兩輛車馬聯起來，中間用所費數千兩的錦帳相聯，組成一輛超豪華房車。夏竦就躺在這溫柔鄉里招搖過世，顯擺裝闊。人們常說夏竦是個異人，睡覺時遍體寒冷，猶如死人，醒來時，必須要叫人把身體弄熱才行，這其實都是夏竦的一個貴族生活習慣所造成的。每天清晨，夏竦都要喝上兩碗石鐘乳粥，這石鐘乳粥是有毒的，大概是與魏晉人服藥差不多的。魯迅在《魏晉風度及文章與藥及酒之關係》說的清楚，服藥之人，身體多是忽熱忽冷，要「行散」才能解決痛苦。中國文人服藥始於三國何晏，服的叫做「五石散」，主要由石鐘乳，石硫黃，白石英，紫石英，赤石脂調和而成。夏竦服的「石鐘乳粥「可能和「五石散」差不太多，只不過一個算是鴉片，另一個可能就是海洛因了。

夏竦名聲不佳，待人刻薄，一次他問門人，為何寇準豪奢似我，世人多稱許，而獨對我頗有微詞？門人說，人家寇相爺當年在效外飲宴，見一卸任縣令路過，尚能招來同飲，您老人家把出京入京的士大夫都得罪挖苦遍了，哪個能說你的好呀？夏竦默然，但是放縱仍如從前。

可惜呀，夏竦空談涼州曲，卻無經世大才。西夏崛起，邊陲吃緊，夏竦「拜奉寧軍節度使、知永興軍，聽便宜行事。徙忠武軍節度使、知涇州。還，判永興軍兼陝西經略安撫招討，進宣徽南院使」又是軍區司令員，又是地方大員，此刻夏竦這個只會空言的奸邪之徒便漏了餡了。夏竦初到邊關，雄心萬丈，發了榜文，宣告「有得元昊頭者，賞錢五百萬貫，爵西平王」乖乖！五百萬貫呀，那《水遊傳》裡的生辰綱好像也不過就十萬貫吧，還能封王！夏子喬想以這小伎倆來羞辱元昊。那李元昊何許人也？輕描淡寫，化解來招。無昊命人入城，故意遺箔於市，路人多有拾得，展開一看，上書：有得夏竦頭者，賞錢二貫文！一傳十，十傳百，四方皆知，成為笑談。夏竦這才看清楚了現實，李元昊不僅能打仗，更會開玩笑，是個全面型的對抗人才。

就是這麼個活寶，說起來一套一套的，做起來就不行了。歐陽脩他們就給仁宗上書，「疏上說夏竦在陝西時候非常怯懦，不肯為朝廷盡心盡力，而且喜歡用陰謀算計別人，為人奸邪。」中丞王拱辰也說：「夏竦經略西師，無功而返，現在這樣的人也能進二府（宋代為了加強對內控制，以掌管軍事的樞密院（西府）和掌管政務的中書門下（政事堂、東府）共同行使行政領導權，並稱為『二府』，為當時最高國務機關。），今後拿什麼來激勵世人呢！」仁宗無奈，只好罷免了夏竦樞密使一職，改由杜衍擔任。

在范、韓等人苦心經營下，邊境局勢大為改觀。這時，西夏國內出現了各種危機，西夏軍將領中間，也矛盾重重。至慶曆二年以後，邊界自西夏向宋朝投誠的人，已陸續不斷。宋夏兩國的百姓，都希望儘快停止軍事行動。雙方議和的使節，也開始祕密往返於興慶府（今銀川市）與汴梁之間。慶曆四年雙方正式達成和議。宋夏重新恢復了和平，西北局勢得以轉危為安。

同年，仁宗下詔命韓琦、范仲淹回京，加封為樞密副使，不久，又讓范仲淹參知政事，任命富弼為樞密副使，這一班朝臣中，當時名士居多，士大夫交口稱讚，以為可以有所作為了。國子監直講石介高興地說：「這這是一大盛事啊。」於是創作了一首《慶曆聖德詩》，詩中說：「眾賢之進。如茅斯拔。大奸之去。如距斯脫。」大奸指的就是夏竦。石介的老師國子監直講孫復說：「石介因為這首詩一定會惹來禍端的。」范仲淹聽到後也對韓琦說：「都是這樣的鬼怪之輩要壞我們的大事了。」

范仲淹就職後，宋仁宗在召對中，對范仲淹、富弼等特別禮遇，並曾多次催促，要求他們立即拿出一個使天下太平的方案來。於是在一片改革呼聲中，范仲淹、富弼等人綜合多年來的改革意見，並加以補充發揮，於慶曆三年九月將《答手詔條陳十事》奏摺呈給宋仁宗，作為改革的基本方案。向仁宗上十事疏，與富弼共同提出了明黜陟、抑僥倖、精貢舉、擇官長、均公田、厚農桑、修武備、減徭役、覃恩信、重命令等十項以整頓吏治為中心的改革主張，裁汰內外官吏中老朽、病患、貪汙、無能之人。史稱慶曆新政，宋朝第一次改革。

因為他的這些主張侵犯了朝廷中一些小人的利益，因此導致了這些小人的強烈不滿。仁宗聽取了范仲淹和富弼的建議後，銳意求治，多次召集輔政大臣逐條對答天子的垂詢。范仲淹文武全才，有宏大的氣節，經常說：「讀書人應當先天下之憂而憂。後天下之樂而樂。」於是與富弼日夜謀劃，打算改革朝廷的弊端。選臺省中有作為的大臣為諸路轉運使，罷黜監司中無能之人。新法規定官員必須按時考核政績，以其政績好壞分別升降。更改蔭補法，規定除長子外，其餘子孫須年滿十五歲、弟侄年滿二十歲才得恩蔭，而恩蔭出身必須經過一定的考試，才能補官。又規定地方官職田畝的數量。四年三月，更定科舉法。另外，還頒布減徭役、廢並縣、減役人等詔令。由於新政觸犯了貴族官僚的利益，因而遭到他們的阻撓。夏竦怨恨石介排斥自己，又要倒向富弼，便讓自己的女奴暗中模仿石介的筆跡。將「伊周」改成「伊霍」，並且偽作石介為富弼撰寫的廢立詔書的草稿，然後將此事告知仁宗。仁宗雖然不相信，但是富弼和范仲淹心中都是恐懼不安。此時正好趕上契丹攻打西夏，於是富弼和范仲淹均上書朝廷請求去戍邊。次年（慶曆四年）六月，朝廷任命范仲淹為陝西河東宣撫使。八月，任命富弼為河北宣撫使。富弼和范仲淹外調以後，石介心中也非常不安，於是也請求外調，仁宗任命他為濮州通判。

同年九月，杜衍被任命為同平章事。杜衍務裁僥倖。每有內降。率寢格不行。積詔旨至十數。輒納帝前。帝嘗語歐陽脩曰。「外人知杜衍封還內降耶。凡有求於朕。每以不可告而止者。多於所封還也。」范仲淹、富弼外任宣撫以後，攻擊和打壓他們的人越來越多，只有杜衍能為他們說話，因此朝廷的那些小人又紛紛嫉恨杜衍。

這個時候，杜衍的女婿蘇舜欽在進奏院工作，進奏院是一個文書中轉機構，日常工作就是轉抄、拆封檔案，每天都有一大堆封紙報廢。由此，賣廢紙便成了進奏院預算外收入的主渠道。

宋仁宗慶曆四年秋，恰逢賽神會，蘇舜欽與同僚劉巽動用賣廢紙的錢，籌劃一個大型酒會，宴請賓客。蘇舜欽不僅邀請了京城裡的一些名士，還請了兩名女伎助興。為示公私分明，蘇舜欽還自掏腰包，拿出十兩銀子，作為喝酒錢，對於被邀請的客人，也要求他們拿出數量不等的喝酒錢。王益柔在這個宴會上作《傲歌》，詩中有「醉臥北極譴帝扶，周公孔子驅為奴」兩句。讓人抓住了話柄。

御史中丞王拱辰認為，蘇舜欽舉辦的這次酒會是典型的公款吃喝、招伎玩樂的腐敗行為，並上書彈劾蘇舜欽監主自盜。蘇入獄受審，後以監守自盜罪削職為民，閒居蘇州。其他赴宴者十餘人也悉數被貶官，被逐出開封城。就連當時助興的兩位「小姐」也被官府枷起來審問。蘇舜欽的岳父杜衍也遭受牽連，被迫下臺。王拱辰本來想借這個機會往范仲淹身上潑臟水，他指控蘇舜欽等人誹謗周、孔，犯大不敬之罪，要求誅殺王益柔。幸得韓琦及時進言，仁宗從輕發落，將蘇舜欽從官府中除名，王益柔等人貶官了事。王拱辰等成功打擊了改革派官員，甚為得意，聲稱「一舉網盡」。

慶曆五年正月，杜衍被貶到兗州，范仲淹被貶到邠州，富弼被貶到鄆州。韓琦上書請求朝廷不要讓杜衍等外任，未予通報。琦乃請外。同年三月，韓琦貶到揚州。河東轉運使歐陽脩上書，稱杜衍等都是有才能的人，不應該罷免或外放，結果歐陽脩也被貶到滁州。至此范仲淹所制定的磨勘、蔭子及科舉新法被全部停止。

改革的廣度和深度，往往和它遭到的反對成正比。大批守舊派的官僚們，開始竊竊私議。御史臺的官員中，已有人抨擊某些按察使——說什麼「江東三虎」、「山東四伥」。范仲淹在邊防線上的幾員部將，也遭到祕密的調查，並遇到許多麻煩。歐陽脩等「四諫」，企圖攆走這些保守派的爪牙，另換幾名臺官。但他們很快發現，臺官背後，掩藏著更有權勢的人物。歐陽脩本人，反被明升暗撤，離京出使河東。范仲淹預感到，事情絕不像石介頌揚的那麼簡單：改革路上，隱患重重；新政前程，也岌岌可危。

慶曆四年仲夏時節，臺官們忽然聲稱破獲了一起謀逆大案。該案直接涉及的，是石介和富弼。仁宗不信會有這等事情。石、富二位，更覺莫名其妙。但是，臺官卻有石介給富弼的親筆信件作證；而信中又隱然有廢黜仁宗之意。石介對此，矢口否認。富弼未及辯誣，先已惶恐不迭。其實，此事純為夏竦一手製造。從他被撤去樞密使職、並被石介斥為「奸魅」時起，便祕密買通婢女臨摹石介的手跡。該婢臨寫之功，已非一日。

此案一興，蜚語四起；後來，甚至牽連到范仲淹改革的誠意，乃至擴大相權的居心之類。宋仁宗雖然對這件事未必全信，但看到反對革新的勢力這麼強大，他開始動搖了，這時，宋夏之間已正式議和；政治危機，也大略消弭。仁宗對於改革的興致，已漸冷漠和淡釋。富弼為了避嫌，請求出使邊地。范仲淹也自知無趣，帶職去視察河東與陝西。

宰相章得像和副相賈昌朝，當初曾附和過范仲淹的新政。但在實際執行中，他們卻陽奉陰違。待到新政受挫，革新派遭誣，他們便立即轉向。范、富離京之後，他們索性與保守勢力聯合，對范仲淹等人落井下石；並透過臺官，製造新的冤案，將在京的革新人物一網打盡。

范仲淹的改革，雖然主要是為了鞏固北宋王朝的統治，但對官僚機構的整頓，卻不能不觸犯那些在因循腐敗的官僚制度中獲得利益的勢官權貴的利益。正因為如此，主持「新政」的范仲淹等人遭到各種無端的誹謗，攻擊范仲淹、富弼是「朋黨」的論調更是甚囂塵上。

「朋黨」是宋朝統治者極為敏感的一個問題。為維護皇帝的專制統治，宋初以來設立了許多防微杜漸的政策，其中之一就是嚴禁臣僚們結成朋黨，他們以唐代牛李黨爭為鑒，明令禁止科舉考試中考官與考生之間結成座主與門生的關係。

范仲淹與呂夷簡矛盾發生後，宋仁宗於寶元元年詔誡百官朋黨，對范仲淹早就存有戒心。只是由於國內外局勢險惡，不得不起用范仲淹，並賦以改革重任。當著朝廷上下、宮廷內外反對改革的叫囂連成一片之際，宋仁宗那迫切更革弊事的心情很快就消失了。特別是當著最敏感的朋黨問題響徹朝廷，歐陽脩的《朋黨論》、范仲淹的奏言又直言不諱地承認君子也分朋分黨之時，宋仁宗對范仲淹和富弼便不再信任，讓范仲淹出任陝西、河東宣撫使，罷去參知政事的職務。到慶曆五年初，范仲淹、富弼又被以更張綱紀，紛擾國經等罪名貶黜。朝中支援新政的官員也都被貶官到地方任職，已經頒行的磨勘（考績）、蔭子等新法也被宣布作廢，「慶曆新政」推行僅僅一年左右就曇花一現地夭折了。

慶曆新政失敗了，但社會矛盾並未緩和，財政危機更加嚴重，在這種情況下，士大夫要求改革的呼聲此起彼伏，一場更大規模、更為深刻的改革運動已在醞釀之中。而保守勢力和改革勢力之間的界線也逐漸明晰。

仁宗沒有兒子，英宗幼年被仁宗接入皇宮撫養，賜名趙曙。嘉祐八年。仁宗崩，趙曙即位。史稱宋英宗。尊皇后曹氏為皇太后，大臣都加官進爵，宗師諸王也都加以分封。

英宗親政僅半個月，宰相韓琦等人就向英宗提議請求有關部門討論英宗生父的名分問題。當時仁宗逝世已有十四個月，英宗批示，等過了仁宗大祥再議，也就是待到滿二十四個月再說，這顯然是英宗為了減少追封的阻力而做出的姿態。治平二年四月九日，韓琦等再次提出這一議題，於是，英宗出詔將議案送至太常禮院，交兩制以上官員討論。由此引發了一場持續十八個月的論戰，這就是北宋史上有名的「濮議」。

結果，以王珪為首的兩制認為，濮王於仁宗為兄，英宗應稱其為皇伯，而以韓琦、英宗像歐陽脩為首的宰執們則認為，英宗應稱其為皇考，他們還請求英宗將兩種方案，都提交百官討論。英宗和宰執們原以為，大臣中一定會有人迎合他們的意圖，誰知情況恰恰相反，百官對此反應極其強烈，大多贊同兩制官員的提案。一時間，議論紛紛。就在這時，太后聞訊，親自起草了詔書，嚴厲指責韓琦等人，認為不當稱濮王為皇考。英宗預感到形勢的發展於己不利，不得不決定暫緩討論此事，等太后迴心轉意再說。

這樣，經過長時間的爭論，英宗和韓琦等人逐漸意識到，要想取得這場論戰的勝利，曹太后的態度是關鍵，只有爭取太后改變態度，釜底抽薪，才能給兩制和百官以致命一擊。治平三年，中書大臣共同議事於垂拱殿，當時韓琦正在家中祭祀，英宗特意將其召來商議，當時即議定濮王稱皇考，由歐陽脩親筆寫了兩份詔書，交給了皇上一份。到中午時分，太后派了一名宦官，將一份封好的文書送至中書，韓琦、歐陽脩等人開啟文書，相視而笑。這份文書正是歐陽脩起草的詔書，不過是多了太后的簽押。曹太后一直與養子英宗不和，這一次竟不顧朝廷禮儀和群臣的反對，尊英宗的生父為皇考，確實令人費解。於是，便有了諸多傳言。有人說，這一關鍵性的詔書乃是曹太后前日酒後誤簽，次日，太后酒醒，方知詔書內容，但後悔已經晚了。另一傳說則稱，太后手詔的發表，是大臣韓琦、歐陽脩等人交結太后身邊的宦官，最終說服了太后。但無論如何，白紙黑字，太后是不能抵賴的。

不管曹太后的詔書是否出於情願，卻正合英宗的心意，英宗便立刻下詔停止討論。同時又將宰執們召來，商量如何平息百官的情緒，以穩定時局。韓琦對英宗只說了一句「臣等是奸是邪，陛下自然知道」，便垂手不言。歐陽脩更是非常明確地對英宗道出了自己的觀點，御史既然認為其與臣等難以並立，陛下若認為臣等有罪，即當留御史；若以為臣等無罪，則取聖旨。英宗猶豫再三，最後還是同意了歐陽脩等人的意見，將呂誨等三名御史貶出京師。英宗明白這三個人無過受罰，心中也很過意不去，特地對左右人道：「不宜責之太重。」同時宣布，濮安懿王稱親，以塋為園，即園立廟。英宗的這項決定，遭到了朝臣的堅決抵制，包括司馬光在內的臺諫官員全部自請同貶，甚至英宗在濮邸時的幕僚王獵、蔡抗均反對稱親之舉，這是英宗萬萬沒想到的。在嚴厲處分呂誨等人的同時，英宗又不得不拉攏反對派主要人物王珪，許以執政職位，可以說是軟硬兼施。為了生父死後的名分，英宗絞盡腦汁，用了各種手段，耗費了十八個月的光陰，才最終達到目標，英宗篤孝的品行就以這種奇特的方式體現出來。其實，「濮議」並非單純的禮法之爭。司馬光等臣僚堅持濮王只能稱皇伯，是希望英宗能以此收拾天下人心，維護統治集團內部的團結。而韓琦、歐陽脩等掌握實權的宰執們考慮的問題則更現實，深知仁宗已死，太后已無能為力，他們要一心一意地擁戴英宗，因為畢竟英宗是皇權的現實代表。等掌握實權的宰執們考慮的問題則更現實，深知仁宗已死，太后已無能為力，他們要一心一意地擁戴英宗，因為畢竟英宗是皇權的現實代表。

一、北宋的人力資源問題

唐末宋初是人才非常缺乏的時期。而國家的強弱取決於人才的多寡。唐朝的治國方略與古人相似，而宋朝的治國方略跟清朝相似，唐朝多次受到外圍勢力的打擊，但最終走向強大。而宋朝越往下發展國力越微弱。一個國家的治理，能否得到有才能的人相助是非常重要的。在唐代，有才能的人都想建功立業，而到了宋代，有才華的人或者孤芳自賞或者獨善其身。這是為什麼呢？唐太宗以文治武功征服天下群雄，天下人才全部聚集於麾下，對於那些指出他缺點的人多能褒獎。他將任賢唯能列為家法，唐朝三百年天下賢相名卿不計其數，天下有才能的人爭相來投。宋太祖是從孤兒寡婦手中奪取的天下。所以怕有朝一日這樣的事情再次發生在自己身上，所以他用人不喜歡有傑出才能的人。於是強化鞏固尚在襁褓中的趙宋王朝，加強王權就成了他的必然選擇，透過採取「收起精兵，稍奪其權，制其錢谷」的三大綱領，巧妙的「杯酒釋兵權」「削弱相權」「罷黜支郡」「強幹弱支」「內外相維」「三年一易」「設定通判」「差遣制度」等等將軍權，行政權，司法權，財政權牢牢控制。一舉產平了藩鎮割據武夫亂政的歷史狀況。所以宋朝三百年的歷史中從不曾發生大的內亂和地方割據，但也因為如此，重文輕武的政策促使「萬般皆下品，唯有讀書高」觀念在全社會迅速傳播開來。

而宋朝公務員的薪水很高，讀書就等於走向富貴，宋朝人不斷用勤奮與激情演繹著這個並不確定的公式。反映到社會生活上就是：大齡未婚女遍地都是，三十歲、四十歲嫁不出去的女人大有人在。

當然宋代是婚姻不問閥閱的時代，再加上朝廷所實行的政策，使得當時的達官顯貴，富室豪商在選擇女婿時「一不問家世」，「二不問人品」，「三不問婚否」，只要是考中了進士就是他們選擇的物件，這種現象的出現使得考中進士的男人十分搶手，簡直比全球限量版的路易威登還暢銷。有時有的大家族由於出手晚了，而未能招得進士為婿，全家人一起後悔。因此，後來每逢到科舉考試揭曉的那天，整個首都開封完全是一派熱鬧非凡的景象，凡是家中有女的官僚地主家庭一大早便全家老幼齊上陣，紛紛出動「擇婿車」，到金明池上路，鉚足了勁爭相搶新科進士做女婿。這種事情在宋朝有個專門的稱呼——「榜下擇婿」。

宋代榜下擇婿之風的盛行，無疑是直接地被當時的政治制度所決定的。與其時中上層社會的心理狀態，也關係極大。如果說魏晉南北朝時期在嚴格的門閥政治下，形成了「崇尚閥閱」的社會心理。婚姻「重其門第」即是「尚姓」的表現。那麼兩宋時代在典型的官僚政治下，便形成了「崇尚官爵」的社會心理，而榜下擇婿即是「尚官」的反映。宋代也確實是個「尚官」的時代，宋人把宋代社會稱為「官人世界」可謂一語道破。不過，天下的男人雖然多，皇帝的烏紗帽就那麼幾頂，每年的新科進士加起來也就幾百人，但是天下想攀龍附鳳的女人卻千千萬萬。在這種狼多肉少的情況下，搶不到肉的畢竟是大多數，所以第一年搶不到就得再等一年，天天等，年年等，黃花女終於熬成了黃臉婆。

如此循環，當讀書成為生活乃至生命的一部分，進而由嚮往演化為精神時，它就脫胎成社會風尚。

北宋末年的戰爭與和平

自古以來書生都是意氣用事的，談論的事情多而能做成的事情很少。北宋的宋徽宗，擅長書畫，同時兼有了文學家和美術家的特長，這便是天生的不適宜搞政治活動。他所用的大臣，都是出自童貫、蔡京、王黼、梁師成的門下，沒有一個能達到天下人的期望。李綱、種師道並非近臣，卻突然間便大權在握，被一群小人所嫉妒。他們所主張的堅決抗金及反對投降活動，懦弱委靡的欽宗所又不敢去做。而城中百姓和士兵都歡迎二人，這又容易招朝廷的忌諱。於是白時中、李邦彥、張邦昌、唐恪、耿南仲等人蠱惑聖聽，一味實行投降策略，指望以割地賠款加自虐宋軍獲得和平而不顧城鎮的守備和軍事策略的部署。直到太原、真定相繼被金人攻陷，交通要塞已經失去，而朝廷尚在下詔令百官議論三鎮得失。所以金人曾經對宋使說：「等你們宋國討論完畢，我都已經打到你們家門口了。」正如民間諺語所說：「秀才造反，三年不成。」北宋末年的官員都是這樣的秀才之流，他們議論了三年也沒有定論。所以北宋的議和與南宋的議和內在情況是大不相同的，南宋是出於不得已，北宋則是能行而未行了。下面我們將詳細說說。

唐朝末年，軍閥割據。在劉仁恭、劉守光父子做盧龍節度使的時候，多次和梁、晉交戰。契丹太祖耶律阿保機渾水摸魚，趁機奪取了唐朝的營（今熱河朝陽縣）、平（今河北盧龍縣）、灤（今河北灤縣）三州，使得河北東北部與熱河東南部相繼淪入契丹國的掌握之中。唐朝滅亡之後，在中原地區相繼出現了五個朝代和割據於西蜀、江南、嶺南和河東的十幾個政權，合稱五代十國。後來五代中後晉的王存勖消滅了劉守光進而兼併了這些地盤。

契丹與後晉是鄰國，後晉的李克用和剛建立後梁的朱溫長年對立交戰。這種形勢對阿保機開疆拓土非常有利，阿保機想建立一個南到黃河，北至漠北的北方大國。為此，他首先南下，偷偷地攻打幽州，因此與晉交兵，相互間互有勝負。山後朔州（今山西朔縣）、蔚州（今察哈爾蔚縣）、新州（同今涿鹿縣）、武州（同今宣化縣）、儒州（同今延慶縣）等州大多數都相繼被其攻下，只有幽州一直沒能拿下。

後唐李嗣源病死後，兒子李從厚繼位。讓在陝西的李從珂任河東節度使，李從珂則發動了兵變，並趁機聯合石敬瑭奪取了後唐的政權。

李從珂繼位以後，雖然石敬瑭幫他除掉了李從厚這個後患，但並沒有信任他，反而將石敬瑭當成最大的威脅來對待。想盡辦法要將他調離河東這塊根據地。石敬瑭回去之後，更是小心防範，並想奪取後堂政權，由於力量不足，四十三歲的石敬瑭認了契丹三十三歲的耶律德光為父親，許諾了賣國條件：將幽州、薊州、瀛州、莫州、涿州、檀州、順州、新州、媯州、儒州、武州、雲州、寰州、應州、朔州、蔚州等十六州（今察哈爾口北道山西雁門道全部）全部割讓給契丹以示友好，這是將燕雲十六州割讓給契丹的開始。於是萬里長城與燕山山脈的險要地段全部淪入契丹人手中，竟至河北北境無險可守，使得契丹人能夠自由出兵侵略河北。後晉的滅亡，實際原因也正在於此。

後周的周世宗在位時，親自率領將士攻打契丹，取得了瀛州（今河北河間縣）、莫州（今河北任邱縣）、易州（今河北易縣）三州，自此瓦橋關（今河北雄縣）以南重又回到中國版圖。周世宗乘勝追擊，打算奪回幽州，但是因為在半路上生病，只好作罷。

宋太宗在位，兩次派出重兵，希望能奪回幽州，但後來都被契丹給打敗，從此以後，河北常年需要花費大量的時間和精力抵禦外寇入侵。

宋真宗在位時，契丹聖宗大舉入侵南部地區，攻至澶州（今河北大名道濮陽縣）時，參知政事王欽若和同知樞密院事陳堯叟都勸真宗南遷，宰相寇準竭力勸說，最終真宗御駕親征，並一舉擊敗契丹的前鋒軍隊，大挫遼人的囂張氣焰。遼人加緊了向真宗請和，但是要求真宗向遼國稱臣，獻出幽燕之地作為稱臣的前提。真宗此時年少氣餒，本來就想見好就收，加上身邊近臣的蠱惑，就答應了遼國提出的要求，每年向遼國進貢歲幣三十萬，這是中國向契丹進貢歲幣的開始。

宋仁宗在位時，定難（今陝西榆林道）節度使趙元昊判上作亂，陝西州郡大部分都被其攻陷。契丹興宗乘仁宗與元昊交兵之際，屯兵河北，聲言南下，並且派遣使者向仁宗所要瓦橋關南的十個縣。仁宗不願意給他，但是又不敢和他交戰，於是派遣使者去議和，許諾在原有三十萬歲幣的基礎上再增加五十萬歲幣。

宋神宗在位時，派軍隊去籌劃治理河湟、綏附及西南周邊的少數民族，在征服交趾後，又與西夏交兵，邊防多次發生征戰，而此時契丹的道宗乘虛而入，派遣使者要求神宗將河東（今山西中部及南部）邊境全部劃歸契丹所有。此時，因為西北西南同時在交戰，神宗已無力與遼國宣戰，只好同意了這個不合理的要求，重新劃定遼宋邊界，東西七百里、南北三十餘里的廣大土地全部被納入遼國版圖。

宋徽宗時，遼國的情況有了變化，這是因為遼國出了個叫天祚帝的敗家皇帝，這個天祚帝比較貪玩。有一年，天祚帝遊幸到混同江（松花江）。依照遼國禮制，周圍的節度使此時都要來拜會這位大國天子，並且要贈送地方特產。酒宴之間，天祚帝喝得高興，命各位節度使挨個跳舞助興，偏偏生女真節度使完顏阿骨打一臉沉靜，推辭說不會跳舞。

首領們被命令依次起舞，本來就是作為臣服的一個象徵。阿骨打拒絕這樣做，甚至是接到多次命令而再三也是拒絕。在當時的情況下是很不給天祚帝面子的。天祚帝就動了殺機。雖然權臣蕭奉先勸阻了天祚帝。但這個疙瘩卻在阿骨打心裡繫上了。

後來阿骨打臥薪嘗膽的使得女真部快速崛起，這引起了遼國統治者的警覺，更加緊了對女真部的壓制以及迫害，阿骨打反遼的想法更加強烈。

西元一一一五年，完顏阿骨打在阿什河畔登基，正式稱帝建國，國號大金，史稱金太祖。

遼天祚帝聽到女真建國後又驚又怒，本來以為阿骨打在深山老林裡面折騰折騰也就算了，最多再給你一點地方歸你管我也忍了，竟然還敢立國，於是自率十幾萬大軍御駕親征，心裡想著不脫光膀子還打不過你了呢。

阿骨打心裡也沒有多大的把握，看到天祚帝要跟他玩兒命，也很害怕。他召集部將開會，眼淚嘩嘩地說：「今日之戰事均由我起，我願意把自己綁起來向遼國謝罪，你們把我送去，免得有刀兵之苦。」諸部將一聞此言群情激憤，紛紛表示要努力殺敵，不辜負領導的期望。

金國當時滿打滿算只有兩萬兵，兩軍相會，女真戰士以一當百，銳氣正盛，竟把遼軍殺得屍橫遍野。遼國的軍隊主力潰散，從此難以立國了。

從此以後，金國不斷地進兵，遼國不斷地失敗，天祚帝不斷地逃跑，幸好遼國有五個京城，他可以輪流地去避難。

宋朝看到金國對遼國摧枯拉朽的攻勢，覺得遼國滅亡的時間不遠了，想在火中取栗，趁機撈一把，派遣趙良嗣出使金國，沒有帶著兩國交好的國書，但是帶著宋徽宗的御筆，準備隨時簽署協議。名義上仍然是買馬，實際上就是具體落實約金攻遼，希望成功後收回燕京一帶土地。

趙良嗣，原名馬植，祖籍是燕雲十六州的北部地區，自從遼國占據燕雲十六州以後，馬家成為遼國的漢族大姓。這個馬植曾經在遼國做官，因人品不好，為同僚所排擠，眼看就混不下去了，看到隔壁鄰居的女真人日益強大，對遼國構成了強大的威脅，而遼國卻不思進取日益腐敗，便想為自己謀取一條後路，繼續騎在人民的頭上作威作福。因為他是漢人，便想投靠宋朝，正巧趕上童貫出使遼國，馬植覺得機不可失，時不再來，在童貫路過燕京時，連夜要求拜見童貫。

一見面，馬植立即來了一個北宋版的「隆中對」：「大宋本是天朝大國，皇上聖明（不知道聽誰說的），萬民恭順。馬植本為漢人，心儀大宋許久而報國無門。遼國本是夷狄禽獸之流，現天祚帝荒淫無道，已成奄奄一息之態。不僅僅大宋對燕雲十六州有收復之志，女真人也對遼國恨之入骨。如果大宋派遣使臣與金國結盟，南北夾擊共滅遼國，則祖宗基業可復，一統天下！」

童貫聽後，喜出望外，認為馬植乃是一位深謀遠慮、志在天下的才俊之士，立即將其帶回宋朝，並且推薦給宋徽宗。宋徽宗也是一個目光淺薄之士，並且正在醞釀聯金滅遼，立即奉為座上賓，並賜國姓「趙」給馬植。從此，馬植改名為趙良嗣，成了正經八百的「國姓爺」。

一一二〇年，趙良嗣作為大宋使者出使金國，阿骨打正在前線指揮，連吃飯的時間都沒有。他沒有馬上和趙良嗣商討夾攻遼國之事，而是讓趙良嗣跟隨金軍觀看金軍如何攻占上京。金太祖確實是用兵如神，用了大約兩三個時辰就把遼上京攻下來了，充分地向對方炫耀了武力。

隨後，雙方開始談判夾攻遼國之事，最後達成如下協議：

一，金兵自平地松林（今熱河圍場縣）至古北口（屬河北密雲縣跨燕山山脈上之萬里長城為北平熱河交通要道）出兵，宋兵自白溝（今平南琉璃河）出兵，共同夾攻遼國。

二，事成之後，山前和山後十七州歸宋國所有。

三，宋國向金國納獻歲幣數與給遼國歲幣數目相等。

總體看來，這個合約宋除了獲得燕京一帶的土地之外，其餘的地位與宋遼關係相比沒有任何的變化。

即使是不平等條約，考慮到可以藉機收回魂牽夢縈了一百多年的「燕雲十六州」的燕京部分，宋朝軟弱無能的統治者也全部答應了。由於雙方的使者是從海路走的，宋金結盟又被稱為「海上之盟」。

宋金結盟對於三個當事國的發展產生了重大的影響。首先，宋金結盟極大地改變了金遼的力量對比。雖然無能的宋軍在夾攻遼國的戰鬥中沒有發揮多大的作用，但是宋金結盟的現實對金人士氣的鼓舞是無法估量的。此後，金人堅定了滅遼的決心，促使正在進行的遼金議和迅速走向破裂，這不能不說與宋金結盟有一定關係。

其次，宋金結盟對於已經是日薄西山的遼國來說是致命的打擊。雖說宋軍在戰場上確實很廢物，沒有給遼國製造多少麻煩，但是至少牽制了一部分遼軍，並且在瓦解遼軍的鬥志方面造成了很大的作用，無疑加速了遼國的滅亡。

宋雖然可以收回五代十國以來丟失給遼國的部分土地，但是在與金的交往以及隨後的對遼戰爭中，把自己的腐朽懦弱無能表現得淋漓盡致，唇亡齒寒，宋最終成為遼國滅亡之後的下一個犧牲品。從最終結果可以看出，宋金結盟其最大的受害者是遼國，宋也沒有得到多大的好處，最多是滿足了一兩年的虛榮心就可恥地滅亡了，最大的勝利者是新崛起的金。

後來的「靖康恥」其實來源於「海上之盟」的草率決定，宋徽宗不該因為蠅頭小利就放棄了與遼國的百年友誼，況且唇亡齒寒的道理他也不考慮，是很沒有策略眼光的一招臭棋。

簽署此項合約的事兒是由童貫、蔡京主持的，熙河鈐轄趙隆極力勸說不能如此做，童貫不聽，帶領樞密院事鄭居中與他爭論到徽宗跟前，徽宗只好暫時停止議論此事。不久，因為金國在對遼戰役中屢戰屢勝，並攻下了中京和西京（今山西雁門道）等地，童貫便再次向宋徽宗進言，要發兵助金。鄭居中說：「不能做這種落井下石的事情」，宰相王黼不同意他的看法，宋徽宗於是下定了決心。宣和四年，下詔派遣童貫、蔡攸領兵十五萬，在北邊響應金兵。童貫多次進兵，但是都被遼國戰敗。

童貫為了逃避一再兵敗的責任，祕密派使者到金營，要求金軍出兵攻打燕京。金太祖親自出馬，率軍一舉攻下燕京，而宋軍卻沒有參戰。遼蕭妃和耶律大石逃出燕京，因無處容身，不得不重新投奔遼天祚帝。天祚帝殺死蕭妃後，殺氣騰騰地責問耶律大石為何要擁立耶律淳為帝。耶律大石慷慨陳詞說：「陛下（指天祚帝）以全國之力，不能拒擊金兵，而棄國遠遁，使百姓遭殃。所以，即使立十個耶律淳都沒有過錯，因為都是太祖子孫，這總比向金投降乞命要好。」天祚帝無言可對，只好赦免了耶律大石。

同年十二月，金太祖引兵進入居庸關，攻陷燕京（今北京），自此，遼國的「五京」已全部被金國攻下。

之前宋朝與金國有約，只要奪回從前割讓給遼國的石州、晉州，而沒有提及營州、平州、灤州三州，攻陷遼國以後，宰相王黼想同時要回營州、平州、灤州三州，並多次派遣使者趙良嗣去金國所要，金國不僅不同意，還責備宋朝出兵時延誤時間，只答應給燕京及山前六州（薊州、景州、檀州、順州、涿州、易州）。後來金國攻下燕國，卻派遣使者對宋徽宗說：「燕京是用金國自己的兵力攻下來的，燕京的所有賦稅應該歸金國。」王黼想在皇帝面前邀功，於是在除了進獻歲幣之外，還加上了燕京代稅錢一百萬緡。金人貪得無厭，又向宋朝要糧食，趙良嗣答應給二十萬石。

宣和五年四月，金國將燕京及涿州（今河北涿縣）、易檀（今河北密雲縣）、順州（今河北順義縣）、景州（今河北津海道遵化縣遼置景州）、薊州（今河北薊縣）六州之地還給宋朝，而山後諸州及西北一帶連綿山川均沒有歸還，營州、平州、灤州三州，不是後晉的石敬瑭賄賂契丹的土地所以不全屬於燕地所以還是需要各守所得。已經歸還的土地上的金帛財物及官員百姓全部被金人驅掠到金國境內，宋朝所得到的不過是一座空城罷了。

燕雲十六州這個困擾了歷代北宋統治者的心病總算是沒有了，至少收回了燕京周圍的地區，可以有個交代了。為了這一天的到來，中原人民在後晉石敬瑭出賣燕雲十六州後等待了一百九十多年，沒有想到最終不是靠著武力奪回來的，是靠花錢買回來的。

宋徽宗看來對這個結果很滿意，為了慶祝燕山府「回歸祖國中原」的懷抱，徽宗皇帝命有司制「復燕雲碑」立在延壽寺內，表彰自己的「不世之功」。另外，組織「洗雪百年國恥，喜迎燕山回歸」

活動，在全國營造出一片安樂祥和、普天同慶的氣氛。

此外，徽宗皇帝大封有功之臣，人人都有肉吃，其中賜宰相王黼玉帶，加官為太傅（文官最高職）進爵為楚國公，童貫進爵為廣陽郡王，蔡攸加官為太子少師，趙良嗣加封為延康殿大學士。此時，京城內外一片歌舞昇平，繼續過著醉生夢死的生活，至於與金國還有購買土地的交割以及新占領地區的防禦問題也根本顧不上考慮。殊不知，這樣的日子已經不長了。

南宋政府的抉擇

政論發達和政黨間鬥爭激烈，是宋代政治的一大特色。北宋中期以後，士大夫因為一時意氣而相互爭鬥不休，不管是聰明人還是蠢人全部深陷黨爭之禍中。而他們所鬥爭的焦點就是舊法和新法。南宋建國以後，外患非常嚴重，士大夫把注意力從內部的黨爭鬥轉移到外部邊患問題的解決上，而對外態度的不同又引發新的黨爭，而這時候他們爭論的焦點在於：與金國究竟是戰，還是和。自古以來，大家都認為主張議和的多是小人，而主張交戰的大多數是君子。這是因為大家都忽略了當時的實際情況。

在當時，宋朝打不過遼國，遼國打不過金國。這也就是說宋朝的武力不如金國，此其一。

宋朝的根據地是在浙江，氣候溫暖，物產豐饒，山川明媚，風景美麗，民風文弱。金國的根據地在滿洲，氣候寒冷，物產缺乏，山川凜冽，風景蕭疏，民氣便多剛猛，富於冒險精神。加上又奪取了黃河流域，住在高大的房子裡俯視東南，有居高臨下之勢。江若海曾經說過：「如果把天下地勢比喻成蛇，那麼秦蜀就是蛇頭，東南就是蛇尾，而中原就是蛇的脊梁。如今將蛇尾做蛇頭，怎麼能帶動得了蛇的脊梁呢。」這也就是說宋朝的地勢不如金國，此其二。

金國的將相，都是出身皇族，宗室王公，都知道怎麼用兵，所以他們的朝廷與將帥的行動常常能保持驚人地一致。而宋朝的將相，分成了文臣和武官，文臣喜歡主和，武臣喜歡主戰，朝廷大臣與邊防將帥的意見經常發生衝突，在政治見解上無法達到統一。也就是說宋朝的黨爭太多，很難有統一意見，內部相互掣肘導致政局不如金國，此其三。

如果按照這樣來推斷，宰相秦檜之所以同意議和，並非是未加思索，而是當時形勢不得不讓他這樣做。

然而當時的書生，並不清楚當時的天下局勢，動不動就「尊王攘夷」來打動人。秦檜曾經被擄到金國，在金國生活了一段時間，也就非常了解宋金兩國的具體情況，所以到他當了宰相以後，才堅定的主張議和。

而當時號稱賢士大夫及後世主持清議的人都對他大加唾罵。如果能夠設身處地地想一想，這作為當時國家的一項計策，也是無可厚非的。最可恨的，應該是高宗的昏庸、懦弱，貪戀皇位，害怕打仗，一心只想苟且偷安。秦檜只不過是能夠揣度他的意思，阿諛逢迎他罷了，而高宗也是應為這樣的原因，與秦檜相處得十分愉快，對他言聽計從。議和以後，高宗不乘此機會臥薪嘗膽，休養生息，訓練軍隊，充實國庫，以便將來雪恥，卻沉迷於酒宴、歌舞，粉飾昇平。只要有反對議和的，不管這個人的人格怎麼樣，才氣如何，一律流放、誅殺、貶職，毫不愛惜。後來竟至殺害的岳飛，罷免了韓世忠，流放張浚，逼殺趙鼎。自己將自己送進火坑，卻一點也不知道後悔。雖說秦檜奸佞，排斥異己，主要還是因為高宗性情怯懦、嫉妒，生來就不喜歡君子而喜歡小人。現將其平生事跡記錄如下。

在金兵第二次圍攻開封的前夕，這次去議和的仍是趙構，不過這一次是完顏宗望點名讓他去的，因為完顏宗望後來知道這個人真的是親王，並不是大將的孩子，所以特後悔把趙構給放了。完顏宗望認為趙構是宋朝最有種的皇子，回去之後肯定是個禍害，所以第二次點名讓趙構赴金營議和。另派刑部尚書王雲，二人一起，出使金朝求和，走到磁州（今河北磁縣）時，王雲暗中勾結金人，準備挾持趙構去做人質，結果陰謀敗露。這時，磁州守臣是宗澤，宗澤對康王趙構說殿下您要去金營啊，不妥，說肅王到那兒去了，一去就被扣住了，再沒放回來，現在他們又要讓你去，明顯是要把您也扣在那兒，您也回不來，這是送死的事，咱不能幹。請他暫留磁州。

趙構到這個時候，他也能想得明白，白白送死的事，誰願意幹啊。所以趙構就在那兒沉吟，沉吟不語，因為他們相遇是在磁州城外，在一個小廟門口，在磁州城外相遇，所以趙構沉吟不語的時候，百姓們漸漸地就圍了上來。把趙構和王雲的隊伍水洩不通，走不了了。在這種情況下，王雲是急於完成使命後回朝覆命，所以王雲就喝斥百姓，朝廷自有法度在，你們這些人攔住出使的官轎，成何體統，都給我閃開，結果他一喊，老百姓的火就上來了。因為王雲曾經建議用堅壁清野抵抗金軍，於是就把城外面所有的民房全扒了，很多老百姓被強制拆遷了。而這個時候王雲又跑出來議和了。百姓就非常恨這個王雲，於是百姓一哄而上，毆打王雲，拽下馬就打，拳打腳踢，宗澤在旁邊看著不說話，士兵也都在旁邊看著，也都不說話，因為宗澤很鄙視王雲的為人，都不說話，趙構想說，眾怒難犯，這麼多人圍著王雲打，趙構就只好也不說話，一會兒把王雲打死了。

王雲的死給趙構留下非常深的陰影。王雲也是朝廷命官，這些暴民說打死就給打死這還了得了，趙構就在宗澤的磁州他就住下來了，王雲被打死了，趙構一想他都被打死了，我要是前去非要堅持議和，弄不好我就王雲第二，趙構於是就待在了磁州。

這時汪伯彥也送來帛書，請康王回到相州，並親率部眾一路風塵撲撲遠道相迎。趙構十分感動，當場許諾：「他日小王得見聖上，一定會首先薦公為京兆。」這一句話便奠定了汪伯顏日後受恩得寵青雲直上的錦繡前程。

再說京城汴梁，金兵的侵襲搔擾更加變本加厲，日勝一日。欽宗無奈，只好寫了份詔書藏到蠟丸裡，派使臣持蠟丸到相州面見康王趙構，封其為河北兵馬大元帥，陳亨伯為元帥，讓他們帶兵來援助。宗澤作為前鋒，屢次攻破金國的偏師。勸康王趕緊帶兵過河。而這時趙構實現了他的諾言，讓汪伯彥與宗澤同為副元帥，然後與眾人商議大軍去處。眾人意見紛紜，各執一端。有人以為應向北挺進，向金兵決戰，有人以為應退至江南，以求保全。趙構當然很害怕打仗，不願向北挺進，汪伯顏窺破了趙構的心思，就說：「非出北門濟子城不可。」此計正中趙構下懷，他高興地說：「廷俊之言有理。」於是引兵渡河，由鄆州、濟州到南京。康王又上奏欽宗請封汪伯彥為集英殿修撰。

這時欽宗又下詔書與趙構，說金人正準備與宋朝議和通好，康王將兵在外不要輕舉妄動。汪伯彥對趙構表示應嚴格恪守皇帝諭旨，宗澤卻一針見血地指出：「金人狂譎不可信，表面求議和通好，實則想施緩兵之計，如果我們相信金人之言，那麼日後悔之晚矣，我以為應及時進兵。」汪伯彥覺得宗澤總與自己的意見相左，對自己今後的晉升是很大威脅，應該把他趕離康王左右，才能使他不再干預朝政。於是對康主說宗澤英勇善戰，可命他領一支人馬到開德、衛南一帶作戰，保衛康王安危。這樣宗澤離開元帥府，康王將黃潛善召到身邊，任副元帥，大軍安然不動，靜觀其變。誰知不久傳來訊息，金兵攻破京城，徽、欽二帝被俘，張邦昌僭位代主。趙構聽說了之後，就帶兵到了東平（今山東東臨道東平縣）。這個時候高陽關路安撫使黃潛善帶兵前來援助。康王按照制度，任命黃潛善為副元帥。這為黃潛善以後受恩得寵奠定了基礎。

康王到濟州（今山東濟寧道濟寧縣）時，金國人派兵劫持康王不成，就劫走了宋徽宗、宋欽宗，以及他們的后妃，和當時的太子，皇室宗親北去了。宗澤聽到這個訊息後，從衛州帶兵向開德出發，一路上與金兵連打十三仗，屢戰屢勝，進駐開德。二月，宗澤率部繼續向開封推進，擊潰攔截的金兵，接連攻克南華、衛南、韋城，距開封已不遠。這時，趙構卻輾轉後撤至東平、濟州，擁兵觀望，坐視宗澤孤軍苦戰。宗澤率軍與金兵浴血奮戰，雖取得了一連串勝利，但畢竟兵力有限，難以打破金兵對開封的重重包圍。

金國的軍隊已然離開了。宗澤只好就近討伐金人扶持的傀儡皇帝張邦昌。吏部侍郎呂好問，監察御史馬伸勸張邦昌迎立康王。張邦昌迫於形勢也就答應了。

建炎元年五月。康王在南京即位。趙構在南京即帝位，改年號建炎，是為宋高宗，從此開始了南宋時期。高宗即位後任命黃潛善為中書侍郎，汪伯彥同知樞密院事；貶了主和派的大臣李邦彥，李梲，耿南仲等。從新啟用李綱為尚書右僕射。並對於金國人立的傀儡皇帝張邦昌進行了接見，一見面，張邦昌就跪在地上磕頭，痛哭流涕。趙構伸手攙扶起他，說愛卿功在社稷，如果沒有你，開封城不知道會是什麼樣的結果。你挺身而出，維持大局，安定人心，功勞很大，並沒有罪。趙構不但赦免了張邦昌的罪，還加封同安郡王，等於是異姓封王。

康王趙構承繼大統，成為了南宋的第一個皇帝，也就是宋高宗。他上臺之後面臨的第一個問題，就是如何穩定人心、穩定局面，因此必須找一個能壓得住臺的宰相來幫他。他首先想到的是在東京保衛戰中打退過金兵的李綱。李綱是忠心為國的一介書生，讓這樣一個人做宰相，趙構身邊的那些奸小之徒就坐不住了。

中丞顏岐這個時候上書說「張邦昌是金國人喜歡的，雖然被封為三公郡王，但還是封為宰相比較好。李綱是金國人所憎惡的，雖然已經任命為宰相了，但還是把他罷掉比較好。」這樣的奏疏連著上了五次。宋高宗趙構說：像我這樣的皇帝恐怕也不是金國人所喜歡的。金人更喜歡張邦昌做皇帝，照你這種觀點，我當皇帝是不是也不應該啊？。顏歧的嘴這才算被堵住。

右諫議大夫范宗尹又說李綱名浮於實，有功高震主的威望。宋高宗趙構也不聽。黃潛善，汪伯彥覺得自己對高宗又功勞，就等著被封為宰相，可等到的結果是李綱做了宰相，於是，倆人都很不高興。就跟李綱過不去。

趙構在南京登基稱帝后，宗澤奔赴南京覲見。他滿懷希望地向高宗陳述興國大計，高宗一度為他的一片赤誠所感動，想把他留在南京，共商大計。然而，黃潛善卻十分害怕宗澤留在皇帝身邊，影響自己的「宏偉藍圖」，百般陷害、誣衊宗澤，勸高宗封宗澤為龍圖閣學士，任襄陽知府。就這樣把宗澤給遠遠的支開了。

這年六月李綱給趙構提了十條意見，這十條意見說穿了就兩個核心。第一個就是要殺掉張邦昌。因為天下百姓、忠臣良民拚死拚活地抵抗金軍，保家衛國，都沒有什麼封賞，而張邦昌這個偽皇帝最後卻封郡王、太宰，這不是有功不賞、有過不罰嗎?所以必須殺掉張邦昌，不殺他不足以振奮天下人的士氣。第二個就是要練兵。練兵之後北伐，迎回徽欽二帝，洗雪前恥。此外凡八條。皆關於解決時局之大計。

宋高宗聽從了他的意見，將張邦昌安置到潭州，後來他的同黨全部被貶職，朝廷又將他賜死。李綱認為雖然河北河東雖屢受金人蹂躪，但這些州郡基本上還是漢軍駐紮。這兩處地方的士兵將領都推舉豪傑之士作為首領來抵抗金兵，加起來沒有幾十萬，也有幾萬。最好派大臣過去招撫，然後分兵援救太原。在李綱的建議下，宋高宗設定了河北招撫司、河東經制司，任命張所、傅亮分別擔任招撫使，並下詔他們招兵買馬，各自主持戰事，極大的牽制了金軍的力量。特別是在河北，當地義民「應募者十七萬人。」這時候宗澤在東京留守，而東京已經荒殘，兵民雜居，盜賊十分猖獗。宗澤安撫存恤那些勤勞的人，使得流亡的人稍稍安定了。宗澤治軍嚴格，招徠豪傑。並在地方排兵布防，地方上民心漸漸安定下來。整頓好地方後，宗澤又多次上表請求宋高宗回汴京。而宋高宗則聽從了黃潛善汪伯彥的計畫。決意逃到東南部，對宗澤的上表不予回覆。這個時候金軍大舉南下，宋高宗趙構準備逃跑，宗澤留守東京，自然成了宋高宗抵抗金軍的第一道防線。

宗澤任命澤以岳飛為統制，多次打敗金國的偏師。岳飛上書宋高宗說：勤王的軍隊已經逐漸到京師了。此時我們應該趁金國軍隊懈怠，一鼓作氣，將他們擊敗。黃潛善，汪伯彥等人不能順承聖意恢復國土，只知道奉勸陛下暫避南方。這樣恐怕會失去中原的民心。希望陛下趁帝國在此地尚未穩定下來，親自順另軍隊北渡，這樣可以鼓舞士氣，恢復中原。這落了越職言事的口實，被罷官。岳飛回到河北，在張所手下聽用。張所任命王彥為都統制。任命岳飛為中軍統領。多次打敗金兵。而黃潛善、汪伯彥陰他們力主議和。教唆右諫議大夫宋齊愈上疏彈劾李綱說：「不能總是讓人民出錢，而且西北之馬無法弄到，東南之馬又不能用。至於兵數，每郡增加二千，一年的費用就上千萬緡，這些錢從哪裡來？」

這種說法，如果不看背景，似乎很有道理。可是，在南宋百廢待興、尤其需要加強防務以立國的背景下，這種貌似公允的調子，其隱含的意義，就不止是對一兩項政策的否定了。

高宗居然也就聽信了這種說法，讓三省不要再推行原來的買馬政策了，每州買百匹即可。東南不產軍馬，因此免於施行。此外勸民出資的政策，也一律停止。高宗解釋說，更改政策是由於「恐致騷擾」。

但是，不久就有大臣揭發宋齊愈，說他是立張邦昌為「皇帝」的首倡者，且證據確鑿。李綱與執政將這個檢舉奏疏呈了上去，高宗震怒，命交給御史臺審問。審問結果，其罪行無誤，宋齊愈自己也服罪。

當時，為他說情的人很多，但是高宗卻非常惱火，大家也就不敢再為他說情，於是宋齊愈最終被推出西門斬首，罪行張榜於街巷。

這個時候，金國人看到趙構殺了金國的傀儡皇帝張邦昌，建立南宋王朝就再度南下了。看到金軍南下，趙構的第一反應就是跑。但皇帝不能叫跑，叫巡幸。當年金軍南下時，徽宗不就是巡幸東南去了嗎？所以他沿著父親指明的道路，也要巡幸東南。從宋朝開始，中國的經濟中心就轉移到了南方，再加上江南地區也沒有遭到戰火破壞，比較富庶，民心還可以收拾，於是高宗任命宗澤為東京留守，負責防守汴梁。宋朝的軍民百姓們以宗澤為核心，繼續抵抗金軍。自己要跑了了。

黃潛善、汪伯彥是很懂高宗心思的，於是一個勁的勸說高宗暫到揚州躲避。李綱遂勸諫說：「自古以來的中興之主都把都城放在西北部，這樣以來就可以占據中原並且坐擁東南地區。如果把都城放著東南部，就不能恢復中原的領土，也就失去了西北的地區。而天下的精兵好馬鬥爭西北部。如果放棄了中原地區，金國人就會趁機騷擾中原的內部，到了那個時候盜賊也會群起作亂。到時候，陛下就是想恢復中原也做不到了。」宋高宗於是下詔巡幸南陽，任命范致虛做鄧州知府，並安排修城治宮，營建抗金行朝。

這個時候黃潛善，汪伯彥仍主張宋高宗去揚州。李綱堅決不同意，說除非罷免了他。這個時候對宋高宗來說逃命要緊。至於李綱。宋高宗趙構本來是想讓李綱幫自己壓住臺，好讓天下的臣民將士都聽自己的。可李綱這個人又很有些迂腐，一門心思用在打敗金軍、迎回二聖。用來組織一下大局是可用的，可金國人攻打過來了不讓宋高宗逃命，宋高宗就不高興了。這年八月，宋高宗就罷免了李綱，廢棄了李綱的招撫經制二司。召回傅亮，把張所安置到嶺南。一切李綱所規劃的軍民政策全部廢棄。

太學生陳東上書宋高宗，勸諫高宗要以宗廟社稷、黎民百姓為念，不能總是逃跑。不要罷李綱的官職，應該罷黃潛善和汪伯彥。除了陳東，還有一個叫歐陽澈的百姓也給宋高宗上書。

宋朝的政治環境是比較寬鬆的，因為太祖皇帝留有遺訓：不殺士大夫，不殺上書言事者。任何人給皇帝上奏摺，不管對國家的戰守大計，還是朝廷的大政方針提出自己的看法，都是沒有死罪的。所以連一個沒有品級的太學生，一個普通老百姓都可以勸說皇帝不要跑。

只是宋高宗去心已定，這兩個人的上書把他給惹怒了。宋高宗身邊那些一貫反對打仗，主張議和的奸臣們，看出龍顏不悅，便見風使舵地討好皇帝說，隨便一個讀書人、一個老百姓，都想對國家大政品頭論足，任意指摘，此風不可長。宋高宗問應該怎麼辦，黃潛善就跟宋高宗說：這樣的人要是不殺的話，會妖言惑眾的。必須殺掉。宋高宗沉吟半晌，於是下令殺掉這兩個人。

應天府的府吏去陳東家裡緝拿他時，陳東正在讀書，他一看來人，就知道是怎麼回事了。陳東說，你們別著急，我肯定跟你們走，不過我得先飽餐一頓。他吩咐家人炒菜燙酒，然後自斟自飲起來。用過酒菜，陳東說要去趟廁所，小吏面露難色，擔心他趁機逃跑。陳東哈哈大笑，說我好漢做事好漢當，說了跟你們走就一定跟你們走，不用多慮。最後，陳東被帶到了應天府，不久便被處斬。後來，歐陽澈也遭到了同樣的處置。

宋朝本來是一個言論自由、思想開放的王朝，而且不殺士大夫，不殺上書言事者。但陳東二人被殺，卻開了一個惡例。後來主和派之所以能夠控制話語權，能夠箝制言論，就跟這件事有關。中國古代人分四等，即士、農、工、商。宋高宗忘了一點，陳東是太學生，代表的是士林；歐陽澈是平民百姓，代表了農民，處斬這兩個人，就把士林和農民都給得罪了。而且宋高宗遲遲不去迎回二聖，不思恢復中原，寒了王彥、王善等中原志士們的心；宗澤三呼「過河」而亡，朝廷沒有任何表示，寒了守城將領們的心；主戰派連連上疏要求高宗回來，高宗都不回來，寒了抵抗派的心。宋高宗的身邊，就只剩下一群主和派和宦官，他處在一種空前孤立的狀態下，真正成了孤家寡人、光桿司令了。在國家危難的情況下，宋高宗把不該得罪的人全得罪了。於是這個時候，宋高宗處在一種沒有安全感的狀態中，對任何人都抱有戒心。

金國人聽說宋高宗逃往南方了。就在燕山聚集人馬，分三路向南進行侵略，東路由訛裡朵與兀朮率領自滄州境內渡河，先後攻占了青州、濰州等地；中路由黏罕率領自河陽渡河，先後攻占了洛陽、唐州、鄧州、鄭州等地；西路由婁室率領自同州渡河，攻占了同州、華州、長安、鳳翔等地。

第二年（建炎二年）正月。金國人進犯東京，宗澤帶兵多次打敗金兵。金國人離開後。宗澤上書請宋高宗回京。宋高宗不予答覆。

這個時候，宗澤招撫的河北群盜都投降了。和州防禦使馬擴也在真定五馬山招兵買馬（在今保定道讚皇縣東）。聽說宋徽宗的第十八子信王趙榛還在民間，就推舉他統領眾義軍。河東，河北的遺民聽到這個訊息都來響應。宗澤也招兵買馬，貯備糧草，跟眾將領越好渡過黃河。眾將都掩泣接受了命令。宗澤這才上疏宋高宗說：祖宗的基業是應該珍惜的。陛下您的父母兄弟都被掠到北方沙漠之中了，他們每天都在盼望陛下您的救兵。汴京的陵寢都被金國的狗賊占領了。一直到今年的寒食節了，都還沒有未有祭享祖先的地方。百姓們生靈塗炭。而陛下這個時候巡行江南，這都是陛下身邊的小人的主意。這樣一方面給了金國人製造了掠奪的忌諱；另一方面是因為陛下身邊的這些小人的親屬都已經到了南方安全的地方的原因。現在汴京已經增固了。士兵和兵器都準備的足夠了。士氣也非常高，希望陛下不要讓萬民同仇敵愾的希望落空。走了東晉滅亡的老路啊。這個時候，有人傳言說信王趙榛想要渡過黃河進入汴州，如果這種傳言是真的，那麼也就是說宋高宗趙構的小朝廷要變成偽朝廷了，相比南逃的皇帝，能夠守住國土的皇帝當然更得民心。基於這個原因宋高宗那個趙構下詔說選個好日子回汴京，這只不過是想觀望一下形勢，後來還是一直沒有回汴京。

這時金兵已經大舉深入。連續攻破淮北陝西州郡。南宋的將領大多都吃了敗仗。這個時候宋高宗就下詔讓御營統制韓世忠來抵禦金國。宗澤任命王彥為河北制置使，跟諸將聯合，分別援助河北京西，並再次上疏請宋高宗回到汴京作為接應。而宗澤自己帶領著諸將親自做前鋒。收復了黃河以北的國土。這次宗澤的奏表到了之後，黃潛善哪些人極度宗澤立下的攻擊。從中中傷宗澤說他要造反。這一招很厲害，宋高宗很緊張，不久就又派了郭仲荀為東京副留守來防備宗澤。宗澤多次請宋高宗回來請不到，又被中傷猜忌，於是憂忿成疾，背上生出了疽，在當年七月份就死去了。宋高宗又派了杜充代替宗澤的植物。杜充為人殘酷又沒有什麼謀略，不過敗起家來很有一套，一上任就把宗澤的布置全盤推翻了。於是各方的抗金將領都開始離心離德。本來被打敗了的金國的賊寇又去繼續搶掠了。

宋太祖六世孫趙子砥從燕山逃回來。宋高宗讓身邊的大臣問趙子砥北邊的情況。趙子砥說「金國人用兵為講和謀取更多的好處，中國卻不做軍事準備就想等待將和。以前遼國主張和議，而金國想要用兵。不過十幾年時間，金國就把遼國給滅了。今天我們大宋是重走了遼國的老路啊。這好比是人因為害怕老虎兒拿肉餵老虎，老虎把肉吃光了，就要吃人了。倘若那個時候人早就為防備老虎而設好陷阱就可以制服老虎了。」當時的宰相是投降派，因為討厭趙子砥這種主戰的言論所以就讓趙子砥道臺州做知府去了。

殿中侍御史馬伸上疏參黃潛善和汪伯彥做的十七件不合法的事。請求速速罷了這兩個人的官職。另選賢人代替。宋高宗下詔把馬伸貶為監濮州酒稅。不久黃潛善，汪伯彥升為尚書左右僕射。這個時候金兵橫行。山東群盜蜂起，黃潛善，汪伯彥二個人既沒有謀略，又專權自恣。東京委託給御史管，南京委託給留臺，泗州委託給郡守。有進諫的也不採用他們的言論，請求主戰的也不讓宋高宗知道。金國的軍隊都打到南邊了，黃潛善他們還以為是李成那些強盜的餘黨，不值得顧慮。

這個時候金國人已經攻破了信王趙榛所在的五馬山砦，於是兩河州郡都淪陷了。金國在這個時候有再次進窺京東。攻陷了濟南，襲慶（今濟寧道故兗州府）等府。而金國軍隊的前鋒已經到了淮北。而這個時候黃潛善，汪伯彥還在想著跟金國議和。

建炎三年正月，河北制置使王彥入朝。見到黃潛善和汪伯彥後，說：河東、河北那邊的忠義之士都伸張了脖子盼著朝廷的軍隊，希望朝廷可以順因民心進行北伐。由於王彥言辭憤激，激得黃潛善、汪伯彥二人大怒。立刻勒令王彥提前退休。這個月，金尼瑪哈攻陷了徐州。韓世忠，劉光世等將領帶兵在淮河抵抗敵人。但是見到金國軍隊後還沒有交火就相繼投降。尼瑪哈於是渡過淮河。連續攻下淮東諸郡，迫近揚州。宋高宗聽到這個訊息後這才警覺起來，連老婆都顧不上了，龍袍、璽印、國家的機密檔案也都不管了，僅帶了十幾個護衛跑到了瓜州（在江蘇淮揚道江都縣南大江北岸運河南口），乘小舟渡江。

當時，汪伯彥和黃潛善兩個奸相剛從寺廟裡聽和尚講經回來，正大擺筵席，開懷暢飲。突然有人來報，說金軍馬上就要來了，皇上都跑了，你們怎麼還在這裡待著？這兩個奸相一聽，也放下酒杯，上馬就跑。兩個宰相一跑，揚州城的文武百官就作鳥獸散了。南宋三省的印信和很多重要文書，都被丟在了揚州城。老百姓一看，當官的都跑了，金國人又殺人不眨眼，我們也不能留在這裡等死啊，於是大家也跟著逃跑。這樣一來，整個揚州城就亂套了。當官的、當兵的、老百姓，都急著出城，就在城門那兒擠成了一團。在這種情況下，這些逃跑的大臣和軍士不但不先保護百姓，反而亂刀亂棍砍殺擁堵的百姓，以便清出道路自己先跑。一時間死了的百姓屍體一具靠著一具。

百姓們群情激憤，把矛頭一起指向了汪伯彥和黃潛善這兩個奸相。百姓們說，要不是這兩個奸賊禍國殃民，皇上不至於扔下我們不管，於是，大家喊著要殺掉這兩個奸相洩憤。但是，這兩個奸相比誰跑得都快，百姓們自然逮不著他們。這時，另一個姓黃的大臣要出城，命他的隨從驅趕堵路的百姓。隨從們一邊驅趕百姓一邊喊，快躲開，黃老爺要出城。百姓們一聽說是黃老爺，以為這是奸相黃潛善，於是大家一擁而上，拳打腳踢，棍棒齊下，就把這位姓黃的大臣打死了。這個倒楣的大臣，本來要出城逃命，沒想到卻做了黃潛善的替死鬼。

宋高宗跑到了鎮江後，又像剛到杭州杭州時的樣子。中丞張澄說：汪伯彥和黃潛善這兩個人的錯誤導致陛下您在外流亡，還招致了百姓們的怨恨。高宗聽取了張澄的意見，將黃潛善罷為江寧知府，貶汪伯彥為洪州知府，陳東和歐陽澈均被封官，並下詔令馬伸回京。但此時，馬伸已經去世了，高宗便下詔追贈他為直龍圖閣，下罪己詔求天下直言之士，大赦天下，被流放在外的士大夫也全部被赦免，只有唯李綱不赦，更不讓他回家。這都是用了黃潛善的計謀，是以李綱向金國謝罪。

南宋的禁忌

政治爭鬥的激烈，黨派鬥爭的頻繁，已成為宋朝的一大特色。國家在政策管理上有黨爭，在學術研究上也有。學術研究上的黨爭經常會隨著政治上的鬥爭而發生轉移和改變。政治地位高的人，他的學說也就常常成為社會上人們所尊崇的學說；政治地位低的人，他的學說也就常常成為社會上人們所鄙棄的學說；這是因為政治對於學術研究的發展造成了不可估量的作用。崇拜一個人就連同他的學術也一併崇拜，並且大力讚揚提倡他的學術；鄙視一個人就連他的學術也一併鄙視，並且會大力禁止禁錮他的學術。這樣的局面，第一次出現實際上是在宋朝，在此之前從來就沒有過。

北宋政治上的黨爭，開始於王安石的革新變法，而停止於蔡京等人排斥打壓正直人士，北宋最終因此而滅亡；南宋政治上的黨爭，開始於汪黃反對李綱、宗澤，遠遠超過秦檜設計謀害趙鼎、張浚、岳飛等人，南宋也因此逐漸走向衰敗。學術上的黨爭，開始於蔡京排斥元祐等諸位賢聖之人，並禁止他們的學說；這遠遠超過了秦檜禁止程朱理學，使其絕跡；等到韓侂胄當宰相的時候，反對朱子學說，並且將他的門人和未能經他親自受業但敬仰其學術並尊之為師的人一併禁錮起來，號稱他們是偽學，所造成的禍害非常嚴重。

這大概是因為自古以來當權者對清議之風特別不滿意，書生大多數支援傳統的美德道義，所以很容易招致當權者的忌恨。眼見社會上朋黨之風盛行，只好打壓那些在朝廷為官的人。看到學術界的莘莘學子卻安然無恙，仍舊安然自若地主持清議之風，只好稱他們是偽學。但那些搞教育的、著文述說的、鑽研探究的的名家學士，不論在朝廷當官的還是不在朝廷當官的，全部被包括在這裡面，被一網打盡。現在將這件事的來龍去脈記錄如下。

神宗開始的時候是專心於儒學的，後來他聽取了王安石的建議，取消了詩賦及明經等科目，而以經書文句為題，應試者作文闡明其中義理，並且增設了太學。王安石和他的兒子王雱以及呂惠卿等兼修撰，重新解釋《詩》、《書》、《周官》等書，在重新訓釋經義時，王安石確定了這樣幾條原則：一、訓釋經義，是為了破除「偽說」，教育士子，使其符合「盛王」時的做法；二、要恢復經文字義，打破疏不破注的成法，反對漢以後煩瑣的章句傳注使源流失正的陋習；三、闡明經文義理，反對對經義的曲解和煩瑣學風。

熙寧八年，《周官新義》、《詩經新義》、《書經新義》完成，合稱為《三經新義》，其中《毛詩義》二十卷、《尚書義》十三卷、《周官新義》十六卷，而又以《周官新義》最為重要，是作為託古改制的熙寧變法的理論根據。一個月後，《三經新義》便被頒賜給宗室、大學及諸州府學，作為全國學生必讀的教科書和科舉考以的依據。《三經新義》與「經義式」的出現，可謂科舉史和經學史上一次重大的突破，從此義理之學代替了漢唐以來的「傳注經學」，科舉考試的內容與形式亦從訓詁章句的囹圄中解脫出來。從王安石對科舉考試內容與評判標準的匡定到明洪武年形成了一種程式化的考試文體——八股文，其中包含了一些內在的規律，代表著科舉考試向著更規範、易於操作的軌跡發展，同時它也蘊涵了歷代有識之士對於科舉考試公開、公平、公正的孜孜追求。八股文是王安石經義考試的延伸和發展，它有著文以載道，科舉載儒術；嚴定程式，防止作弊；客觀衡文，評卷標準化；規範競爭，引導備考；禁錮學術，牢籠志士諸方面的作用。王安石又因為字學停講時間過長，作《字說》一書，但書中多是一些穿鑿附會的內容，學說混雜。

哲宗元祐中期，舊黨的主要成員相繼進入內閣，掌握了朝廷政權，他們一上臺後，立即罷免了新法。

元祐元年七月，司馬光上書太皇太后，他認為治理國家的最關鍵問題是收羅人才，建議朝廷實行十科取士制度，所謂十科是：行義純固可為師表科（官僚、平民均可入選）、節操方正可備獻納科（限在職官僚入選）、智勇過人可備將帥科（限選舉文武官員或武臣鈐轄以上級別）、公正聰明可備監司科（知州以上級別的官僚方可入選）、學問該博可備顧問科（有無官位均可入選）、文章典麗可備著述科（有無官職均可入選）、善聽獄訟盡公得實科（有官職的士大夫可以入選）、善治財賦公私俱便科（有官職士大夫入選）、練習法令能斷清讞科（有官職士大夫入選），司馬光還建議由在職官僚每年推薦三名十科人選，並由自己充作保人，如果所舉十科人選在其後的生涯中犯罪或犯了其它錯誤，舉主與被舉薦人均要受到懲罰。司馬光的意見立即被採納，宋朝政府迅速推廣了十科取士法，並設定春秋博士，強令禁止科舉引用字說及佛老之書，解釋經義只能引用儒家學說，不准在策論中引用王氏學說。後來又恢復了詩賦，與經義共同作為科舉的科目，王氏自此受到沉重打擊。

後來，朝廷恢復新法，停止了十科舉士的科考制度，下詔進士不用學詩賦，而專門研究經義，解除了對《字說》的禁錮，並且廢除了春秋科目。國子監上奏朝廷以王安石所撰寫的《熙寧字說》、《洪範傳》及王雱的《論語義》和《孟子義》刊印後分發給學生，學生們的文章又開始以王氏所定為規範，至此，王氏學說重新興盛起來。

徽宗崇寧期間，朝廷再次倡導新法，蔡京升任宰相，將元祐當人列為奸黨，禁止他們傳播學術，燒燬了范祖禹、唐鑒和三蘇、黃庭堅、秦觀等人的文集。言官們紛紛上書說原直祕閣程頤製造邪說，惑亂民心，而尹焞、張繹都是他的黨羽。朝廷下詔河南知府驅逐程頤門人，程頤的著作也讓相關部門嚴加封鎖。這是宋朝當政者直接程學的開始。朝廷將王安石的雕像放在孔子身邊，位置僅次於孟子，並追封為舒王。他的兒子王雱被封為臨川伯，在孔廟陪祭。

宣和中期，朝廷再次禁止元祐學術，凡事沿用元祐學術的舉人全部被定為違制。有個福建書商印製司馬光等人的文集，朝廷知道後，立即下詔將其製版燒燬。蘇軾、黃庭堅的所有著作全部被焚燬，而又繼續援用蘇黃學說的人全部被定罪為「大不恭」。

靖康之難開始，朝廷廢除了對元祐黨人學術的禁錮，恢復了春秋博士官，並禁用了王安石的《字說》。國子祭酒楊時向皇帝上書，說：「王安石的著作為邪理歪說，遮掩了學者的耳目，使學者們的身心受到了極大的傷害。懇請朝廷追回他的王爵尊位，並下詔明示天下，銷毀他的配享孔子之像，使邪說淫辭再也不能夠惑亂學者之心。」朝廷下詔撤銷了王安石的配享，降為孔廟陪祭，王氏學說再次受到沉重打擊。而此時學生們習用王氏學說考試已經有已數十年，忽然聽說楊時將王氏學說貶為邪說，紛紛爭吵不休。御史中丞陳過庭、諫議大夫馮澥均上疏詆毀楊時。朝廷只好下詔罷免了楊時的祭酒一職，貶為給事中。楊時全力辭官，遂封為徽猷閣，等待朝廷詔令，最終辭職歸家。

高宗即位後，科舉兼用經義和詩賦，並恢復了十科取士法。此時，王學和程學都得到了朝廷的肯定，但是程門的楊時、尹焞等人在當時名聲很大。吏部員外郎陳公輔不喜歡專門的學問，便向朝廷上疏說：「王安石的新法廢掉了很多人才，而他的學術又開始敗壞人心。《三經新義》、《熙寧字說》二書，詆毀聖人，不分是非。他的過錯不僅僅是這些。《春秋》是為人正名分、定褒貶的，可以讓亂臣賊子感到懼怕，而王安石卻讓學者不用讀《春秋》，《史記》、《漢書》記載的是國家的成敗教訓，對於一個國家的治理可以造成很好的借鑑作用，而王安石卻偏偏不讓學者們讀《史記》和《漢書》。公卿大夫應首重『氣節忠義』，而王安石卻說王莽篡權後，揚雄俯首稱臣於王莽合於孔子所說的『無可無不可』之義。又說五代時歷事『四姓八君』的馮道『最善避難以存身』。這種說法使滿朝文武不以氣節忠義相砥礪，使公卿大夫喪失了忠心為國的臣子之道，所以王安石的這一學說是不能提倡的。」奏摺呈上以後，皇帝非常高興，封他為左司諫。

不久，陳公輔再次上書，說：「如今世人都推崇程頤的學說，並稱之為『伊川之學』，認為他的話才是正大的語言。甚至傳言說堯舜將他們的文武之道傳給了孔子，孔子傳給了孟軻，孟軻又傳給了程頤，程頤死後就麼有傳人了。說一些狂言怪語、淫詞歪論的話，這便是所謂的伊川所謂的『文』；頭上幫著方巾、甩著大袖子，眼睛看天，大步地走路，這便是伊川所謂的『行』。必須要學習伊川的『文』和『行』，才能夠稱為賢士大夫，這簡直是謬論。請求朝廷立刻給予禁止。」皇帝聽完陳公輔的意見後，立刻下詔：「士大夫應該學習孔孟之道，這樣才能夠言語和行動一致，才能成為國家棟梁。」

此時方召、尹焞被任命為崇政殿說書，胡安國為萬壽觀提舉，兼侍讀。胡安國知道陳公輔已上書朝廷請求禁止程學後，也立刻向朝廷上書表示反對，他說：「孔孟之道已經失傳很久了，經過程顥、程頤兩兄弟拓展後才知道可以窮究事物原理從而獲得知識。如今讓為學者學習孔孟之道，但是又禁止他們學習程頤的新儒學。這好比是登堂而不入室。程頤這個人透過事物的原理來了解外在，從而知道形式和內涵要統籌考慮。自從嘉祐年間以來，洛陽有邵雍、程顥、程頤，關中有張載，這些都是憑藉道德名世，著書立說的人，是公卿大夫們所學習尊重的物件。到了後來，王安石、蔡京等人對他們排擠抑制才導致他們的學說不能推廣。希望皇上能夠重視他們的學說，不要聽信那些歪門邪說。」胡安國這份奏疏遞上去之後，陳公輔和中丞周祕、侍御史石公揆三人聯手彈劾胡國安。攻汗胡安國和程學鼓譟異論、企圖以一派之說壟斷儒經的解釋權。高宗就任命胡國安到永州做官。不久又讓尹焞去管理萬壽觀，兼侍講。尹焞也辭謝不去。

和議確定以後，朝廷下令廣修學校，建立太學。太學共建有八十齋，有容納二千四百人就讀的能力。王安石又將太學分成外舍、內舍、上舍三個等級。「始入學為外舍，初不限員，後定額七百人。外舍升內舍，員二百，內舍升上舍員一百，各執一經，從所講官授學。」（《宋史．卷一百五十七。志第一百十．選舉三》）三舍法具有一套嚴密的考試制度，成績評定製度和獎懲制度。三舍法的實行，一改太學的浮散之風，師生只有進取努力，才有升遷之機。太學之外又有宗學，以便讓宗族子孫前來學習。秦檜以此粉飾天下太平，但他又害怕士子們議論自己，便想將正直敢言的人全部排擠打壓。右正言何若希知道秦檜的心思後，上書指責程頤、張載的遺著都曲解了學問，應該罷免傳播他們學說的老師，並禁止程學。秦檜聽取了他的意見，從此程學被禁達十幾年，直到秦檜死後，才解除了這一禁令。

博弈在明末

一、太監和官員的那些貓膩

漢朝、唐朝、明朝這三個朝代都是滅亡在宦官手裡的。漢代的宦官不如唐朝的囂張，是因為漢代的宦官沒有掌握兵權的緣故。明代的宦官不但掌握的兵權，而且掌握了司法部門漢朝、唐朝、宋朝、明朝都因為朋黨之爭導致了衰亂，但是唐朝和宋朝的朋黨都是士大夫，所以雖然競爭激烈，相互傾軋也很頻繁。但是還是有一部分有道德觀念的人在其間支撐斡旋，流血的慘劇並不多見。而漢朝和明朝的朋黨則一方是士大夫、一方是宦官。他們在地位權利上的利害關係，以及思想主張上無處不存在衝突，絲毫沒有調和的餘地，一部分奸詐無恥的士大夫為了權勢攀附宦官，稱為宦官的黨羽，殘害其他士大夫，這樣的勢力號稱閹黨。這樣雙方的界限就日益混亂，之間的關係也日益複雜。

自從明成祖朱棣奪位時依靠了宦官的幫忙，開始重用宦官。給了他們兵權。到了明宣宗的時候，宦官可以管理奏章，預先知道國家的機密。明英宗寵信王振、曹吉祥，任命他們為司禮太監京營提督。御史宦官的地位日漸尊貴。到了明憲宗的時候，宦官汪直與朝士王越陳鉞結黨。明武宗的時候，劉瑾與朝士焦芳劉宇曹元結黨。使得宦官的權利越來越大。明神宗因循守舊、整天藏在深宮裡對政務不聞不問，致使趨於權勢的小人與名節之士結仇，這才有了東林黨與宣昆黨齊黨楚黨浙黨的相互攻訐。而後又有了梃擊、紅丸、移宮這被後世稱為晚明三案的案件。等到明則有三案之論爭。這三案的發生，引發了明朝廷內部的激烈爭執。朝堂分立，形成以有政治抱負的官吏與知識分子組成的東林黨和以腐化，守舊的大官僚，大地主的反對東林黨的非東林黨。而十六歲的明熹宗繼任後，東林黨勢力更大了，宣昆黨與齊楚浙三黨相繼瓦解。而反對東林黨的人攀附宦官魏忠賢，打壓排擠東林黨。一時間趨炎附勢利慾燻心的人都去攀附，而後魏忠賢透過大興黨獄殘害東林黨，進而掌握了權利。他的門下有五虎五彪十狗十孩兒四十孫等人作為黨羽，在先後六七年間，興大獄又六七次之多。楊左等東林黨的君子都死在他手裡。一時間魏忠賢黨羽遍布天下，而正人君子則被一網打盡。從朝廷大臣到低微的官員都被宦官或者那些像牆頭草一樣搖擺不定的人所壟斷。由此明朝的元氣耗盡，等到崇禎皇帝即位後，宦官黨羽雖然除掉了，但是朝廷裡面那些自立門戶的官員相互攻訐的形勢已經改變不了了。

明武宗時候的晚清三案已經讓朝廷內部鬥爭嚴重，進而導致了政治上的極端不穩定。朝廷內的黨爭使得大臣們寧可坐視國家亂亡，也不破除門戶之見。在李自成攻克北京後，朱由崧南逃淮安，由鳳陽總督馬士英、阮大鋮擁至南京稱帝。他們以擁立之功升為內閣在學士兼兵部尚書，掌握朝政大權，並在朝中招納貪官汙吏，挾福王以令諸臣。這跟魏忠賢手下的崔呈秀，魏廣微耍的老把戲差不多。

二、嘮叨的士大夫

明朝的士大夫常常意氣用事。對君主和宰相的舉動督責的太嚴。朝廷有事的時候他們不能斟酌情理，婉言規勸。動不動就叫上朋友同仁參與爭執，聲討君主的錯位，使得皇帝惱羞成怒，沒了迴旋的餘地。以此來博得一己名望。但這樣做對國家毫無好處。比如憲宗時候孝莊皇后的合葬問題，世宗時期的大禮議，神宗時期張居正的奪情問題，都是顯著的例子。

這些士大夫言辭苛刻、遇事生風、推測過深。他們給人家扣上的罪名，往往比人家實際的罪名要重的多。有一男子手持棗木棍，闖入太子朱常洛的慈慶宮，打傷守門太監，眾大臣就一定要說這個人是鄭貴妃主使的。李可灼是個庸醫，用錯了藥，醫死了病人，眾大臣就說這是陰謀，大學士方從哲從中調停，眾大臣就說方從哲有弒逆之罪。安土重遷也是人之常情，李選侍是個哦婦道人家，不想搬出乾清宮，楊漣就指責李選侍專擅。等到移宮以後，賈繼春又上了一道奏疏，說是朝臣們在新君即位之時引導皇帝淩逼先帝妃嬪。說先帝屍骨未寒而侍妾先被驅逐等語。士大夫們像這樣附會宮禁、捕風捉影形成了積習，這導致統治階級內部的黨爭愈演愈烈。

魏忠賢本是一個市井無賴，沒有曹操、王莽那樣的跋扈之才，卻有李林甫、秦檜、嚴嵩等人的陰險。那些士大夫們沒能對魏忠賢預先防備，魏忠賢卻搶先多次興大獄打擊那些士大夫。而那些士大夫卻只會憑藉口頭輿論來攻擊魏忠賢，拿不出實際的行動。明熹宗年紀小，被宦官宮女在深宮之中帶大，對政治很糊塗，即位後自然也不懂這些。士大夫嚮明熹宗口伐魏忠賢就好比是對牛彈琴，根本就沒有用。明熹宗對於大臣的上疏根本就不知道怎麼處理，就都交給魏忠賢了。而魏忠賢就用各種罪名逮捕並誅殺這些士大夫。國家的正人君子都被殺了，國家也就隨之衰亡了。以狹義的程朱道學培養起來的八股先生是不會變通的。

明代的宦官雖然沒有東漢之末和晚唐時期那些宦官的氣焰之兇，勢力之大，也不像漢唐的宦官那樣，把皇帝的立、廢、生、死都操於自己手中，但是，明代的宦官用事最久，握有的權力極大，在中國宦官史上也實屬罕見。明代自永樂朝起，宦官逐漸得勢，從此一直到明思宗縊死煤山，兩百多年來，宦官都活躍在明代的朝堂之上，上演了一幕幕荒誕劇。

朱元璋剛即位的時候對宦官限制極嚴，曾立下規章制度，不許宦官讀書識字，不許宦官兼任外臣文武銜，不許穿戴外臣所穿戴的冠服，品級不得超過四品等，還在宮門上掛一塊高三尺的鐵牌，上面刻有「內臣不得干預政事，預者斬」。這個時候，宦官是很不得勢的，宦官的權力跌入了歷史的低谷，不僅不得干預朝政，與官吏交往，甚至連置產業的權力也沒有。這是因為，明朝的開國皇帝朱元璋發跡於民間，親眼目睹過宦官的危害，他認為宦官這個群體對於國家來說不起什麼好作用，其中好人不多。

朱元璋對宦官的防範措施不可謂不嚴。但是，具有諷刺意味的是，正是他自己費盡心機、不遺餘力推行的極端君主專制制度，為日後宦官干政預埋了禍亂的種子。

明初洪武十一年，湘、桂、黔邊區的侗族人民，在吳勉的領導下，舉行一次大規模的農民起義，這次起義的中心地區是五開洞（洞名在湖南辰沅道靖縣邊界）。活動範圍在今之黎平、從江、榕江、錦屏、天柱、靖縣、通道、綏寧、武崗等地。明王朝派辰州衛指揮楊仲名為總官前往鎮壓。十一月，楊仲名剿平五叛亂。在這個過程中，太祖曾派內臣吳誠視軍，之後又遣尚履奉御呂玉視捷。後來有多次派宦官到河州（今甘肅蘭山道導河縣）等處買馬。由此可見，明代宦官參與政事，實由朱元璋開其端，這是朱元璋的防範措施不完善的緣故。

後來建文帝即位。建文帝對宦官管教甚嚴，同時又詔諭地方官，一旦發現宦官奉使橫暴，虐害士民即擒送京師，加以嚴懲。這也引起了不法宦官的怨恨，在日後靖難之役中或投靠燕王朱棣，或是做為內應。等到燕王兵逼江北，宮裡很多宦官就都逃到朱棣的軍中，洩露了大量的情報。朱棣以為這些宦官是忠於自己的，在即位後就開始重用宦官。

永樂元年，鎮遠侯顧成，都督韓觀、劉真、何福等人到貴州廣西遼東寧夏等地守邊，朱棣明令宮中有謀略的宦官一同前去，並賜給他們公侯的服飾，地位在戍邊的將軍之上。不久雲南、大同、甘肅、宣府、永平、寧波等地也相繼派宦官作為使者前去。永樂八年，開創了授予內臣提督禁衛軍的先例，明朝在制度上便確認了宦官的統兵權。

永樂元年，朝廷派中官侯顯出使西藏，李興出使暹羅，馬彬出使爪哇、蘇門答剌等國家，尹慶出使滿加剌（今英屬麻剌甲在馬來半島南端西岸）柯枝 Cochin（在印度半島西南端臨阿剌伯海諸國）。這是朝廷派遣宦官出使別國的開端。

永樂三年，朝廷派遣中官山壽率領騎兵從雲州出發，鄭和王景弘等帶領船隊下西洋。這是宦官專徵的開始。永樂十八年，成祖朱棣設定東廠，東廠權力在錦衣衛之上，只對皇帝負責，不經司法機關批准，可隨意監督緝拿臣民，從而開明朝宦官干政之端。明朝宦官具有出使、專徵、監軍、分鎮、查探臣民隱事等權利就是從成祖開始的。太祖朱元璋本來規定宦官不得讀書識字。到了成祖朱棣時，開始重用宦官，並且設立專門的學校，讓宦官讀書學習，幫助皇帝日常工作。因此明朝宦官與以往不同，都具有一定文化的。等到宣宗即位，在宮中設立「內書堂」，收容十歲以下淨身兒童二三百人，由翰林院學士劉羽、陳山，朱祚等當教師，學習儒家經典，對宦官進行文化教育。後來在此讀書的小宦官曾加到四五百人。依舊是這些翰林學士教書，於是宦官才開始通文墨、管理章奏，連皇帝批閱奏章，也交給一個宦官代筆，叫做司禮監，還與朝廷官員往來結交。

英宗即位時只有九歲，大學士楊士奇、楊榮楊溥輔政。蔚州地方的一個流氓，名叫王振，年輕的時候讀過一點書，參加幾次科舉考試沒考取，在縣裡當教官，後來因為犯罪，本來該充軍，他聽說皇宮招太監，就自願進宮做了太監。宮裡識字的太監不多，只有王振粗通文字，大家都叫他王先生。後來，明宣宗派他教太子朱祁鎮讀書。朱祁鎮年幼愛玩，王振想出各式各樣法子讓他玩得痛快，朱祁鎮挺喜歡他。明宣宗死後，剛滿九歲的太子朱祁鎮即位，英宗即位後，很自然要重用自己喜愛的人，王振便越過原司禮太監金英等人，出任宦官中權力最大的司禮太監。這倒是很正常的一件事，一朝天子一朝臣，宦官也不例外。

司禮監是明代宮廷裡二十四個宦官衙門中最重要的一個，它總管宮中宦官事務，提督東廠等特務機構，替皇帝掌管內外一切章奏和檔案，代傳皇帝諭旨等，由於此職事關機要，歷來都由皇帝心腹宦官擔任。後來，隨著「票擬」制度的形成，皇帝最後的裁決意見，要由司禮監秉筆太監用紅筆批寫在奏章上，稱為「批紅」。奏章經過「批紅」以後，再交內閣撰擬詔諭頒發。宦官掌握了「批紅」大權，實際上就成了皇帝的代言人。這些宦官成天在皇帝旁邊，善於察言觀色以迎合皇帝，又常常利用皇帝深居簡出、和外廷官接觸少的弱點，欺上瞞下，假傳諭旨或歪曲篡改諭旨，以售其奸。英宗把這樣一個重要官職交給王振，為他日後擅權開闢了道路。

王振想在朝廷中立威，多次唆使明宗以小錯為由杖辱大臣。言官得到王振授意後開始對王振的政敵進行猛烈的彈劾，從公侯駙馬伯到尚書都御史都受到過彈劾，搞的整個朝廷烏煙瘴氣，凡不利於王振的大臣多被貶官，連三楊都不能阻止。他不僅對內黨同伐異，大耍淫威，對外也投機取巧，破壞邊防。國家的倉庫、建築工事、銀礦、布帛、織造等事的控制權力也全部被中官掌握。於是國家法制開始鬆弛，宦官在內興禍，敵國也虎視眈眈。

不久，楊士奇、楊榮相繼去世，內閣大臣陳循、高谷等人都是後進的，在朝廷尚沒有很高的威望，楊溥孤立無援，王振比以前更加專橫了。王振為了向四夷示威，發動了麓川之役。

麓川就是今天的雲南省瑞麗縣一帶，是少數民族聚集之地，元朝在此設立了宣慰司，明朝依舊。正統二年，麓川宣慰使思任發叛亂。到正統五年七月，被黔國公沐昂與都指揮使方瑛、柳英等所率明軍平服。十二月思任發派使者致書朝庭，表示願意進貢謝罪，英宗讓文武大臣討論戰和之事，刑部侍郎何文淵上言認為，麓川地方不大，又處極南邊，地形複雜，不宜興兵討伐，主張安撫，這一正確意見得到了楊士奇、劉球等人的支援。而王振為「示威荒服」，一意孤行，力主用兵，要「盡滅其種類」。正統六年正月，正統七年十月和正統十三年，朝庭屢次出動十幾萬大軍進剿，使民族矛盾不斷激化，再也難平服了。當時明朝的主要敵人是逃亡在漠北的元室後裔。興麓川炎師，曠日持久地打了十餘年的戰爭，得不償失，勞師遠襲，大大地消耗了兵力，帶來了無窮的後患。史稱「興麓川之師，西南騷動。」「以一隅騷動天下。」

麓川之役先後發動三次，勞師費財，但是最終沒有成功，翰林院侍講劉球應皇帝召見言及此事時指責王振之失，王振知道後，十分憤怒，將劉球下到獄中，並將其殺害。

瓦剌是蒙古中的一部。元朝滅亡以後，一部分蒙古族退回蒙古草原和東北等地。後經朱元璋數次打擊，內部發生混亂，逐步分裂為韃靼、瓦剌和兀良哈三部分。在明朝初期，三部分別臣服於明朝，每年都要嚮明朗獻馬朝貢。

永樂以後，在蒙古三部之中，瓦剌部日益強大，宣德時，瓦剌逐步控制了韃靼，正統初年，又征服了兀良哈，統一了蒙古三部。瓦剌統一蒙古以後，對明朝不斷騷擾，成為明朝北方的嚴重邊患。

王振擅權，不但不布置加強北方邊防，反而接受瓦剌賄賂，與瓦剌貴族進行走私交易。為了獲利，王振讓他的死黨、鎮守大同的宦官郭敬，每年私造大量箭支，送給瓦剌，瓦剌則以良馬還贈王振作為報答。為了討好瓦剌，王振還對其貢使加禮款待，賞賜增厚。瓦剌自從與明朝建立「通貢」關係以來，每年都派出貢使攜帶著良馬等貨物到明朝朝貢，明朝政府則根據其朝貢物品的多少，相應地給予回賜。一般情況下，回賜物品的價值要稍稍超過朝貢物品的價值，同時，也要給對方貢使一定賞賜。因此，瓦剌為了獲取中原財富，非常願意到明朝來朝貢。按照原來規定，瓦剌每年到明朝的貢使不得超過j五十人。後來，瓦剌貪圖明朝回賜的慾望越來越大，貢使人數日益增加。到正統初年，瓦剌貢使的人數經常增加到兩千餘人。王振對瓦剌增加貢使，絲毫不加以限制按數給予賞賜，至使瓦剌的胃口越來越大。

正統十四年，瓦剌首領也先竟然派出兩千五百多人的貢使集團，為了多領賞物，又虛報為三千人。瓦剌貢使冒領賞物，原是習以為常的事情，因王振與瓦剌有勾結，接受也先的賄賂，所以，瓦剌貢使冒領賞物，他都裝作不知道。這次，王振卻一反常態，叫禮部按實際人數發給賞賜，又輕率地將瓦剌貢馬削價五分之四，僅付給瓦剌索求諸物的五分之一。瓦剌貢使沒有得到滿足，憤怒而歸，並添油加醋地向也先作了匯報。也先於是以明朝減少賞賜為藉口，兵分四路，大舉攻明，並親率一支大軍進攻大同。

瓦剌軍來勢兇猛，迅速向南推進。明朝守衛西北的將士，幾次交戰失利，急忙向京師請兵救援。根本不懂軍事的王振，對瓦剌的軍事進攻沒有足夠的認識，以為讓英宗親征，就能把瓦剌兵嚇跑。所以，他為了僥倖取勝，冒濫邊功，便在明朝沒有充分準備的情況下，慫恿英宗親征，讓英宗效仿宋真宗親征的榜樣，以便青史留下美名。英宗平日裡對王振言聽計從，這次聽了王振的話，也認為親征是他大顯身手的好機會，便不與大臣們商議，做出親征的決定，並宣布兩天後立即出發。

英宗下詔旨後，兵部尚書鄺埜和侍郎于謙，力言明軍準備不夠，皇帝不宜輕率親征。吏部尚書王直亦率群臣上疏說：「如今秋暑未退，天氣炎熱，旱氣未回，青草不豐，水泉猶塞，士馬之用不甚充足。況且車駕既行，四方若有急奏，哪能儘快抵達。其他不測之禍，難保必無。萬望皇帝取消親征之令，另行選將前往征討。」可英宗聽信了王振的話，對眾大臣的諫阻，一句也聽不進去，非要親征不可。

王振和英宗在兩天之內湊合了五十萬大軍，胡亂配些糧草和武器，就匆匆出發了。當時，與英宗和王振同行的還有英國公張輔、兵部尚書鄺埜、戶部尚書王佐及內閣大學士曹鼐、張益等一百多名文武官員，但英宗不讓他們參預軍政事務，把一切軍政大權都交給王振一人專斷。此次出征，準備倉促，組織不當，大軍出發不久，軍內自相驚亂，未到大同，軍中已經乏糧。不斷有人死亡，殭屍鋪滿了道路。再加上連日風雨，人情洶洶，還未到達前線，軍心已經不穩。一些隨駕官員，見到此種情景，再次請求英宗回軍。王振一聽，大為惱怒，為了殺一儆百，特罰諫阻最力的兵部尚書鄺埜和戶部尚書王佐跪於草地之中，直到天黑才准起來。後來，王振的同黨彭德清以天象諫阻，王振也不聽，仍然逼著大家繼續前進。

也先聽說英宗御駕親征，佯裝退卻，引誘明軍進入大同及其以北地區。八月初一，王振和英宗順利進入大同，他們看到瓦剌軍隊北撤，以為瓦剌害怕英宗親征，堅持繼續北進。鄺埜等人深感途中未見瓦剌一兵一卒，未損一矢，並不是什麼好兆頭，恐怕瓦剌兵有詭計。因此，他再次上章請求回軍，提醒王振不要中瓦剌埋伏。王振仍然不聽。第二天，王振的同黨、鎮守大同的宦官郭敬把前幾天前線慘敗的情況密告王振，並說，如果繼續北進，「正中瓦剌之計」。王振聽了郭敬的話，才害怕起來，急忙傳令，第二天撤出大同。

最初，王振想從紫荊關（今河北易縣西北）退兵，以便途經他的家鄉蔚州，讓英宗駕幸他的府第，向家鄉父老顯示自己的威風。於是。王振下令取道紫荊關回京。王振未與瓦剌接戰，即倉惶退兵，軍紀更加混亂。走了四十里以後，王振忽然想起，大隊人馬經過蔚州，一定會損壞他家鄉的田園莊稼，於是，又改變主意，火速傳令改道東行，向宣府（今河北宣化）方向行進。這時，瓦剌已知明軍不戰而逃，急忙整軍來追，形勢十分緊張。大同參將郭登和大學士曹鼐等向王振建議說：「自此趨紫荊關，只有四十里，大人應該從紫荊關回京，不應再取道宣府，以免被瓦剌大軍追及。」王振不聽，一意孤行，堅持折向宣府。

明軍迂迴奔走，八月十日才退到宣府。這時，瓦剌大軍已經追襲而來。英宗急忙派恭順伯吳克忠、都督吳克勤率兵斷後，以掩護英宗撤退。結果，他們都戰死沙場。英宗又派成國公朱勇等率騎三萬前去阻擊，朱勇等冒險進軍至鷂兒嶺，陷入瓦剌重圍，雖然英勇奮戰，但寡不敵眾，三萬軍隊全部覆沒。

王振在朱勇率軍阻擊瓦剌之時，加緊撤退。十三日，退到土木堡（今河北懷來東南）。這裡離懷來城僅二十里，隨行的文武官員都主張進入懷來城宿營。可王振以為一千餘輛輜重軍車沒能到達，害怕自己搜刮來的東西受損失，便不顧英宗和數十萬軍隊的安全，傳令在土木堡宿營。鄺埜一再上章要求英宗先行馳入居庸關，以保證安全，同時組織精銳部隊斷後拒敵。王振皆置之不理。沒有辦法，鄺埜單身闖入英宗行殿，請求英宗速行。王振見狀，怒不可遏，罵道：「你這個腐儒，怎麼會知道用兵之事，再胡說八道，必死無疑！」即刻命令武士強行把鄺埜拖了出去。

第二天，英宗想繼續行進，但為時已晚，瓦剌軍隊已經包圍了土木堡。土木堡地勢較高，旁無泉水，南面十五里處有條河流，也被瓦剌軍隊占領。明朝數十萬軍隊被圍兩天，取不到水喝，渴得嗓子直冒煙。沒有辦法，王振只好讓士兵就地挖井，可挖了二丈多深，也不見一個水滴。士兵們急得像熱鍋上的螞蟻，怨聲載道，罵不絕口，軍心進一步渙散了。

包圍土木堡的瓦剌軍知道明軍找不到水喝，饑渴難忍，便準備把他們引出堡壘，一舉殲滅。十五日，也先派遣使者到明軍處假裝與王振談和，以麻痺明軍。王振見也先派人來談判，喜出望外，便不辨真假，滿口答應，並透過英宗讓曹鼐起草詔書，派兩人去也先軍營談判具體議和事宜。

也先為了迷惑明軍，假裝撤退，故意將土木堡南面河水讓出，暗地裡則作好埋伏，只等明軍爭水大亂之機，出兵全殲。王振看到瓦剌軍向後撤退，以為瓦剌軍真的要議和，遂不加分析，輕易地下令移營就水。饑渴難忍的軍士得令後，一哄而起，紛紛奔向河邊，正在明軍爭相亂跑之機，瓦剌伏兵四起，明軍潰敗。英宗突圍無望，索性跳下馬來，面向南方，盤膝而坐，等待就縛。不一會兒，瓦剌兵衝上來，一個士兵上前要剝取英宗的衣甲，一看他的衣甲與眾不同，心知不是一般人物，便推擁著他去見也先之弟賽刊王。賽刊王在盤問英宗時，英宗反問道：「你是誰？是也先，還是伯顏帖木兒，或者是賽刊王。」賽刊王感到英宗說話的口氣很大，立即報告也先，也先派遣留在瓦剌軍中的明朝使者去辨認，才知道他就是英宗。

英宗被俘，英宗的護衛將軍樊忠萬分憤怒，掄起鐵錘對準王振的腦袋，狠狠地砸了下去。王振這個禍國殃民的惡宦，終於落得個罪有應得的可恥下場。

土木堡之變，英宗被俘，五十萬軍隊被擊潰，從征的一百多名文臣武將幾乎全部戰死沙場。訊息傳到北京，百官在殿廷上嚎啕大哭。後來，皇太后忍住眼淚，命令英宗的弟弟成王朱祁鈺監國。都御使陳鑒等，面奏成王，歷數王振之罪，他們滿懷悲憤地說：「王振罪不容誅，死有餘辜。殿下如不即正典刑滅其家族，臣等今日皆死在這裡。」說罷，跪地不起。這時，王振的死黨馬順還為王振遮護，喝逐群臣。給事中王竑見馬順還在裝腔作勢，怒不可遏，上前一把抓住馬順，拳打腳踢，當場結果了他的性命。憤怒的人們又當場打死了王振的另外兩個死黨宦官毛貴和王長。接著，成王朱祁鈺下令殺死王振的侄子王山並族誅王振之黨，把馬順的屍首拖到街頭示眾，王振家族不分老少一律處斬，並籍沒王振家產。

王振被殺以後，朝廷仍然任用他的同黨曹吉祥掌管京營。總督軍務的兵部尚書于謙，帶領手下大將多次戰敗瓦剌軍隊，也先無奈之下只好派使者到明朝請和，並將英宗送還。代宗尊英宗為太上皇，將他軟禁在南宮，給他的待遇也是降了又降。

景泰八年正月，明代宗朱祁鈺身患重病，原立皇太子朱見濟已死，皇位繼承問題引起了朝中大臣們的憂慮，新立皇太子又無法取得一致意見。武清侯石亨深知代宗病體難以康復，與同黨太監曹吉祥、太常卿許彬、副都御史徐有貞等謀議擁立朱祁鎮復位。

十七日凌晨，石亨、徐有貞等以四方邊警為藉口，命手下帶兵入城加強防備。隨即前往南宮迎接朱祁鎮至奉天殿升帝座，改年號為天順。徐有貞向等待上朝的大臣們宣告太上皇已復位。朱祁鎮命徐有貞掌管機務，次日加封為兵部尚書，將于謙、王文等逮捕入獄，後來又予殺害。

二十一日，明英宗宣布改景泰八年為天順元年，封石亨為忠國公，封徐有貞為武功伯，曹吉祥錦衣衛一職可以世代承襲。並任徐有貞為大學士，曹吉祥為司禮太監。

徐有貞被曹石引薦後，大權在手，徐有貞肆無忌憚，中外傾目，但有皇帝信任，誰也奈何不了他。徐有貞觀察到英宗又厭惡石亨和曹吉祥的意思，就常在明英宗面前訴說二人在外的貪橫之事。石亨、曹吉祥知道風聲，大加怨恨，日夜聚議，密謀構陷徐有貞。

明英宗常與徐友貞二人君臣密議政事，屏除旁人。但身為司禮太監的曹吉祥有眼線，偷聽了不少這君臣二人的「悄悄話」。一日，曹吉祥問明英宗某事因由，英宗大驚，急問你從何得知，曹公公答言，乃徐尚書講給我聽。自此，英宗皇帝開始疏遠徐有貞。

不久，石亨、曹吉祥二人嚮明英宗泣訴，說徐有貞以內閣的力量想傾陷他們兩個「忠臣」。英宗皇帝很討厭徐有貞「洩密」，把他外放為廣東參政。石亨等人恨極徐有貞，派人投匿名信，誣稱老徐「指斥乘輿」，流放途中說皇帝壞話。明英宗惱怒，下詔把徐有貞發配到雲南一帶為民。

從此以後，曹吉祥與石亨開始更加囂張，他們的子侄都成了侯伯都督，門下廝養冒官者多達千百人。這引來了明宗的厭惡，於是明宗就委任大學士李賢把政權收回內閣。天順四年，石亨和他堂兄弟的兒子定遠侯石彪因罪被誅。曹吉祥見到石亨如此下場，心中驚惶不安，漸漸萌發了謀反的念頭。就跟堂兄弟的兒子昭武伯曹欽，都督曹鉉，曹鐸等人一同舉兵造反。懷寧伯孫鏜領兵討伐，追殺並且滅了曹氏一族。從此曹，石兩黨都走到了末路。宦官的氣焰稍稍有所收斂。

憲宗即位後，賢相李賢、彭時、商輅輔政，政事修明。不久李賢和彭時相繼死去。佞臣萬安、劉吉進入內閣。當時憲宗非常寵幸萬貴妃。萬安因此費盡心機與萬貴妃聯宗，搖身一變成了萬貴妃的侄輩。萬貴妃則因為出身貧寒，正希望有一個士大夫來撐撐門面。於是，雙方一拍即合，成為同宗。更耐人尋味的是，萬貴妃的弟弟錦衣衛指揮萬通的妻子王氏，竟然有一個送給別人撫養的妹子成了萬安的小老婆！此後，萬安利用萬通妻子王氏出入宮廷的便利，探聽宮中虛實，並依靠著萬貴妃的影響力一直安穩地做他的大學士。

汪直的入宮是成化初年大藤峽一戰的副產品。他也是瑤族人。在明代歷史中，汪直可能是繼英宗朝王振之後又一個著名的專權者。他的生活，可以分為三期。早期是侍奉萬貴妃的小太監，在昭和宮裡當差，慢慢地升為御馬監太監，做了一個管御馬、進貢馬騾的七品內官。中期是成化十三年至成化十八年，期間汪直的身分是提督西廠。這是他權勢最盛的六年。晚期是成化十七年憲宗將汪直閒置在邊陲，然後再把他放到了南京的御馬監這一段時間。實際上，汪直干預政治，也就是提督西廠的六年。

在明朝，與東廠相對的是西廠，西廠在歷史上只短期存在過，明憲宗成化年間，先是京城內出現了「妖狐夜出」的神祕案件，接著又有一個妖道李子龍用旁門左道蠱惑人心，甚至網羅了很多太監，意圖不軌。雖然李子龍和他的黨徒最終被錦衣衛一網打盡，但明憲宗由此深感偵刺力量的不足。於是他身邊的小太監汪直被選中，派往宮外打探訊息。汪直抓住了這個機會，到處捕風捉影，蒐羅了不少所謂的「祕密訊息」報告給了憲宗。憲宗認為這些訊息很有價值，對汪直的表現也十分滿意，要他繼續做下去。

幾個月後，憲宗成立了一個新的內廷機構——西廠，首領便是汪直。西廠的軍官主要從禁衛軍中選拔，這些人再自行選置部下，短短幾個月內，西廠人員極度擴充，其勢力甚至超過了老前輩東廠。西廠成立，本來只是為了替皇帝刺探訊息，但汪直為了升官發財，拚命的構置大案、要案，其辦案數量之多、速度之快、牽扯人員之眾都遠遠超過了東廠和錦衣衛。西廠在全國布下偵緝網，主要打擊物件是京內外官員，一旦懷疑某人，就立刻加以逮捕，事先不必經由皇帝同意，之後當然就是嚴刑逼供，爭取把案件弄得越大越好。對一般百姓，其一言一行只要稍有不甚，就會被西廠以妖言罪從重處置。

在這種情況下，西廠僅僅成立五個月，就弄得朝野上下人心惶惶，以大學士商輅為首的輔臣集體上書，向憲宗痛陳西廠之危害，並將汪直辦下的不法之事一一舉報。憲宗收到奏章後為之震驚，於是撤銷西廠，遣散了西廠的人員。貶汪直為御馬監。儘管如此，沒有西廠的日子總讓憲宗覺得沒有安全感，於是憲宗仍然讓汪直祕密的探查宮外的情況。御史戴縉揣摩到了憲宗的心意，就大力宣揚汪直的功德，於是組織了西廠。讓汪直領導，於是汪直趁機陷害項忠，先把項忠下了大獄，又把項忠削職為民。後來又陷害商輅。商輅就推說身體不好要求退休。戴縉得到汪直授意編造冤案，想要藉此整倒汪直的政敵。因此波及到幾十個大臣。汪直也因此更加驕橫。時間久了憲宗對他也就漸漸疏遠了。天順十八年，憲宗解散了西廠，驅逐他的黨羽，但是汪直。斥逐其黨。然直竟良死。

孝宗即位以後，有賢相徐溥、劉健、李東陽、謝遷等人相繼輔助處理朝政。將國家治理的很好，但是由於孝宗以前宦官弄權，積弊太重，國家元氣大傷，所以一時很難恢復。而且在宦官以外，又出現了所謂閹黨，也就是依附於宦官而結成黨羽的官僚。憲宗時，宦官汪直、梁芳等人與大學士萬安、都御史王越、方士李孜省、僧繼曉等內外勾結。後來汪直得罪，王越被罷官。憲宗死後，萬安、梁芳、李孜省、僧繼曉等人也被相繼放逐。於是在憲宗時閹黨已經全部被剷除。

當時太監李廣獲得皇帝寵信，與壽寧侯張鶴齡等人互相交結、狼狽為奸。後來李廣因罪自殺。張鶴齡也因此辭職。他們對於朝廷的政局並沒有形成大的影響。武宗即位時，年僅十五歲。喜歡親近身邊的小人，東宮太監劉瑾；馬永成、高鳳、羅祥、魏彬、邱聚、谷大用、張永俱都受到中用。當時的人稱這些太監為「八虎」。這些人整天引導武宗嬉戲，並且慫恿武宗命令大臣每人進獻萬金，置辦皇莊三百餘所。京城人民受到滋擾十分嚴重。大學士劉健、謝遷，戶部尚書韓文等人向武宗上書說劉瑾等人蠱惑作亂，奏請把這些太監殺掉。司禮太監王嶽、范亨、徐智等人向來就對劉瑾等人的所為不滿，也暗地裡支援劉健他們。事情就快成功的時候，吏部尚書焦芳把這個洩露給了劉瑾。劉瑾一聽，大驚失色，連夜到武宗面前哭訴求情，說「王嶽聯合內閣大臣想要控制陛下」。武宗以為真，也就改變意圖，還將司禮監、東廠、西廠也讓他們分別掌管。

對於曾經聯合起來想置他於死地的大臣們，劉瑾當然是恨之入骨。在自己掌握大權之後，便向這些大臣開刀了。他用的方法很多，一是處罰，即罰米供應邊境。因為罰的數目很大，有的竟達到幾千石之多，使很多大臣被罰得傾家蕩產。其次是身體處罰，最狠毒的是脫掉衣服進行廷杖。明朝原來的廷杖僅僅是對大臣的一種人格侮辱，並不是身體處罰，所以允許大臣用氈、毯以及棉衣墊在身上。但劉瑾卻要大臣脫衣受刑。行刑期間又授意執行的錦衣衛加力責打，結果大臣們常被當場打死。還有，劉瑾造了一種大枷，有一百五十斤重，被他迫害的大臣戴上這種枷後，沒幾天便被拖累致死。

劉瑾知道負責勸諫的言官們對他的威脅很大，在掌權後，對言官也不放過。除了藉故進行罷免、廷杖以及誣陷定罪外，在平時還制裁威脅這些言官：命令他們在早晨寅時（三點到五點）入朝，一直到下午的酉時（五點到七點）才讓走。一天上班時間竟達十四個小時左右，劉瑾的目的就是讓他們不得休息，讓他們沒精力彈劾自己。

劉瑾打擊異己時隨心所欲，對於在平時只對他作揖而沒有磕頭行大禮的翰林院的官員，他也不放過。找了個藉口一次就把二十人趕到南京去任職，有的還削職為民。

在將異己的大臣們都清除後，劉瑾便隨心所欲地專權了，他很會控制皇帝為他所用。先用打球跑馬、帶鷹抓兔等纏住愛玩的武宗，然後，專門在武宗玩得高興的時候向他請示政事，武宗總是心煩地說：「怎麼什麼事都來找我，你們這些人都是吃閒飯的嗎？」劉瑾裝得灰溜溜的樣子退下，心滿意足專權誤國去了。透過這一手，劉瑾很容易地將內閣的大權也握在手中了。

為了徹底掌握內閣，他還將原來向自己告密立功的焦芳安排在內閣任職，焦芳則什麼事都看劉瑾的眼色行事，這就開了內閣輔臣聽從太監指揮的惡例。

武宗受到這幫宦官蠱惑，不甘宮內枯燥的生活，索性離開了紫禁城，住進了皇城西北的豹房新宅。大權落到劉瑾手中，凡事都由劉瑾決斷，劉瑾又讓他黨羽劉宇曹元進入內閣、張彩做了吏部尚書。大臣不附和他的人都被驅趕光了。

又一次早朝退朝以後，有人將匿名上書藏在宮殿前的紅色臺階及臺階上的空地之間，該書歷數劉瑾的罪過。劉瑾大怒，將三百多人下到獄中，由於當時正處盛夏季節，天氣酷熱，竟有很多人被熱死。第二天，才知道原來是他的同黨陷害他的，這才放了眾人。

正德五年，安化（今甘肅慶陽縣）王以誅殺劉瑾為名，舉兵造反。武宗下詔右都御史楊一清總理軍務，讓太監張永監軍，前往征討。楊一清知道張永怨恨劉瑾，便與他祕密謀劃，叛亂平定之後，在向武宗報告戰況時，揭發了劉瑾的十七條大罪。武宗不禁大吃一驚，命令將劉瑾抓捕審問。後來證據確鑿，將其誅殺，並抄沒所有家產，他的同黨也或被貶職，或被殺死。而後內監魏彬、馬永成，倖臣江彬、錢寧等開始把持朝政，直到武宗去世。

一、明朝士大夫的脾氣

儒教經過宋代儒家改革之後，演變成為道學。周敦頤、程頤、張載、朱熹等人都是一介書生。他們以傳授理道家理學為。他們的學術主張以格物致知、身體力行為主，而作為考核的標準就是一個人的品德是否高尚。所以雖然宋朝最終滅亡了，但有節義的人卻很多，這都是先賢大力提倡的結果。

明太祖起兵以後，百忙之中仍然不忘蒐羅人才。他曾經下令相關部門每年向朝廷舉薦人才，包括有勇有謀的武士和通曉天文的人，精通書史和廉正的官吏都能得到舉薦。凡事向朝廷舉薦人才的人，朝廷都給予重賞，但是濫舉人才或者埋沒人才的人朝廷也給予重罰。後來，朝廷又明定了文武科取士的辦法。洪武二年，命博士孔克仁教授諸子經文，功臣的子女，也被令全部進入學習。又命所有市縣全部設立學校。洪武六年二月，朝廷停止科舉考試制度，改由相關部門推薦人才，而考核人才的一條重要標準便是這個人的品德，詩詞才藝能力位居第二條件，而品德的考核標準就是看一個人是否聰明正直、賢良方正、孝順、勤於農事。人才分為儒士、孝廉、秀才、人才、耆民五個等級，全部以很高的禮遇送到京師，而各省的貢生也要先進入太學學習，由太學畢業的學生，即可獲得出身資格，進入仕途。。

洪武七年，朝廷重修曲阜孔子廟，樹立孔子、顏回、曾子三人的雕塑。洪武八年，朝廷下詔命天下遍立社學，以教育民間子弟。洪武十三年，對國子監及府、州、縣學在校生員給予了優厚的待遇，既免費供應食宿，又免其家庭的徭役二人。洪武十五年，朱元璋在國子監祭祀孔子。同年八月，重開科舉考試制度，此後每三年舉行一次，而監生與薦舉人才參加考試後被錄用的占了大多數。洪武十六年，朱元璋下詔恢復社學，民間設立的社學，有司（即指府、州、縣等地方政府）不得干預。凡是被政府判為有過失的人，不許擔任社學的老師。並從民間選取俊秀通文義的士子，送充國子學生員。洪武二十五年，朱元璋任命名儒方孝孺為陝西漢中府學教授（從九品），方孝孺深為蜀獻王賞識，被聘為世子師，方孝孺讀書的書房被稱為「正學」。這時，學校、科舉、雜流三途並用，教育較為發達，各種制度也頗為完備，教官的選授、考核較為嚴格，待遇也較優厚，升遷機會較多，而朝廷所得到的人才也很多，遠遠超過了以往的任何一個朝代。由於明朝大力提倡儒教，注重實行，勉勵有氣節的人，崇尚名節是這一時期的特色。所以當時的官吏都很淳厚，士大夫都很樸素。

惠帝即位以後，召方孝儒為翰林院侍講，後來又親任他為文學博士。靖康之難，自孝儒以下共同殉國的臣子們非常多，這也都是太祖在位時養成的士風。成祖即位後，大力提倡程朱理學，頒布了《五經四書大全》、《性理大全》等儒家學說於天下，令在校生員人人誦習。

英宗初年，王振亂政，末年，曹石亂政；憲宗時代，汪直亂政；武宗初年，劉瑾亂政。朝廷中但有觸犯他們的，大多數都被關到獄中，或被廷杖責打，或被貶官外地，甚至被處以死刑。然而翰詹科道與部寺小臣卻極力彈劾他們，認為他們沒有什麼了不起。這些人都是隻知道有國家，而不知道又自身的人，他們只覺得奸人就應該被剷除，從不考慮自身的風險。

太祖即位之後的百餘年間，人民尊崇節義，儒教學說漸漸深入到社會的各個階層，並形成風俗。歷代的賢相有楊士奇、楊榮、楊溥、李賢、彭時、商輅、徐溥、劉健、李東陽、謝遷等人；正直的大臣有誠意伯劉基、平遙訓導葉伯巨、監察御史王樸、浙江按察使周新、侍講鄒緝、主事蕭儀、侍讀李時勉、監察御史羅汝敬、主事郭循、侍講劉球、御史鐘同、禮部郎中章綸、大理寺少卿廖莊、翰林院編修章懋、黃仲昭、檢討莊憲宗時等人；奉公守法的官吏有漢中知府費震、蘇州知府況鐘、吉安知府陳本深、撫治荊襄副都御史原傑等人；道學名家有禮部侍郎薛瑄、江西征士吳與弼、翰林院檢討陳獻章、大學士王鏊等人，他們都是那些讓貪官汙吏聽到名字就膽顫心驚的人物，而這些人全部都是在儒家學說的薰陶下成長起來的。

明太祖時，監察御史王樸性格耿直，多次和太宗辯論是非，太宗大怒，命令將他殺死，可是王樸剛被押到刑場，就被赦免了。太祖召見他，問他：「你現在能改掉和我辯論的毛病了嗎？」王樸回答說：「陛下您並沒有認為臣是錯誤的。如果我沒有罪，怎能殺害我？如果我有罪，又為何赦免了我？我只求速死！」太祖大怒，下令立刻行刑。可是王樸在路過史館的時候大聲呼喊說：「學士劉三吾快記下來，某年某月某日，皇帝殺害無罪御史王樸。」

明成祖時，錦衣衛指揮紀綱得到重用，他派遣千戶到浙中蒐羅官員的罪狀，然後從中收取賄賂，但是按察使周新卻將這個千戶給抓起來了，紀綱便誣陷周有罪，成祖不分青紅皂白，將周新給逮捕了。周新被押到成祖面前時，大聲抗議說：「陛下下詔讓按察司抓捕奸惡之人，如今卻為何又以此加罪於臣？」成祖大怒，命令將他立刻殺死，周新在臨死前大呼說：「生時正直的大臣，死也要做正直的鬼。」

紀綱還喜歡廣通聲氣，不避嫌怨。對於平日裡不滿意的人就上述彈劾，對於無罪受害的人，便假裝上述營救，但在書中說他有結黨之嫌，有營私的證據，故意引起朝廷誤解。

孝宗時，岷王膺上述揭發武岡知州劉遜的不法之事，命錦衣衛把劉遜逮捕了。給事中龐泮、御史劉紳等人紛紛上書營救。但孝宗考慮因為是親王親自上書彈劾這個州官，就沒有聽取龐泮等人的意見，並且把龐泮、劉紳等人關到獄中。導致臺諫官署空空如也。後來九卿力諫才將他們釋放了。也未對劉遜進行處罰。

二、一個老太太引發的血案

明代的士大夫都喜歡意氣用事。朝廷一有問題，他們就往往成群結隊，吵吵嚷嚷，經常讓皇帝感到難堪，甚至惱羞成怒，以至於到後拉力用殘酷的手段對待他們。釀成慘案。這在史書中是少有的事情。這些士大夫的忠心是值得尊敬的，但是做事的手法卻實在可笑。

憲宗成化四年，錢太后走到了生命的盡頭，彌留之際，錢太后最後的心願就是能跟自己心愛的明英宗葬在一起。明憲宗的母親周太后不想讓錢太后入葬裕陵，就出面干預，皇帝沒有辦法，讓太監夏時和懷恩召集大臣來商議。閣臣彭時、商輅、劉定之都認為應該按照先帝的意思讓錢太后合葬。憲宗很為難，說：「不遵從祖宗規矩是不孝，違背母親的意願也是不孝，還有其他的選擇嗎？」於是有一百四十七個大臣為此上了奏疏。後來，皇帝再次和大臣討論這件事情，禮部尚書姚夔召集大臣九十九人商議以後，說「皇上應當遵守祖宗定的規矩，怎麼可以之順著母親，而違反祖宗的規矩呢。」憲宗為此猶豫不決。仍然沒有答覆。

後來憲宗下旨，要給錢皇后另外選擇安葬的地點。這引起了群臣的反對，給事中毛弘倡說「這是大事，我輩應當死爭。」於是，百官在文華殿外邊哭著勸諫皇帝改變主意。皇帝命令群臣退下，勸諫的眾位官員向皇帝叩頭，說不得到合葬錢皇后的旨意，不敢退下。到了申時，皇帝迫於壓力，答應合葬錢皇后於裕陵，眾位官員向皇帝山呼萬歲。

武宗正德十四年，武宗下詔說想要南遊，群臣紛紛上疏，勸諫武宗不要去，免得使天下勞民傷財。武宗對這些奏疏不予答覆。於是兵部郎中黃鞏、翰林院修撰舒芬、吏部郎中張衍等一百多人繼續為此上疏勸諫。武宗大怒，傳旨將上疏進諫的兵部郎中黃鞏、兵部員外郎陸震等數人下詔獄，將修撰舒芬等一百〇七人罰跪午門外五天。幾天後，武宗又下令將以下詔獄的黃鞏等六人予以廷杖，其中大理寺正卿周敘等三人各五十，另外三人各四十。同時被杖的還有姚繼巖等二十二人。黃鞏受杖刑後削職為民，遣送回原籍。陸震杖傷特別重，江彬又讓人絕其飲食，第二天他就死在獄中。工部主事何遵被打得肢體開裂，兩天後也撕了。大理寺評事林公輔身體虛弱，不勝杖而死。行司副餘廷瓚等人當時就死於杖下。這兩次被打的共一百六十八人，打死十一人。

三、給爹孃名分

明代士大夫書生習氣重，喜歡在禮節上過於糾纏。常常在聽到宮廷中有不合禮節的地方或者朝廷裡的一些細枝末節於理不合的時候，就一定要爭議。使得天子沒有自由的空間。雖然當時的輿論都認為這是非爭不可的，但是依後代的史學家來看其實是可以不去計較的。

武宗過世後，年僅十五歲的明世宗以地方藩王入主皇位。外藩入京做皇帝不是很輕鬆的，畢竟沒有那般皇太子的正統地位，被大臣擁立，很容易被大臣廢，如霍光那般，或被大臣太后控制，如光緒那般。要確立自己的獨一無二的皇帝地位，有時不得不依靠專斷，這樣才能經過無數的考驗。

可是這位世宗即位後的第六天，就下令禮官集體和議他的父親興獻王的封號。以首輔楊廷和、禮部尚書毛澄為首的朝臣為維持大宗不絕，援引漢定陶王和宋濮王的故事，認為世宗朱厚熜應過繼給武宗之父弘治帝朱佑樘，稱皇考，並認為世宗應該稱生父佑杬為皇叔父，稱世宗的生母興獻王妃皇叔母。

儒家一統天下後，「禮」這一概念成為社會最高評價體系。理學又將「禮」拔到了匪夷所思的高度，從此道德代替法制，至明而極。明瞭這一點，就能夠理解為什麼世宗在即位的第五天就要求為其父佑杬議定諡號，群臣也同意這是世間最大的政治。但時人哪裡會想到，這樣一個「叫爸爸」的問題居然會釀成軒然大波，綿延十八年之久，影響及於後世。

按照宗法制原則，家族以嫡長子為大宗，餘子為小宗，大宗不可斷絕。一旦嫡長子無後，就要從小宗選擇一子過繼過來，承此宗祧。「為人後者為之子」，此人即成為被繼大宗之子。廷和精嫻禮法，認為這根本不是問題，世宗當然應該叫佑杬為叔叔，並按道德預判指導政治鬥爭的法寶級傳統斷言說：「有異議者即奸邪，當斬。」他甚至還周到地選擇了兩個前朝立藩王為太子，入繼大統的成例作為佐證，以利世宗加深理解。

只有掙扎沒有抗爭的清末黨爭

清朝是由滿族建立的封建王朝，統治漢族有先天的隔閡。滿清為了維護滿洲人的利益將全國分而治之。又用作為清政府的官方統治思想，突出的是綱常倫理的道德規範，強調躬行實踐，作為封建帝王尊崇的程朱理學，無非是其統治術中所需要的工具，他們並不喜歡那些抽象談論性理酌空言，而是看中其有利於維護封建統治秩序的綱常倫理，讓臣民們忠誠於君主，為之身體力行。而「理學名臣」們自然領悟皇上的意圖，表示理學不尚「辭說」，「只在身體力行」。清代理學在哲理上無所創新，只在綱常倫理規條的應用。

而後清朝又用八股文，律詩，律賦，小楷取士。作為指揮棒，八股文使得那些有高才的人沒有辦法施展，最終使得這些人不得不斂才就範。凡是上流社會的人都是憑藉這種途徑獲得身分，這就導致了全天下的人全都這樣。而這樣的人不論是對國家，還是對社會都是持「不求有功，但求無過」的態度。因為沒有人敢做出格的事兒的人，所以清朝一直都沒有機會發生黨禍。

到了清朝末年，邊境不斷發生戰爭，國家及社會的各個方面都受到了無止的壓迫，這種壓迫日積月累，百姓心中形成了一股強大的怨氣，這種怨氣最終爆發。而此時，年輕氣盛卻沒什麼主見的光緒帝繼位，不久甲午戰爭爆發，他堅決主戰，但國家積弱與內鬥嚴重而戰敗，被迫在馬關條約上籤字用璽。自此他銳意變法革新，「不做亡國之君」，起用康有為、梁啟超等推行新政大行改革，但是朝廷的親貴大臣大多數是頑固守舊分子，一聽說要變法，害怕損害了自己的個人利害，便對變法的康有為、梁啟超等人十分仇視，將他們視為漢奸洋奴。而康有為、梁啟超等人又都正值年少氣盛，做事瞻前不顧後，本來想讓光緒帝和他們一起扭轉乾坤，卻不知道光緒帝也是泥菩薩過河，變法只能是把他放在火上燒烤。可是他們竟然全然不顧，義無反顧，在百日之間革除了清朝大半的弊政。守舊黨迫於利害關係，於是請出了當時名義上讓光緒帝親政，實際上仍獨攬朝廷大權的孝欽顯皇后（文宗愛妾、穆宗生母、光緒帝嗣庶母）來為他們做主，與光緒帝鬥爭。兩個黨派相持不下，新者極新，舊者極舊，朝廷之上勢成水火，宮闈之中，流言蜚語四起。最後導致了孝欽顯皇后倒行逆施，三次訓政，並奪取了光緒帝的所有權利，而所有參與變法的人都被殺死或關到獄中、流放，光緒帝被「請」進瀛臺，名義上說是養病，實際就是把他給軟禁起來了。最後致使銳意圖強的光緒帝竟然憂愁憂鬱而死。百姓當中發憤求強的人，便不得不在朝廷之外重新組織新團體來達到變法的目的，自此維新黨及守舊黨的勢力都已經衰弱了，而革命黨的勢力卻逐漸強大起來，清朝二百六十年天下最終被顛覆。

清朝自乾隆末年和珅擔任宰相，把持國家政權，培植黨羽勢力，並公開收受賄賂之後，國家吏治腐敗，各地教匪、海賊四起，國家開始走向衰敗。嘉慶初年，朝廷派出所有軍隊用於平叛，經過了十幾年才將他們蕩平。而之後天理教的教徒林清、李文成，回教教徒張格爾又相繼作亂。到了道光末年，鴉片戰爭爆發，清朝被英國人打敗，簽訂了《南京條約》，這是清政府第一份不平等條約，嚴重損害中國的主權。清政府需遵照條約割讓香港給英國，賠償兩千一百萬西班牙銀元，廣州、廈門、福州、寧波、上海五個口岸城市對外通商，此外英國還享有協議關稅，而由於清政府官員長期以天朝自居，不熟悉國際關係，在隨後的《南京條約》兩個補充檔案談判中遭受了進一步的利益損失：《五口通商章程》和《虎門條約》的簽訂使英國得到了領事裁判權，片面最優惠國待遇和開設租界等特權。自此清朝的腐敗和衰弱情況天下皆知。

咸豐初年，髮匪捻匪相繼作亂，東南大半箇中國被攻陷。曾國藩、胡文忠、左宗棠、李鴻章等名將，花費了十幾年的心血才將其蕩平。

第一次鴉片戰爭後，英法為擴大在華的既得利益，提出全面修改條約的要求，其侵略野心已昭然若揭，但剛剛升任兩廣總督的葉名琛卻對此不理不睬，不作任何戰守準備，有人曾進言備戰，被他斥之為虛妄之說。及至戰火燃起，作為戰爭直接決策人的葉名琛卻一味敷衍和迷信，他曾向神靈求卜，卜語上說英軍在天黑後自會撤退，於是深信不疑，下令軍隊不准還擊。到第二年英軍再次進攻廣州，他仍然如法炮製。有一天晚上他做了個夢，夢中說英法聯軍必不敢進攻，據此，他便把英法軍隊發出的最後通牒當做「純屬恫嚇」，下屬要求嚴守，他卻一律不聽。然而，戰局的進展卻完全出乎他預料之外。一八五七年十二月英法聯軍很輕而易舉地攻占了廣州城。總督府官員人馬大都四散奔逃，唯有葉名琛卻端坐廳堂，袍衿上挽，照常批閱公文，部下勸而不動，最終葉名琛被俘。

做了「階下囚」的葉名琛還幻想有朝一日，晉見英國女王，當面指責英軍的無理行徑，他自詡為「海上蘇武」，拒絕投降。在被押往國外之前，葉名琛讓人取來朝靴官服，帶上中國的廚役和理髮匠，還買來了數石糧米。在登輪之際，侍者勸他投水自盡，他堅決不依。不久，所帶糧食吃盡，隨從想購買外國糧食，他又堅決不從，於是絕食而亡。

文宗、穆宗都是未成年便去世了，醇親王長子光緒帝幼年即位，慈禧太后垂簾聽政，朝廷的格局已經基本上確定了。慈禧雖然有縱橫跋扈、駕馭群雄的才能，然而窮奢極侈，不能夠體恤民情，賣官鬻爵，公行收受賄賂，吏治一天比一天壞。光緒帝在慈禧的撫養下長大，自小便備受冷視。他看見國家一天不如一天，邊境戰爭不斷，朝廷人才緊缺、財政困難，軍隊不能強大，人民生活在水生火熱之中。而朝廷內部，人人以快樂開心為第一要務，寵任宦官和宮妾，將海軍經費拿去修頤和園和萬壽山、昆明湖，終日遊樂無度。朝中大臣整天的醉生夢死，酣嬉歌舞，粉飾昇平。其中狡猾的人便乘此機會營私舞弊，無惡不作。平庸的人便按時上朝退朝，除了磕頭以外，無所事事。朝廷又這樣一個女人當政，再加上這樣的大臣，想在十九世紀的文明社會中立足，根本是不可能的事情。光緒帝因此感覺非常失意和憂愁，希望國家能夠有所改變，但是朝廷裡面的這些大臣，沒有一個能夠共談國事的。

光緒九年十一月至十一年二月，法國侵略越南並進而侵略中國，戰爭雙方在軍事上雖然互有勝負，但是由於清朝廷的腐朽昏庸，最後法國強迫清政府簽訂了喪權辱國的不平等條約。當時人稱：「法國不勝而勝，中國不敗而敗。」越南最終被法國戰敗。英人為了平衡戰局，進攻緬甸，暹羅乘機獨立，琉球也歸日本所有。

不久，甲午戰爭爆發。從中法戰爭結束到甲午戰爭爆發的九年，是中國在十九世紀下半葉一段最好的時期。在此期間，國內無大亂，遠東的國際環境緩和，中國與西方各國都處於和平狀態。以「富國強兵」為目標的洋務運動，歷經三十年，效果明顯。這表現在：左宗棠收復新疆之戰的勝利；馮子材在鎮南關及諒山之役中大敗法軍；劉永福的黑旗軍屢創法軍；以及日本兵配合朝鮮開化黨人製造政變遭到失敗等。當時中國的國勢並不比日本弱。英國權威人士評論說：「亞洲現在是在三大強國的手中——俄國、英國和中國。」十九世紀下半葉中國共進行了五次對外戰爭，中法和約是唯一個沒有割地賠款的和約。當時的環境應當說對中國的自強相當有利。

甲午戰爭前，遠東地區基本是俄、英爭霸，中國和日本的情況雖有不同，但都受到不平等條約的制約。甲午戰爭的勝利，使日本一躍成為亞洲強國，完全擺脫了半殖民地的地位。而中國的國際地位則一落千丈，財富大量流出，國勢頹微。甲午戰爭的失敗，對中國社會的震動之大，前所未有。一向被中國看不起的「倭寇」竟全殲北洋水師，索得鉅款，割走國土。朝野上下，由此自信心喪失殆盡。清政府的獨立財政至此破產，靠向西方大國舉債度日。

甲午一戰，日本成為亞洲的暴發戶。戰爭賠款二億三千萬兩庫平銀；艦艇等戰利品價值也有一億多日元。而當時日本政府的年度財政收入只有八千萬日元。當時的日本外務大臣高興地說：「在這筆賠款以前，根本沒有料到會有好幾億元，全部收入只有八千萬日元。所以，一想到現在有三億五千萬元滾滾而來，無論政府還是私人都頓覺無比的富裕。」占領朝鮮、臺灣後，在策略上對東北、華東構成了直接威脅，成為進攻中國大陸的跳板。日本第一次嘗到了侵略的甜頭，極大地刺激了其擴張他們侵略領土的慾望。人民在評價這場戰爭時說「中國以獅子搏兔之力而不勝，日本以螳臂當車之勢而不敗。」這也是清朝對外國戰爭的第一次大失敗。

戰鬥失利後，李鴻章力主聯合俄國共同抗日，慫恿慈禧將東三省鐵路幹線的鋪設權及旅順、大連二港的租借權交給俄國，而這正好給了歐洲其他國家口實，他們便以此為利益分占的憑據，相繼租借膠州灣、威海衛、廣州灣和九龍，在這些租界之上，清政府的司法權、財政權、軍政權無一不受外人牽制，自己根本沒有任何決定權。到了這個時候，清朝才逐漸覺醒，知道如果再不進行政治改革，根本無法立足於世界。維新黨首領康有為也趁此機會以平民身分上書天子，慫恿光緒帝變法。

紛爭縱橫：
中國歷代黨爭

作　　者：王桐齡
發 行 人：黃振庭
出 版 者：複刻文化事業有限公司
發 行 者：複刻文化事業有限公司
E-mail：sonbookservice@gmail.com
粉 絲 頁：https://www.facebook.com/sonbookss/
網　　址：https://sonbook.net/
地　　址：台北市中正區重慶南路一段六十一號八樓 815 室
Rm. 815, 8F., No.61, Sec. 1, Chongqing S. Rd., Zhongzheng Dist., Taipei City 100, Taiwan
電　　話：(02)2370-3310
傳　　真：(02)2388-1990
印　　刷：京峯數位服務有限公司
律師顧問：廣華律師事務所 張珮琦律師

定　　價：320 元
發行日期：2023 年 11 月第一版
◎本書以 POD 印製

國家圖書館出版品預行編目資料

紛爭縱橫：中國歷代黨爭 / 王桐齡著. -- 第一版. -- 臺北市：複刻文化事業有限公司, 2023.11
面；　公分
POD 版
ISBN
ISBN 978-626-97907-1-5(平裝)
1.CST: 政黨 2.CST: 政治鬥爭 3.CST: 中國史
610.4　　112017180

電子書購買

臉書

爽讀 APP